基于学科核心素养的
高中化学单元复习研究

高英华 著

山东大学出版社

图书在版编目(CIP)数据

基于学科核心素养的高中化学单元复习研究/高英华著.—济南:山东大学出版社,2018.12
ISBN 978-7-5607-6280-7

Ⅰ.①基… Ⅱ.①高… Ⅲ.①中学化学课—教学研究—高中 Ⅳ.①G633.82

中国版本图书馆 CIP 数据核字(2018)第 298869 号

责任编辑:李昭辉
封面设计:张 荔

出版发行:山东大学出版社
社 址 山东省济南市山大南路 20 号
邮 编 250100
电 话 市场部(0531)88363008
经 销:新华书店
印 刷:沂南县汶凤印刷有限公司
规 格:720 毫米×1000 毫米 1/16
12 印张 220 千字
版 次:2018 年 12 月第 1 版
印 次:2018 年 12 月第 1 次印刷
定 价:28.00 元

前　言

单元复习是学科教学过程中的重要环节，通常按“单元知识梳理→单元习题训练→单元知识测验”三步进行。单元复习以巩固知识和提高能力为主要任务，旨在使学生从宏观上把握单元知识的整体结构及其内在规律，提高学生的思维能力和学习能力。单元复习要帮助学生对已经学过的知识重新回顾、梳理整合、重组结构，构建完整的知识体系，形成正确的认知结构。

在教学中，我一直非常重视单元复习的教学，经常认真思考、总结、积累单元复习教学的有关内容，并于1998年、1999年分别在《高中数理化》《中学数理化》和《数理化·解题研究》上发表了《系统复习氧化还原反应》《以〈卤素〉为例，谈元素化合物的复习》和《〈化学反应速率与化学平衡〉专题复习与训练》等文章。2015年，在沂南二中启动了高中化学单元复习的有关研究，旨在系统研究单元复习的课堂教学模式、单元复习导学案呈现形式等内容。我主编的《高中化学单元复习》曾获沂南县第三届“优秀教育科学研究成果一等奖”和临沂市第十届“教育科研优秀成果一等奖”。2016年，申报立项了临沂市教育科学规划研究课题“高中化学单元复习课探究与实践”（立项编号：201611013，结题编号：2017B11005）。

2015年，教育部启动了普通高中课程标准的修订工作，提出了学生核心素养和学科核心素养，修订后的《普通高中化学课程标准（2017年版）》提出了宏观辨识与微观探析、变化观念与平衡思想、证据推理与模型认知、科学探究与创新意识、科学态度与社会责任等化学学科核心素养的目标体系。

在单元复习课中，怎样以新课程、新课标中的教育理念为指导，强化单元基础知识和题型方法的梳理，注重知识之间、知识与问题之间的联系，进一步改进单元复习的教学方法，优化教学过程，提高复习效率，提升化学教学质量，落实化学学科五大核心素养，是开展单元复习时必须思考的问题。基于这一目的，在临沂市教育科学规划研究课题“高中化学单元复习课探究与实践”的基础上，我们推进研究了“基于学科核心素养的高中化学单元复习的实证研究”的课题。课题主要从基于学科核心素养的高中化学单元复习的理论基础研究，高中生化学学习现状的认知诊断研究，利用思维导图引导学生自主构建知识结构的实证研究，通过能力立意的习题落实学科能力、提升化学学科核心素养的实证研究这四个方面进行。

《基于学科核心素养的高中化学单元复习研究》一书由三大部分构成：第一部分为对高中化学核心素养的研究，包括第一、二章；第二部分为对高中化学核心素养落地的策略研究，包括第三、四章；第三部分为对高中化学单元复习的实践研究，包括第五章。

本书的顺利出版得到了曲阜师范大学张雨强教授的精心指导，同时也得益于沂南二中高中部化学组教师提供的课堂教学原始材料和数据，在此一并表示诚挚的感谢！

《基于学科核心素养的高中化学单元复习研究》虽然历时两年有余，但还只是初步探索，书中所述难免有各种疏漏和值得商榷之处，在此敬请各位读者批评指正。

高树华

2018 年 11 月 16 日

目录

第一章　高中化学核心素养研究

《普通高中化学课程标准(2017 年版)》(下文简称“2017 年版标准”)于 2018 年 1 月正式颁布,新颁布的课程标准是在 2003 年出版的《普通高中化学课程标准(实验)》(下文简称“2003 年版标准”)的基础上修订而成的,这确保了化学课程改革的连贯性和合理性。但是,新颁布的课程标准与 2003 年版标准相比,有许多新的变化,最显著的变化之一就是在新课标中不再提及“高中化学科学素养”,而是正式提出了“要培养学生高中化学核心素养”的目标。深刻理解新课标中的这些变化,有利于我们更好地进行课程实施。

第一节　课标解读

一、课程性质与基本理念

1. 课程性质

2017 年版标准将 2003 年版标准前言部分中化学学科的概念、化学课程的地位与作用转移到了课程性质部分,并进行了若干修改。修改内容如下:

(1)重新定义了化学学科的概念,如表 1-1 所示。

表 1-1　　2017 年版标准相比于 2003 年版标准的概念改变

2017 年版标准	2003 年版标准	变化
化学是在原子、分子水平上研究物质的组成、结构、性质、转化及其应用的一门基础学科,其特征是从微观层次认识物质,以符号形式描述物质,在不同层面创造物质	化学是在原子、分子水平上研究物质的组成、结构、性质及其应用的一门基础自然科学,其特征是研究分子和创造分子	2017 年标准在定义上增加了物质的“转化”,在特征方面突出了从微观层次认识物质,以符号形式描述物质

(2)增加了“核心素养”这一名词，重新定位了化学课程的作用，如表1-2所示。

表1-2　2017年版标准相比于2003年版标准的定位改变

2017年版标准	2003年版标准	变化
普通高中化学课程是与义务教育化学或科学课程相衔接的基础教育课程，是落实立德树人根本任务、发展素质教育、弘扬科学精神、提升学生核心素养的重要载体；化学学科核心素养是学生必备的科学素养，是学生终身学习和发展的重要基础；化学课程对于科学文化的传承和高素质人才的培养具有不可替代的作用	普通高中化学课程是与九年义务教育阶段《化学》或《科学》相衔接的基础教育课程。课程强调学生的主体性，在保证基础的前提下为学生提供多样的、可供选择的课程模块，为学生未来的发展打下良好的基础	2017年标准进一步强调了化学学科在人才培养和文化传承方面的重要地位和作用；提出了“核心素养”这一概念并提到了两次，强调了它对学生学习和发展所具有的重要作用

2.课程理念

1999年6月，《中共中央国务院关于深化教育改革，全面推进素质教育的决定》提出，要“调整和改革课程体系、结构、内容，建立新的基础教育课程体系”。2001年6月，《国务院关于基础教育改革和发展的决定》进一步明确了“加快构建符合素质教育要求的基础教育课程体系”的任务。在国际竞争日趋激烈的21世纪，中国基础教育应以提高国民素质为宗旨，以培养创新精神和实践能力为重要目标，高举全面推进素质教育的旗帜，不断进行教育改革。在这一基础教育改革的背景下，2003年版标准提出了“立足于学生适应现代生活和未来发展的需要，着眼于提高21世纪公民的科学素养，构建‘知识与技能’‘过程与方法’‘情感态度与价值观’相融合的高中化学课程三维目标体系”的课程基本理念。

党的十八大和十九大提出了“立德树人”的根本任务，为教育改革指明了方向。2014年3月，教育部印发了《关于全面深化课程改革　落实立德树人根本任务的意见》，提出要研究和制定学业质量标准，发展学生的核心素养。为此，教育部组织专家研究制定了《中国学生发展核心素养》，明确了学生应该具备的适应终身发展和社会发展需要的必备品格和关键能力，提出了学生发展核心素养体系。2017年版标准的修订，是在总结我国高中化学课程改革宝贵经验的基础上，充分借鉴国际课程改革的优秀成果，以提高学生的化学学科核心素养为突破

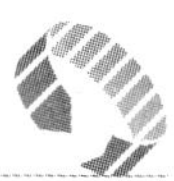

口，充分体现化学课程对学生发展核心素养的贡献。新课标的颁布响应了教育部对课程标准修订工作的顶层设计，为实现“立德树人”的目标提供了可能。2017 年版标准提出了“立足于学生适应现代生活和未来发展的需要，充分发挥化学课程的整体育人功能，构建全面发展学生化学学科核心素养的高中化学课程整合目标体系”的课程基本理念。

两版课程标准中提出的基本理念的不同，主要体现在课程目标体系上：2003 年版标准提出了“知识与技能”“过程与方法”和“情感态度与价值观”相融合的三维课程目标体系，2017 年版标准提出了“全面发展学生化学学科核心素养”的课程目标体系。课程理念的变化，充分体现了国家的教育方针和教育思想，适应了经济、科技的迅猛发展和社会生活的深刻变化，满足了新时代对提高全体国民素质和人才培养质量的新要求。

二、课程目标

2003 年版标准提出的是三维目标，2017 年版标准提出的是“宏观辨识与微观探析”“变化观念与平衡思想”“证据推理与模型认知”“科学探究与创新意识”和“科学态度与社会责任”五个方面的化学学科核心素养，并根据化学学科核心素养对学生发展的具体要求提出了课程目标。分析这两种课程目标发现，三维目标中的“知识与技能”与化学学科核心素养中的“宏观辨识与微观探析”“变化观念与平衡思想”都指向科学认识和观念，“过程与方法”与“证据推理与模型认知”“科学探究与创新意识”都指向科学思维、科学探究，“情感态度与价值观”与“科学态度与社会责任”都指向科学态度.社会责任。因此，两种课程日标的指向是一致的。

2003 年版标准的课程目标体现在知识与技能、过程与方法、情感态度与价值观三个维度。2017 年版标准的新课程目标更能体现化学学科的特点，突出化学学科核心素养的要求，且更加具体和清晰明了。而且，在 2017 年版标准中，化学学科核心素养不仅通过目标来充分描述，而且对五个方面的素养进一步划分出了四级水平，这便于在教学和评价中具体实施，如图 1-1 所示。

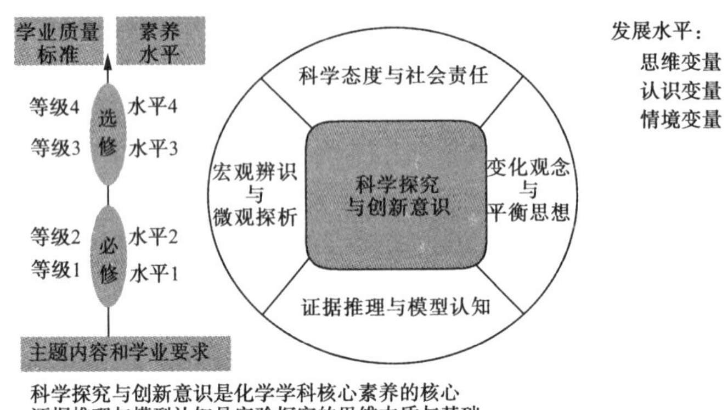

图 1-1　2017 年版标准的五个方面和四级水平

三、课程内容的变化

课程内容部分包括内容要求、教学提示和学业要求三个方面。课程内容的变化主要体现在内容要求的增减或调整、内容要求的组织方式以及学业要求上。

1. 内容要求的增减与调整

2017 年版标准对化学课程内容结构的改动幅度较大，由原来的两个必修模块和六个选修模块，修改为由必修、选择性必修和选修三类课程构成，具体改动情况如图 1-2 所示。

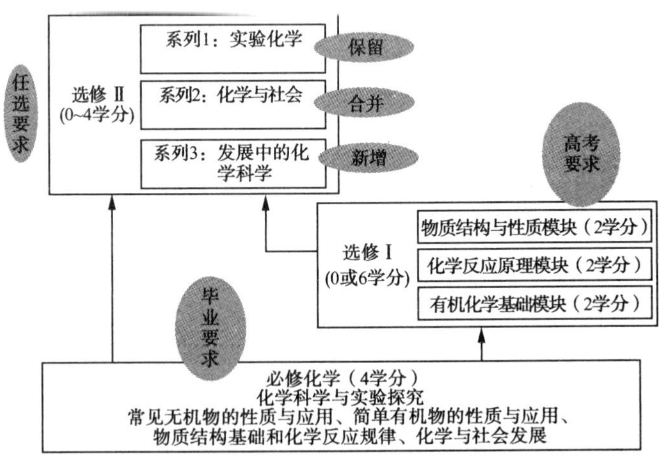

图 1-2　2017 年版标准对化学课程内容结构的改动

与2003年版标准相比，2017年版标准的必修课程和选择性必修课程的具体变化如表1-3所示。

表1-3　2017年版标准的必修课程和选择性必修课程的变化

必修课程		
内容	增加	调整
课程结构		打通化学1和化学2的边界隔阂，不设模块，只设主题，主题名称有所调整
元素化合物		减少对铝、铜、硅及其化合物的系统认识
有机化合物	有机化合物的空间结构；根据有机化合物的官能团分类	认识有机化合物的性质限定在3种物质上：乙烯、乙醇、乙酸；弱化了对苯、糖类、油脂、蛋白质的组成和主要性质的认识
学生实验	9个必做实验	
选择性必修课程		
模块	删去	增加
化学反应原理		内能、浓度商、化学反应历程、基元反应、活化能；5个学生必做实验
物质结构与性质	晶格能、等电子原理、金属晶体的基本堆积模型	过渡晶体、混合型晶体、聚集状态、超分子、原子光谱、分子光谱、晶体X射线衍射；1个学生必做实验
有机化学基础		醚、酮、胺和酰胺的结构特点及其应用；3个学生必做实验

2.内容要求的组织方式变化

在2017年版标准中，采取“主题—核心概念—内容要求”的方式组织课程内容，在主题与内容要求之间增加了核心概念。这种组织方式有利于知识结构化、网络化，在使课程内容层层细化的同时，突出了核心概念。也就是说，基于化学学科核心素养确定课程内容，首先要确定若干个主题，在每个主题的统摄下提炼若干个核心概念，然后对核心概念进行认识性描述，具体的知识点就蕴含在认识性描述中。

3.学业要求在陈述上的变化

在2017年版标准中，在课程内容的每个主题下专门新设立了独立的“学业要求”板块来对学习目标水平进行描述。“学业要求”板块是通过学习该主题内容后要“输出”的能力表现，是学生应形成的相应素养能力的表现。在陈述方式上，跟前面阐述的课程目标的陈述方式一样，对“学业要求”的陈述也使用动词“能”来描述学生在某方面所表现出来的能力，不同的是“学业要求”陈述的内容更加具体。而“内容要求”是要向学生“输入”的课程内容，其陈述方式与2003年版标准的陈述方式基本相同，可根据其使用的行为动词所表达的学习目标水平来把握课程内容的深度和广度，但不作为评价学生学习该主题的学习目标水平的依据。“学业要求”在描述学习目标水平方面有以下创新：

(1)具体描述素养表现，即不是与内容要求相对应的知识点的描述，而是对内容要求的整合和提升，是素养表现的具体化描述。

(2)以任务类型体现学生的真实学习结果，即以完成任务的方式来描述学生能干什么，是一种真实的学习结果表现。例如，“能画出1～20号元素的原子结构示意图，能用原子结构解释元素性质及其递变规律”就是要求学生能画出原子结构示意图和解释元素性质递变规律，其描述的学习结果很具体，也便于命题测试和评价。

(3)通过学生完成不同任务类型的难易程度来体现学习目标水平的高低，即在“学业要求”的陈述中，通过化学科学思维活动的行为动词及条件指向来描述任务类型的难易。行为动词包括列举、举例说明、辨识、表示、画出、写出、描述、认识、比较、分类、说明、分析、解释、推理、预测、假设、设计、评价、选择等。上述行为动词大致可分为三个水平：列举、举例、画出等属于较易完成的水平，说明、分析、解释等属于中等难度的水平，推理、预测、设计等属于难度较高的水平。

(4)由简到难排序，即在“学业要求”的若干条目中按顺序排列，其描述的学习目标水平是由简到难的，最后一条是对品格表现要求的描述。

四、新增了“学业质量”

新课标增加了“学业质量”，并从学业质量的内涵、水平、水平与考试评价的关系三个方面进行了说明。化学学业质量水平划分为四级，每一级水平中均包含化学学科素养的五个方面、四个条目，并且均描述了不同水平学习结果的具体表现。理解课程标准中新增的这部分内容需考虑两个基本问题：一是学业质量水平的作用和等级含义是什么，二是学业质量水平的研究思路是什么。

1.学业质量水平的作用和等级含义

学业质量水平是考试与评价的重要依据。学业质量水平2是高中毕业生在本学科应该达到的合格要求，是化学学业水平合格性考试的命题依据；学业质量水平4则是化学学业水平等级性考试的命题依据。学业质量水平2的标准可以

理解为全体学生参加必修课程的学业水平合格性考试时，绝大多数学生都能通过的那个水平；而学业质量水平 4 的标准可以理解为全体学生参加选择性必修课程（含必修课程）的学业水平等级性考试时，处于正态分布高点处的那个水平。图 1-3 表现了学业质量水平 2 和学业质量水平 4 的含义。图中竖放了正态分布图，左边的正态分布表示绝大多数学生的学业质量水平都超过了水平 2，也有学生未达到学业质量水平 2 的要求。

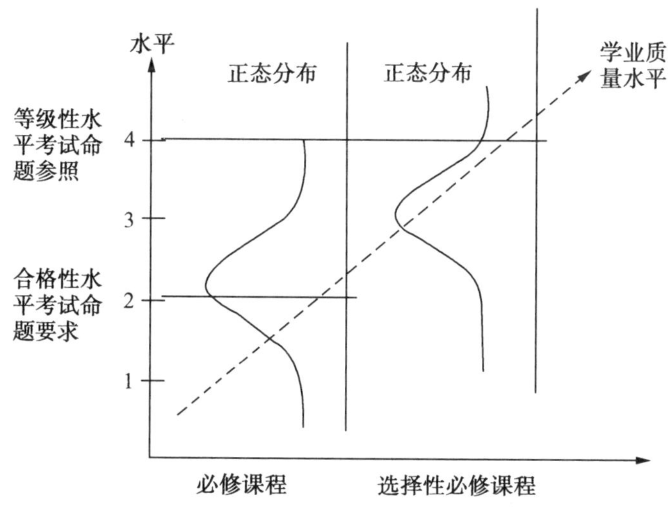

图 1-3　学业质量水平 2 和学业质量水平 4 的图示含义

学业质量水平只为考试和评价提供水平依据，其本身不具有评判作用，但可作为具体的考纲制订的基础。另外，学业质量水平除了是考试和评价的依据外，在平时的教学中，教师也可依据学生的质量水平选择课程资源，设计教学方法和策略。

2. 学业质量水平的研究思路

学业质量水平结合课程内容，以化学学科核心素养及其表现水平为主要维度，总体刻画了学生学业成就的表现。根据这一表述，学业质量水平的研究思路如图 1-4 所示。

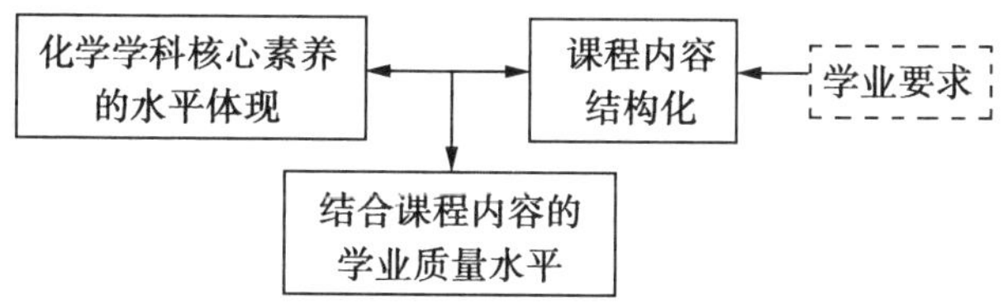

图 1-4　学业质量水平的研究思路

学业质量水平划分的依据是2017年版标准附录1中的“化学学科核心素养的水平划分”，根据化学学科核心素养的四级水平，化学学业质量水平也分为四级。

按照图1-4中所示的思路，需以课程内容中每个主题下的“学业要求”为基础，将其中的知识和技能、思想方法和探究模式等进行结构化和提升，使课程内容结构化，形成比较综合的课程内容结构化描述，以便于提炼学业质量水平的质量描述。依据化学学科核心素养及其表现水平，结合结构化的课程内容，可将两者融合，进而提炼学业质量水平中的质量描述。与化学学科核心素养水平的描述不同，学业质量水平的描述更侧重对学科知识的结构化描述，从质量描述中可以找到具体的化学知识，而素养水平的描述则侧重观念性的描述。

五、实施建议的变化

1. 教学建议的变化

2003年版标准提倡在教学中引导学生进行自主学习、探究学习和合作学习，2017年版标准在继承和发扬学生自主、探究和合作学习的基础上，进一步倡导“素养为本”的化学教学，要求教师明确核心素养培养与知识、技能教学的关系，主动探索“素养为本”的有效课堂教学策略和模式。“素养为本”的化学教学是强调从“知识”到“素养”的教学。

在“素养为本”的教学中，要积极开展“真实情境—问题”、借助信息技术、具有学科特质的实践活动等多样化的教学实践。无论采用哪种教学思路和教学方式，都要鼓励学生发现并提出问题，对问题进行独立思考和相互探讨，引导学生学会认知、思考，促进学生学习方式的转变。真实、具体的问题情境为培养和发展学生的化学学科核心素养提供了重要的平台。在教学中，教师应重视真实而有价值的问题情境的创设，这样有利于促进学生化学学科核心素养的形成和发展。“创设真实问题情境”的教学是通过反思性学习、探究性学习、体验性学习、境遇性学习等多种学习方式，利用问题整合真实情境中的相关学习内容，充分调动学生学习的积极性和思维的多向性，从而发展学生的化学学科核心素养。

例如，在2017年版标准附录2中，案例1就采用了“真实情境—问题”的教学策略。在课堂开始，教师向学生展示现实生活中真实、常见的月饼盒中的小包装袋，接着提问：“月饼盒中为什么要放一个小包装袋?”“包装袋里面有什么物质?”“这种物质能起怎样的作用?”然后，围绕这些真实的问题，组织学生进行实验探究，引导学生从生活世界走进化学世界。最后，向学生展示汽车尾气污染处理的视频情境，并提出问题：“汽车尾气的主要成分是什么?”“如何将有毒有害物质转化为无毒无害物质?”“如何运用氧化还原反应的原理解决这一问题?”基于

这些问题，激发学生查阅文献、设计方案和讨论交流的热情，让他们在这一过程中体会化学科学所具有的重要社会价值。整堂课紧紧围绕发展学生化学学科核心素养这一主旨，注重真实问题的解决过程，突出了真实情境对培养和发展学生化学学科核心素养的作用。另外，还要注重"教、学、评"一体化，注重学习任务与评价任务、教学目标与评价目标的一致性和整体性，准确把握学生化学学科核心素养的发展水平和学习质量。

2.评价建议的变化

2003 年版标准提倡纸笔测验、学习档案评价和活动表现评价等多样化的评价方式，2017 年版标准在继承和发扬多样化评价方式的基础上，又提出了"教、学、评"一体化的要求，让教师充分认识到化学日常学习评价对促进学生化学学科核心素养发展的重要性，提倡有效开展化学日常学习评价，基本途径和方法有提问与点评、练习与作业、复习与考试等。

另外，课程标准新增加了"学业水平考试命题建议"，探索以测试宗旨为核心素养、以测试载体为真实情境、以测试任务为实际问题，解决问题的工具为化学知识(即以化学学科核心素养为导向)的命题框架。该命题框架重视真实情境在考试命题改革中的重要作用。

(1)在真实情境中考核学生的化学学科核心素养。以化学学科核心素养为导向的命题评价强调创设真实情境，通过学生在应对复杂真实情境时的外在表现，推断和评价学生的核心素养。情境越真实，越能反映学生的核心素养水平。在真实情境中考核学生的化学核心素养应该成为学业水平考试命题的重要方向。因此，真实情境的选择与设计是试题考查和评价学生化学学科核心素养的重要构成要素。

(2)题干中真实情境的要求。情境中的事件应该是能够发生或者真实发生的，学生应能够在现实生活中找到基于该情境的设问；题干中提供的信息或数据也应是能够实现的。真实情境可以是与日常生活紧密联系的情境，与生产联系的情境，科技论文成果的化学学术情境，科学、技术、社会和环境发展的成果，化工流程，科学思维素材，事件故事，尚未发表的实验室研究数据，等等。例如，有试题以屠呦呦成功提取青蒿素从而获得 2015 年诺贝尔生理学或医学奖为情境素材，该真实情境便属于化学学术情境。

(3)基于真实情境的命题策略。试题的素材载体是真实情境，试题的测试任务要融入真实、有意义的真实情境中。可以通过设计不同陌生度的情境，不同类型的材料和数据，不确定程度和不同开放程度的素材承载信息的复杂性等来体现试题的难度，从而使学生在解答试题时所运用的化学知识与方法有一定区别。也就是说，学生在解答试题时，只有灵活运用结构化的知识，才能较好地解答融于真实情境中的实际问题，表现出其化学学科核心素养的水平，从而达到测试不同素养水平的评价目标。例如，2017 年版标准中列举了一道典型试题，试题围绕对青蒿素、双氢青蒿素的探究及其分子结构特点设计了 3 个测试问题：第一问给出了青蒿素的分子结构式，并用文字对内酯化合物进行了解释，由于学生对酯基结构不陌生，故文字素材承载的信息也很简单，因此试题难度不是很大，属于学业质量水平 2 的要求；第二问涉及过氧基的热稳定性与氧化性，由于学生不熟悉过氧基，故文字素材承载的信息也比较复杂，所以试题难度较大，属于学业质量水平 4 的要求；第三问给出了分子中官能团的改变，由于羰基转变成羟基导致物质性质和应用价值的变化，给出的真实情境对问题的解答有很大的不确定性，试题难度大，属于学业质量水平 4 的要求。

六、阐释了化学学科的本质和价值

1. 化学学科的本质

对于化学学科的本质特征及其价值，一直是化学家、化学哲学家和化学教育家不断试图回答的重要问题。化学与物理学、生物学的本质区别究竟是什么？对于这样一个本原性问题，长期以来人们往往从认识论的视角认为“以实验为基础”是化学学科的本质特征。这一观点常遭到质疑，即化学学科的“以实验为基础”与物理学和生物学的“以实验为基础”有什么不同。

2017 年版标准首次正面回答了这一问题，凝练了化学学科的本质特征，即“认识物质和创造物质”。将这一特征加以展开，即“从微观层次认识物质，以符号形式描述物质，在不同层面创造物质”。这是在哲学本体论层面对化学学科与其他学科区别的一种本原性认识，是对化学学科本质研究的一次重大突破，其意义十分重大和深远。

“创造物质”是化学学科的独有特征，而“认识物质”的特征却不仅仅只有化学学科。对此，课标中进行了两次限定：一是“从微观层次认识物质”，将其限定在“微观”；二是对“微观”又进行了限定，限定在“原子、分子水平上”。

为什么要做这样的限定呢？因为化学是变化之学，基于广义的分子概念，化学是研究构成物质的分子及其变化的科学。从物质的尺度来看，原子、分子属于微观物质，微观世界的物质层次不仅有原子和分子，还有质子、中子和其他基本粒子。因此，对“微观”的物质层次的限定是十分必要的。那么，化学对物质的认识为什么要限定在“原子、分子水平上”呢？这主要是因为在地球上，人类的生活实践通常可以达到的物质层次即为原子和分子。太阳光辐射到达地球的能量是以光子为单位的，典型光子所携带的能量最高为 3～4 eV，拥有如此能量的光子可以引起分子的化分、化合和振动、转动、平动，等等，但是不足以改变原子核的

结构，更不可能引起核内粒子的分裂。因此，将化学学科的本质特征概括为在原子、分子水平上认识和创造物质，是科学的、准确的。

2.化学学科的价值

2017 年版标准对化学学科的价值进行了较为全面和深刻的阐释，反映了对化学学科价值的一些新认识，概括起来主要有以下几点：

(1)全面性。2017 年版标准从学科价值、教育价值和社会价值这三个方面系统阐释了化学学科的价值，如化学"是材料科学、生命科学、环境科学、能源科学和信息科学等现代科学技术的重要基础"(学科价值)，"是学生终身学习和发展的重要基础"(教育价值)，"在促进人类文明可持续发展中发挥着日益重要的作用"(社会价值)。

(2)创新性。2017 年版标准站在 21 世纪科学发展的前沿，从打通物质世界和生命世界的高度，凝练了化学学科的独特价值——"是揭示元素到生命奥秘的核心力量"。这一观点进一步深化了对化学学科价值的认识，对于吸引更多优秀高中生从事化学科学研究和创新将起到重要作用。

(3)时代性。2017 年版标准直面化学课程的当代责任和使命，明确提出化学课程"是落实立德树人根本任务、发展素质教育、弘扬科学精神、提升学生核心素养的重要载体"，"对于科学文化的传承和高素质人才的培养具有不可替代的作用"。这些表述具有鲜明的时代特色，反映了化学课程的责任担当。

通过对 2017 年版标准的简单解读，以及其与 2003 年版标准在以上几个方面的对比分析，针对课程标准的变化，我们需要更加深入地学习新课程标准，在继承已有经验和成功做法的基础上，不断探索并及时总结课程实施中能够发展学生化学学科核心素养的有效途径，从而不断提高课程实施水平。

第二节　高中化学核心素养分析

高中化学学科核心素养是学生发展核心素养的重要组成部分，是高中生综合素质的具体体现，反映了社会主义核心价值观下化学学科育人的基本要求，全面展现了学生通过学习化学课程形成的关键能力和必备品格。它是学生在化学认知活动中发展起来的，并在解决与化学有关的问题中表现出来的关键素养，反映了学生从化学角度认识客观事物的方式和结果的水平。

为落实"立德树人"的教育根本任务，充分发挥化学课程在人才培养中的核心作用，根据《中国学生发展核心素养(征求意见稿)》和高中化学课程的特点，高中化学课程标准修订组提出了包含"宏观辨识与微观探析""变化观念与平衡思想""证据推理与模型认识""科学探究与创新意识""科学态度与社会责任"五个要素的高中化学核心素养（简称“化学核心素养”）。为使化学核心素养的培育工作更好地落实到高中化学实际教学中，准确地理解化学核心素养的内涵是教师的首要工作，而进一步把握化学核心素养的内容属性、内涵特点及内在联系等能促进教师对化学核心素养的理解。下面就针对化学核心素养的几个重要方面进行论述，以期提高化学教师对化学核心素养的认识。

一、对化学核心素养的分析

1. 化学核心素养的概念分析

“素养”在当前的教育语境中是一个被广泛使用而又意义含糊的概念。不过，虽然从不同的角度对素养的外延有不同的理解，其内涵却普遍指向了人在某一领域所具有的某种内在特征。素养首先是与人相联系的，是对人的素养，因此，对素养概念的界定常常被转化为更具操作性的“有素养的人所应具备的特征”。另外，素养指向特定的领域，对领域的界定反映了人们在面对社会文化发展变化时的教育价值观，例如，对科学素养、信息素养、人文素养等不同领域的强调与社会文化的发展是分不开的。还有，素养是一种内在的综合特征，这种内在的特征有别于在纸笔测验中的成绩等外在表现，常常包含了对人在某一领域发展的全面性和可持续性的追求。

“核心”指“中心；主要部分（就事物之间的关系而言）”①。“核心是相对外围而言的，有两层意思：一是关键，是指个体在 21 世纪生存、生活、工作、就业最关键的素养；二是共同，是指课程设计所面对的某一群体所需要的共同素养。”②因此，“核心”其实包含了外延的最小化和对象的最大化这两重含义。

“学科”（disciplines）不只是“科目”（subjects），科目仅仅是不同知识领域中的各种事实的联合体，学科反映的是揭示真相后面的思维方式。不同的学科代表了人们认识世界的不同视角和独特的提出问题与解决问题的方式。“要让学生们留在学校直至 15 岁、20 岁，我们需要一个更有力的理由。我们要训练他们的学科思维（the disciplined mind）。”③在语义丰富的化学学科问题解决过程中，化学学科思维的有效展开离不开必要的化学知识；而着眼于学生眼中的世界，从“处处无化学”到“处处有化学”，“化学视角”也包括情感态度与价值观的参与。因此，如果把学科思维作为学科素养的基础，在其具体落实过程中仍然需要一个

① 参见中国社会科学院语言研究所词典编辑室编：《现代汉语词典》（第 7 版），商务印书馆 2016 年版，第529 页。

② 参见袁振国、崔允漷：《核心素养如何转化为学生素质》，《光明日报》2015 年 12 月 8 日第 15 版。

③ 参见［美］霍华德·加德纳：《受过学科训练的心智》，张开冰译，学苑出版社 2008 年版，第 1 页。

分析的框架。

综合以上几个方面的分析，化学核心素养首先需要体现化学学科独特的育人价值，即“化学”的素养；其次需要关注外延的最小化和对象的最大化，即“核心”的素养；最后需要回到人的全面和可持续发展本身，即“人”的素养。

2. 化学核心素养的层次分析

化学核心素养的上位概念是化学素养和核心素养，化学素养的上位概念是科学素养或学科素养。在学科教育领域，学科素养的概念虽然缺乏明确的界定，但与更强调和社会生活结合的科学素养相比，其似乎更强调专业性的素养。由此，从科学素养出发的化学素养或“化学科学素养”和从学科素养出发的化学素养或“化学学科素养”不仅存在程度上的差异，也存在结构上的差异。但在当前的研究中，这些概念之间的关系仍然存在一定程度的混乱。结合这两个方面，可从以下三个角度就化学核心素养的层次定位进行分析。

(1)化学素养有狭义和广义之分。狭义的化学素养是指所有学生应该获得的素养，即化学核心素养；而广义的化学素养还包括了部分进一步学习化学的学生所应获得的具有专业倾向的化学素养。这与中学化学教育的双重目标是有关的，即一方面应提高全体学生的化学核心素养，另一方面又需要提高部分学生的化学素养，为他们进一步学习化学打下更扎实的基础。由此，化学核心素养应该体现双重的基础性，不仅应该让不继续学习化学的学生做好社会生活准备，而且应该为继续学习化学的学生打下基础。

(2)化学素养包含了多个层次。如果不把化学素养绝对地理解为“有和无”那么简单，就有必要关注化学素养的层次划分。拜比(Bybee，1997)在实测中发现，个体科学素养由低到高可分为“科学文盲”(scientific illiteracy)、“名义上的科学素养”(nominal scientific literacy)、“功能性的科学素养”(functional scientific literacy)、“概念和程序性的科学素养”(conceptual and procedural scientific literacy)以及“多维的科学素养”(multi-dimensional scientific literacy)五种水平。[①] 如果认为化学素养的提升是终身的，那么在中学阶段对化学核心素养就不能理想化地定位于多维，而需要体现出发展的层次性和阶段性。

(3)化学素养包含了多种类型。有些研究者更关注化学的应用层面，有些研究者更关注化学的核心观念。即使在化学的应用层面，有些研究者又更关注与日常生活和社会生产的联系，表现为强调“实践性(practical)化学素养”，还有些研究者则更强调化学对自然世界的解释价值以及化学与社会的关系，表现为强

① R. W. Bybee. Achieving Scientific Literacy: From Purposes to Practices. Portsmouth, NH: Heinemann Publishing, 1997: 82-86.

调“文化性(cultural)化学素养”。由此可见,化学核心素养需要对化学学科的教育价值有全面的考虑。综合以上方面,将化学核心素养置于化学素养的背景中来分析,可以凸显出“核心”的意义所在。“核心”意味着双重的基础性,意味着发展的阶段性,也意味着价值的全面性。

3.化学核心素养的结构分析

(1)化学核心素养的结构。如果把化学学科看成是知识、过程、符号和情境因素的综合体,那么学生首先需要通过化学语言把握知识的实质意义。对化学知识意义的构建是通过符号、宏观、微观的三重表征形成的,而化学知识的意义蕴含于宏观与微观的联系中。其次,是在科学世界的范围内把握知识的内在逻辑,理解知识的过程,这体现了学术化的方向。最后,还需要在生活世界的特定情境中应用知识,把握知识的外部应用,这体现了生活化的方向。结合化学的学科特征,并在以上分析的基础上,笔者提出了化学核心素养的结构模型,如图1-5所示。

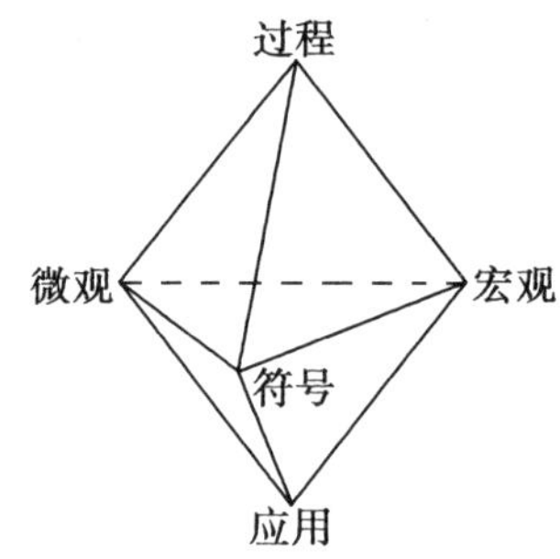

图1-5　化学核心素养的结构模型

在图1-5中,水平面代表了学生对化学知识意义的理解。这种理解是通过对符号、微观、宏观三重表征的转化来实现的,其面积的大小反映了学生实质上掌握的化学知识的质和量,某一方面知识的欠缺必然会造成学生实际掌握知识的质和量的减少。这一维度可表述为“化学基本观念”,主要指学生对“化学知识”的理解及在此基础上形成的总体性的认识。

在此,“过程”主要指从知识的内在逻辑出发的学科思维过程,[①]其关注的是知识在科学世界中的由来和迁移到科学世界中的可能性。图1-5中上半部三棱锥的体积反映了学生获得的“学术性化学素养”的多少,这一维度可表述为“化学过程”,主要是指学生对“关于化学的知识”的理解,包含了对探究和解释过程中研究方法、思维方法和学科本质(认识论特征)的掌握和领悟。

应用发生于一定的情境中,“情境”在此主要指从学生的生活出发的社会文化情境,其关注的是知识的情境化和其迁移到生活世界的可能性。图1-5中下半部三棱锥的体积反映了学生获得的“生活性化学素养”的多少,这一维度可表

① 参见刘前树、李广洲:《科学过程的多元理解及其对中学化学教学的启示》,《化学教育》2014年第7期。

述为“化学在生活中的应用”，主要是指学生将化学知识运用于解决生活问题、解释生活情境的能力以及对化学与社会文化关系的认识。

从以上模型我们可得到以下启示：

首先，化学基本观念是化学素养的基础维度，离开了对化学知识意义的理解，科学精神或抽象的过程技能等是没有意义的。从模型的几何意义来看，保持过程、应用维度不变，中间三角形面积的大小决定了双三棱锥的体积。

其次，局限于知识本身的意义是不够的，知识需要在过程和应用中得到“活化”。过程维度强调了知识在科学世界中的展开，应用维度强调了知识在生活世界中的展开。从模型的几何意义来看，保持观念维度不变，过程维度和应用维度的长短决定了双三棱锥的体积。

化学核心素养要在学生未来的学习和生活中得到持续的发展，不仅取决于高中阶段学生在观念、过程和应用三个维度上所奠定的基础，还取决于学生是否有终身、持续探讨化学并增加其知识的兴趣和意愿，即需要有动力系统的支撑，如学生是否热爱化学，是否对非正式情境（如电视节目中与化学相关的主题）表现出兴趣，等等。此外，学生是否支持与化学相关的研究工作，是否对环境、能源、食品安全等问题有充分的责任感等也能反映出学生对化学的态度。这一维度可表述为“对化学的态度”，主要是指学生对化学的态度和情感，这实际上决定了学生在离开学校后化学素养可持续发展的可能性。

综合以上分析，我们认为化学核心素养包括了以下四个维度：化学基本观念，化学过程，化学在生活中的应用，对化学的态度。

(2)学术性化学素养与生活性化学素养的结构。化学核心素养同时为学术性化学素养或生活性化学素养的进一步发展奠定了基础，这意味着化学核心素养需要体现双重的基础性，即为学生未来进一步发展不同倾向的化学素养奠定基础。因此，化学核心素养需要关注当下的阶段性和未来发展的可能性，需要关注化学学科教育价值的全面性。这三种化学素养的关系如图 1-6 所示。

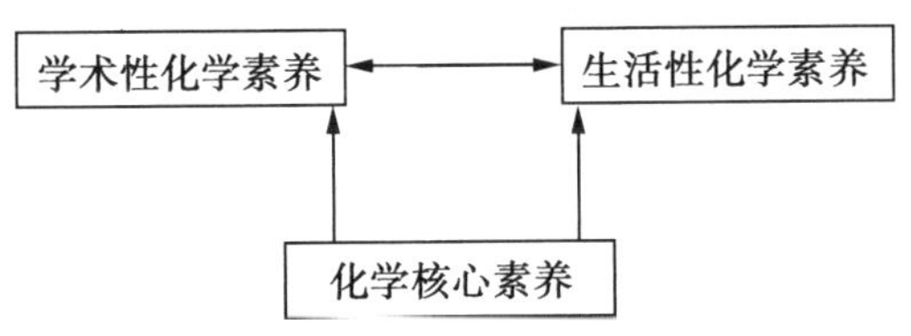

图 1-6　三种化学素养的关系

无疑，这三种化学素养的结构存在差异：学术性化学素养更注重水平面的全面拓展（偏重微观和符号表征）和过程维度的深入，对过程维度的深入意味着对

知识的结构性和逻辑性的追求，突出了学科结构和学科思维；生活性化学素养更偏重应用维度的深入和水平面的适度拓展（更偏重宏观表征），更注重与生活世界直接相关的宏观知识；化学核心素养介于两者之间。

(3)三类化学素养的维度分析。"化学基本观念"是化学素养的基础维度，其形成一方面以具体化学知识为支撑，另一方面则需要在理解知识的过程中不断提高系统性和概括性水平。由此，可将"化学基本观念"再分成两个二级指标："形成核心化学知识的正确表征"和"形成具有广泛迁移价值的基本观念"。生活性化学素养更注重从生活需要出发选择核心化学知识，更注重宏观表征，也更注重基本观念向生活世界的迁移；学术性化学素养更注重从学科结构出发选择核心化学知识，更注重多重表征，也更注重基本观念向科学世界的迁移；化学核心素养则需要兼顾科学世界和生活世界的需要。

化学过程是一个体现"学术含量"的维度，既包括从知识的内在逻辑出发的学科思维过程，也包括在此基础上对化学认识论特征（科学本质）的领悟。由此，可将"化学过程"维度再分成两个二级指标："具有进行科学探究的基本学科思维能力和操作技能"和"初步领悟科学本质"。学术性化学素养注重学科逻辑和思维过程，注重从本体意义上理解化学，即更关注化学的"内部"，从化学本身来把握学科内在的"发现的逻辑"；生活性化学素养在过程维度是弱化的，其在这一维度上更注重对结论的直接演绎，注重从工具意义上理解化学，即更关注化学的"外部"，把化学作为文化事业的一部分，将其置于宏观的社会文化背景中理解其文化意义；化学核心素养则需要兼顾这两方面的需要。

如果说"化学过程"主要是从化学内部的知识逻辑来关注知识的脉络，那么"化学在生活中的应用"就主要是从化学外部的文化因素来关注知识的情境。人们在生活中对化学的应用包含了工具性应用和价值性应用两个方面，前者指能用化学解释现象、解决问题等，后者指理性认识化学的价值和局限等。由此，可将"化学在生活中的应用"维度再分成两个二级指标："有效处理信息和解决问题"和"理性认识化学与社会的关系"。生活性化学素养强调情境化的应用，注重在真实生活情境中通过综合化学在内的多方面知识去解释和解决问题，体现了一种大众化的视角，在化学与社会的关系上，它体现的是一种科学"消费者"的立场；学术性化学素养在情境维度是弱化的，强调的是去情境化的应用，要在纷繁的背景中进行剥离性分析，提取并解决其中涉及的化学问题，这体现了一种专业化的视角，在化学与社会的关系上，它体现的是一种科学"生产者"的立场。

"对化学的态度"是化学素养可持续发展的动力系统，由此，可将其再分为两个二级指标："具有终身、持续探讨与化学相关问题的兴趣和意愿"和"支持化学研究，在环境、能源等问题上表现出责任感"。生活性化学素养更关注应用化学

问题，更强调积极的社会行动以支持正当的科学研究。学术性化学素养更关注纯化学问题，更关注研究的规范和伦理等问题。

二、化学核心素养的内容属性

化学核心素养是学生在化学认知活动中发展起来并在解决与化学相关问题中表现出来的关键素养，反映了学生从化学视角认识客观事物的水平。这一素养不仅体现在学生从化学视角对客观事物的能动反映方式，而且体现了学生对客观事物能动反映的结果。因此，化学核心素养同时具有指向认知过程的"过程属性"和指向认知结果的"结果属性"。

1.化学核心素养的"过程属性"

化学核心素养的"过程属性"体现为个体在面对复杂问题情境时能够综合运用化学知识、化学思维，解决与化学相关问题的关键能力与品质。这一属性强调高中学生在面对与化学相关问题及具体问题情境时，能够在观察与辨识的基础上提出问题、作出假设、开展探究并得出结论；能够根据物质的组成结构预测物质的性质及其可能具有的用途；能够依据多种方法对物质进行分类并揭示其本质属性；能够运用动态平衡、联系发展和对立统一的思想观点分析、考察化学变化与反应；可以正确运用化学模型描述或预测物质结构及其变化，解释与分析化学现象；能够调用已有知识与方法，并结合具体情境分析、解决问题，在应用化学原理、化学技术解决问题时自觉考虑化学反应对自然可能造成的影响，坚持"绿色化学"的观念，贯彻可持续发展的思想。

2.化学核心素养的"结果属性"

化学核心素养的"结果属性"体现为化学核心素养是学生通过学习化学课程所获得并建立起来的，具有化学学科特点的结构化知识、思维方式与品质。从高中化学核心素养的五个方面看，通过对高中化学的学习，学生应能够掌握物质分类标准与内容体系，能够运用化学符号、化学模型表征（描述）物质及其变化的特征与规律；深刻理解物质组成、结构和性质的紧密联系，自觉形成"结构决定性质、性质决定用途"的观念，建立从物质守恒、动态平衡、模型表征等来解决化学问题，研究物质及其变化的思维活动框架；体验与人合作的乐趣；树立严谨务实的科学态度、科学的物质观、"绿色化学"的观念和可持续发展的意识，深刻理解化学、社会、技术和环境相互作用的关系，不断培养社会责任感，提高参与意识与决策能力。

三、化学核心素养的内涵特点

学科核心素养是基于学科任务与学科特质，以"中国学生发展核心素养"为指导，为培育社会需要、全面发展的人而提出的关键素养。因此，学科核心素养是具有学科特色的素养。通过对化学核心素养五个要素的内涵进行深入分析，我们可以发现其具有如下特点：

1.凸显化学本质特征

区别于其他学科，化学所具有的本质特征体现为：化学是在原子、分子的微观水平上研究物质及其变化，以化学符号或模型表征、描述物质结构及其变化，从微观层面上揭示物质及其变化的基本规律。化学核心素养中的“证据推理与模型认识”“宏观辨识与微观探析”等要素强调运用多种模型描述和解释化学现象，使用“宏观—微观—符号”三重表征表示物质及其变化，根据物质微观结构预测物质性质及其反应，从微观粒子及其相互作用的视角认识物质世界等，从而很好地凸显了化学学科的特征。

2.反映化学基本问题

化学研究的基本问题是物质及其变化。为解决这一问题，需要运用实验、模型、假说、分类等方法，通过开展以化学实验为主的多种探究活动研究物质及其变化，并从粒子微观层面揭示物质及其变化的本质，从元素的宏观视角认识物质及其变化的规律。因此，化学学科的基本问题、解决问题的方法途径及其从中建立起来的基本认识就很好地体现在“宏观辨识与微观探析”“变化观念与平衡思想”“证据推理与模型认识”“科学探究与创新意识”的化学核心素养中了。

3.揭示化学学科思维

化学是从宏观、微观和符号三种水平上认识物质及其变化，并建立它们之间的联系。因此，在化学教学与学习的过程中，常常需要通过实验手段获取宏观现象，并从微观视角探讨其本质；或通过实验手段进行证实或证伪基于微观或模型分析推理得到的结果，从而得出物质及其变化的基本规律和相关理论。因此，在化学学习的过程中，要通过以实验为主的科学探究，建立“宏观—微观—符号”三重表征的学习思维。“宏观辨识与微观探析”“证据推理与模型认识”“科学探究与创新意识”等化学核心素养很好地揭示了化学学科的思维特性。

4.体现课程育人价值

高中化学作为一门科学课程，具有丰富的人文内涵，注重在人类文化背景下构建课程体系。因此，它对学生科学素养与人文素养的培育均具有重要价值，主要体现在：高中化学课程有利于加深对物质世界的认识，丰富并完善化学认识；帮助学生发展科学探究能力，掌握科学方法，形成核心观念，加深对科学本质的认识；在实践中理解化学、技术、社会和环境的相互作用，增强社会责任感，形成严谨求实的科学态度和科学的物质观等。化学核心素养的五个要素很好地体现了化学学科的这些育人价值。

四、化学核心素养的内在联系

作为一种特殊的认识活动，化学学习活动必将经历从实践到理论，再从理论到实践的发展过程。在这一过程中，实现了从感性认识发展到理性认识，又从理性认识能动地指导实践活动的两次飞跃。作为在化学认识活动的两次飞跃中发展起来的关键能力与品质，化学核心素养同时又对化学认识活动发挥着能动作用。因此，化学核心素养的五个要素虽然在内涵、作用上各不相同，但它们是统一于化学认识活动中的，而非孤立存在。具体体现在以下几点：

1.化学是一门以实验为基础的学科

作为实践活动的重要工具与手段，化学实验对认识化学物质及其变化，对“化学实践”具有的认识论、方法论功能，对学生“化学实践”能力的提升都具有重要的价值。而化学实验要想发挥上述功能价值，又依赖于学生探究水平的强弱和实验素养的高低。因此，化学核心素养中的“科学探究与创新意识”等要素是化学学科实践能力的重要表征，反映了“化学实践”环节的化学核心素养要求。

2.对于“化学实践”获得的感性认识

在这一方面，要求从宏观与微观、变化与守恒的研究视角出发，采用模型和分类的科学方法对知识进行整合、加工，建立起多层次的相互联系，揭示其本质与特征属性，统摄为物质运动变化的规律和原理，从而建立起对化学世界本质的、结构化的理性认识。这一过程对应为化学认识过程，因此侧重于“化学认识”环节的“宏观辨识与微观探析”“证据推理与模型认知”“变化观念与平衡思想”等素养，体现了化学核心素养对化学学科认识能力的要求是从认识方法、认识方式视角提出的。

3.对“化学应用”能力的要求

通过前面两个环节的化学学习活动建立起来的对化学世界的感性认识和理性认识，我们可以发现，化学的价值体现在生产与生活的方方面面。在决策和解决与化学有关的社会问题时，应以保护环境和资源为前提，秉持“绿色化学”和可持续发展的基本思路与原则，密切关注化学过程对自然带来的各种影响，权衡利弊。因此，“科学态度与社会责任”反映了化学学科的价值取向和应用方向，体现了对“化学运用”能力的总体要求。

总之，化学核心素养的五个要素从化学学习活动系统的“化学实践”“化学认知”和“化学运用”三个维度，全面系统地阐释了高中化学学习所必须建立与发展的核心能力与品质，并且整体性地揭示了化学学科的育人功能和育人价值。

第三节　高中化学核心素养与考试评价

根据教育部《关于全面深化课程改革　落实立德树人根本任务的意见》及高考改革精神，高中学业水平考试包括合格性考试（标准参照考试，以必修课程要求为基准）和学生自主选择计入高校招生录取总成绩的等级性考试（常模参照考试，以必修课程和选择性必修课程要求为基准）。化学学业水平考试的主要目的是评价学生化学学科核心素养的发展状况和学业质量标准的达成程度，这是区别于传统考试的关键特征。新一轮课程改革强调发展学生的核心素养，因此学业水平考试应该与课程改革的目标统一起来，这有利于将课程、教学和测评统一起来，确立“立德树人、服务选才、引导教学”这一核心立场，以达到共同发展化学学科核心素养的目标。

一、构建“素养为本”的高中化学学业水平考试的命题程序

作为实施学业水平考试的核心环节，命题技术在很大程度上决定了试题质量的高低和考试目标的达成。根据高中学业水平考试的目标定位及功能价值，化学学业水平考试命题必须坚持以化学学科核心素养为导向，准确理解核心素养的内涵、具体表现及水平描述，并与化学学业质量等级标准建立联系，以相应水平的质量标准确立试题的测试目标，以实际问题为测试任务，以真实情境为测试载体，以化学知识为解决问题的工具。为此，可设计并实施科学、规范、完整的命题程序，如图 1-7 所示。

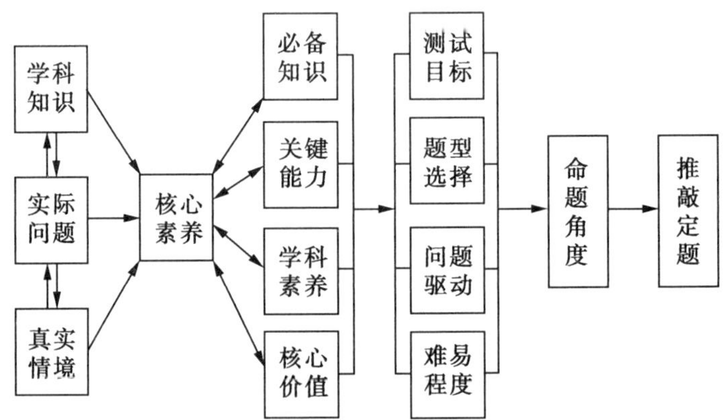

图 1-7　科学、规范、完整的命题程序

命制高质量的试题是提高考试信度和效度的重要保证,命题素材的选择是命题的核心技术所在。国际大型测评项目(NAEP)研究发现,与回答不包含情境的题目相比,学生回答具有特定情境的题目时,不专注率和漏答率都明显降低。因此,题干中的真实情境能够提升学生的动机和参与作答的水平。根据化学学业水平考试的目的,命题必须坚持以学科核心素养为导向,准确把握"素养""问题""情境"和"知识"四个要素在命题中的定位及相互关系。"情境"和"知识"同时服务于"问题"的提出和解决;情境的设计、知识的运用、问题的提出与解决应有利于实现对学生核心素养的测试。同时,应严格按照心理与教育测量理论的要求,综合评价试题与考试内容、能力水平、素养等级的对应性及一致性程度,以及试题的测量学特征(难度、区分度、题目偏差等)、测验分数或等级评定的质量(信度、效度、公平性)等方面。

二、确立"素养为本"的高中化学学业水平考试试题特征体系

化学试题特征是指试题在试题容量、题型结构、信息呈现、新信息融合、STSE 链接、核心素养、知识要求、关键能力考查层次、学科思想等多方面的综合特征。根据学业水平考试的特征及核心素养的导向要求,应结合"必备知识、关键能力、学科素养、核心价值"四层考查内容及"基础性、综合性、应用性、创新性"四个方面的考查要求,探索构建"素养为本"的试题特征体系。

1. 必备知识

必备知识强调考查学生在长期学习中储备的基础性、通用性知识,这是学生进入大学学习及终身学习所必须掌握的知识。从学科核心素养培育的着力点来看,应着重引导学生构建和获得高质量或真正的知识,这种知识可概括为"学科本质",即任何学科教学都必须将学科中那些最广泛、最强有力的适应性观念教给学生。学科本质是一门学科相对于其他学科所具有的独特规定性,这种独特规定性主要表现在学科的研究对象、研究方法、理论体系和学科价值等方面。学科本质是最能反映学科核心素养的高质量知识,它包括知识的产生和来源、事物的本质和规律、学科的思想与方法、知识的关系与结构、知识的作用与价值等意义系统。

2. 关键能力

关键能力重点考查学生对所学化学知识的运用能力,强调独立思考、分析问题和解决问题等学生适应未来社会不断发展变化的至关重要的能力。化学学科能力的内涵基础是结构化和类型化的核心知识及核心活动经验。要想建立学科关键能力与核心素养的关联,关键是基于学科特定的认知或特定的活动将能力发展目标具体化。化学学科的关键能力包括:化学语言及应用能力,接受和整合

化学信息的能力，化学方法及分析能力，化学实验及探究能力，化学计量及计算能力。从活动表现上对这些能力进行层次上的划分，包括三个能力主层和九个能力亚层：学习理解（辨识记忆、概括关联、说明论证）、应用实践（分析解释、推论预测、简单设计）、迁移创新（复杂推理、系统探究、创新思维）。只有满足这些，才能命制出符合学科能力的不同层次要求的试题。

3. 学科素养

化学课程标准将化学核心素养及其学业质量水平分为四个层级：1 级为基础（识记），2 级为中级（理解），3 级为高级（应用），4 级为最高（评价）。学业水平考试的性质决定了只有从试题本身所蕴含的问题结构来确定试题的难度，进行试题间难度的量化比较，才能从根本上确定正确解答试题所需要的最低学业水平。① 按照问题自身所确定的事物结构的形态对与之对应的认知结构水平结构形态的规定，借鉴学习质量评价 SOLO（可观察的学习结果的结构）分类理论，刻画化学核心素养的学业质量水平。其指标可以从以下三个方面来确定：设计的问题情境的复杂程度和新颖程度，运用学科知识和技能方法的数量及其创新程度，试题的问题结构由简单到复杂的程度。

4. 核心价值

核心价值要求学生能够在知识积累、能力提升和素质养成的过程中，逐步形成正确的核心价值观。核心价值是学科育人价值的集中体现，是落实“立德树人”的根本任务。这就要求试题充分反映习近平新时代中国特色社会主义思想，有机融入社会主义核心价值观的基本内容和要求，关注与化学有关的社会热点问题，认识环境保护和资源合理开发的重要性，具备“绿色化学”观念和可持续发展意识；认识化学对社会发展的重大贡献，尊重科学伦理道德，强化社会责任意识，积极参与和化学有关的社会决策，引导学生形成正确的世界观、人生观、价值观。

三、基于“素养为本”的高中化学学业水平考试命题技术思考

基于学科核心素养的学业水平考试命题在具体操作时，应以核心价值为引领，在必备知识的基础上对关键能力和学科素养实现全面覆盖，对不同思维方式、素养构成的考生进行全方位的考查。基于学科核心素养整合的命题可以加大命题人对化学学科核心素养的整理挖掘，突破多年来命题者对中学化学“双基”的过度倚重，提升学业水平考试试题的科学性，促进命题者专业水平与业务

① 参见郑长龙：《化学课堂教学板块及其设计与分析——祝贺〈化学教育〉刊庆 30 周年》，《化学教育》2010 年第 5 期。

素质的发展。当前，要对学业水平考试命题技术开展深入的研究，主要有以下几点：

1.难度控制服务于学业质量的水平划界

课程标准设定的学业质量标准的主要作用是确保试卷的难度适合考生总体的一般水平，其难度范围应能够覆盖全体考生的能力与素养范围，并对所有学业水平的考生都具有较好的区分度。目前，国际上较为通行的是用"书签法"划分学业水平考试等级，即采用项目反应理论确定题目的难度，但其并不能很好地建立题目难度与学业水平划界的实质性联系，难以直接用于确定学业水平不同等级的临界分数。高中学业水平考试包含两种不同类型的考试：合格性考试侧重检测水平达标，等级性考试侧重选拔功能。所以在难度的确定方面既要能满足考查学业水平是否可以高中毕业的要求，又要能胜任为高校招生提供依据的功能。

学业质量标准是对学生完成课程内容学习时所应达到的化学学科核心素养水平的一种描述，用以检验和衡量学生化学学习的程度和水平。高中化学学业质量标准是阶段性评价、学业水平考试和高考命题的重要依据。高中化学课程标准将学业质量标准分为四级水平，学业质量水平 2 是合格性考试的要求，学业质量水平 4 则是等级性考试的要求。具体就试卷而言，合格性考试试卷总体难度系数以控制在 0.8～0.85 为宜，等级性考试试卷总体难度系数以控制在 0.6～0.65 为宜。在一份试卷中，应对各项素养的不同级别分别进行考查，防止只测试最高水平的核心素养，否则不利于不同水平的学生对不同级别的核心素养的发挥。

2.情境选择服务于问题解决的测试载体

在同一个测试目标下，创设真实、有意义的测试情境，不仅有利于促进学生的思考、推理和判断，也有利于培养学生的科学态度和社会责任。为了发挥情境在测试中的正向功能，对试题情境的背景材料选择及控制应注意以下问题：

(1)应基于考生现有的知识基础，否则可能使考生对情境的理解产生模糊认知，导致非结构性的应答障碍，对测量效度和信度产生影响。

(2)应考查考生已有的知识经验，如果与考生实际的认知差异过大，则难以对考生心理结构产生有效刺激而发挥作用，形成应答障碍。

(3)应满足考生认知的"最近发展区"，涉及考生原有的认知结构在情境问题中的知识迁移和内化过程，尤其需要控制好情境背景材料的认知要求，要符合考生的学习认识发展规律。化学核心素养的命题选材依据是价值取向、学术领域、知识视野、社会背景、教育功能、导向功能，要使化学试题的题材与必备知识、关键能力、学科素养、核心价值、理性导向的命题要求相匹配。构成题干的真实情

境主要包括以下要素：情境中的事件应该是真实发生或者能够发生的，基于该情境的设问也能够在现实生活中找到，题干中提供的信息或数据应该能够实现。基于这一标准，结合化学学科核心素养的内涵，可以选择研究性的科研成果作为考查化学学科核心素养的命题素材。符合这一要求的原创素材来源包括正式发表的科技论文成果、科学思维素材、化工流程、故事线索、尚未发表的研究数据等。

3.题型设计服务于学科素养的测试目标

实证研究表明，不同的题型在考查不同知识、能力、素养及其层次上具有不同的功能，学业水平合格性考试与等级性考试试卷的题型结构应有不同比例，应坚持主、客观题型并重的测验模式，处理好教学与考试、必考与选考的关系，提出适合合格性考试与等级性考试的题型设计原则和方法，合理使用符合化学学科特点的题型评价相关素养及其水平，不断研究改进命题和评分方式来控制误差。碎片化的知识与能力考核无法推动化学教育的发展，无法满足落实发展学科核心素养这一根本目标。因此，应该设置相应的问题情境，增加实践型、探究型、信息迁移型试题比重，探索结构不良型试题、开放性试题等新题型的命题方式，适当将填空式作答改为问答式、开放式作答，让学生充分表达自己的思维状况和逻辑推理水平。同时，可以检测学生的语言表达能力，为测试高层次的化学学科核心素养奠定基础。

第二章　高中化学核心素养落地的策略研究

第一节　核心素养与课堂教学

化学学科核心素养包括“宏观辨识与微观探析”“变化观念与平衡思想”“证据推理与模型认知”“科学探究与创新意识”和“科学态度与社会责任”。通俗地说，指向化学学科核心素养的教学就是要培养学生能适应个人发展和社会发展的需要，具有化学学科特色的正确价值观、关键能力和必备品格。为实现化学学科核心素养的教学目标，课堂教学尤为重要。

一、立足于化学教材，高度整合和利用教材内容

第一，随着新课程标准的实施，高中化学教师必须树立正确的教学观念，一改传统的课堂教学权威地位，转变为教学组织者、指导者，坚持以学生为主体，充分尊重学生的教学主体地位，充分发挥学生在教学中的作用，为学生创造足够的课堂表现时间。

第二，创新化学实验教学模式。化学实验教学是化学教学中的关键一环，对化学教学的有效性影响非常大，教师必须予以重视。新形势下，化学教师在开展化学实验教学时，切忌过分依赖化学教材和多媒体教学，应注重增加实验的趣味性，有针对性、有目的地选择学生感兴趣的内容，以此作为实验内容，加强实践教学，提高学生的动手操作能力，从而提高化学教学的有效性。

第三，作为化学教师，必须充分整合化学教材内容，创新使用小组合作的学习模式，培养学生独立思考、合作探究的能力，使他们在交流讨论的过程中充分发挥主观能动性，培养创造性思维能力。例如，在学习“二价铁与三价铁”章节知识点时，化学教师可组织学生自己预习，独立思考教师提出的问题，合作探究章节重点、难点和疑点，在学习的过程中记录自己不懂的知识；然后教师利用一定的课堂时间为学生答疑解惑；最后组织学生自己做二价铁和三价铁之间的转化

实验，从而加强对所学知识的记忆和理解。

二、创设良好的教学情境，培养学生的科学精神与社会责任

科学精神是指在科学实践中所形成的行为规范、价值标准和共同信念，社会责任是指个体（或组织）应对社会负的责任。因此，传承科学精神、勇担社会责任是化学学科核心素养的重要组成部分。高中化学教师应在实际教学环节梳理化学理论知识，探索化学在生活中的应用，拓展学生的知识储备，提升学生的知识运用能力，同时通过构建联系生活实际的化学教学情境，突出化学知识在人类社会发展中的重要作用，引导学生理解化学学科的重要意义，逐渐培养学生学习化学的兴趣和热情，体会化学学科的精神和社会责任，从而不断提高学生的化学核心素养。

在开展化学教学活动时，教师应结合本课时的具体知识来创设良好的教学情境，在教学情境中融入社会主义核心价值观、最前沿的化学科研成果、与本章节知识有关的化学家的真实故事，在教学过程中实现育人的目标，引导学生树立正确的世界观、人生观和价值观，从而培养学生的科学精神与社会责任。例如，在学习“铝单质的性质”章节知识点时，笔者为学生创设了与教学内容相符的教学情境，利用多媒体设备向学生展示日常生活中的铝制品（如易拉罐等），旨在利用学生身边熟悉的物品来激发学生学习的兴趣，让学生树立“身边处处是化学”的理念。再比如，在正式上课前 10 分钟，向学生介绍我国铝制餐具的发展历程，以及使用铝制品的注意事项（铝制品不宜与酸性、碱性物质长时间放在一起，铝制餐具不能用于蒸煮食物，等等），旨在激发学生研究铝制品的兴趣，从而主动去探究铝的物理性质和化学性质。

教师应创设良好的、立足于实际的教学情境，并利用这些教学情境让学生认识化学、了解化学在我国经济发展、环保事业、人类健康中的作用，从而大大激发学生学习化学的热情与动力，使他们在日常生活中学会主动观察，关心人类发展、科技发展。教师还可组织学生去梳理和拓展化学教材中与人类发展、生活息息相关的物质的性质与用途，如氨气容易液化，因此用来做制冷剂；硅是半导体，可做太阳能电池；过氧化钠与二氧化碳化合在一起能生成氧气，可用在潜水艇上；氧化铁能用作红色涂料；氢氧化铝由于能与盐酸产生反应，故在医学上用来治疗胃酸过多；等等。学生在掌握这些知识后，就能利用这些知识来创设良好的教学情境，培养自己的社会责任。

举例来说，在利用氨气的性质创造相关的教学情境时，首先可利用多媒体设备向学生展示哈勃、波什、艾特尔这三位诺贝尔化学奖获得者的详细资料，利用他们三位毕生的化学科研成果对人类社会发展的推动作用，介绍他们的心路历

程，从而用他们的奉献精神去影响学生，培养学生的社会责任感。再比如，利用化学家用氨气来制造化肥，大大提高世界作物产量，解决世界温饱问题这一教学情境来培养学生的科研精神，让他们致力于用化学手段来造福人类。

另外，教师还要大力弘扬社会主义核心价值观，大力弘扬优秀传统文化的社会理念，以此来设计教学情境，增强学生的社会责任感。例如，在化学课堂的教学过程中，通过青花瓷的制作过程让学生学习硅酸盐工业，利用青铜器等文物让学生感受金属冶炼的魅力等，把化学教学与这些优秀的传统文化高度结合起来，从化学的角度来弘扬我国的优秀传统文化，从古代科技的角度培养学生的科学创新精神，提高学生的民族自信心与民族自豪感。

三、重视化学的核心知识，引导学生切身感受“化学思想方法与学科本质”

高中化学学科有很强的实践性，涉及生活的各个领域。这就要求学生理解化学核心思想，掌握化学核心知识，提高化学核心素养。因此，高中化学教师应从多元的视角让学生认识化学、学习化学，了解化学物质的物理特征和结构特征，学习实验方法，观察实验现象，将宏观和微观相结合，以此来走进化学，运用变化和平衡的观念去理解化学。由此看来，化学学科核心素养会随着学生对知识理解的深度和广度的提高而不断丰富，从而让学生更好地感受化学学科的本质与思想方法，理解化学学科核心素养是一个不可分割的整体。

随着新课程标准的实施和教育体制的改革，近几年的化学高考题目始终围绕化学基础知识、核心知识出题，如物质结构、元素周期表、化学反应速率、化学平衡等。这些考点在日常的化学教学中发挥着导向作用，它们毫无疑问地构成了日常化学教学的核心。因此，在化学教学过程中，教师应当重视引导学生多角度、全方位地构建知识体系，建立模型，积极利用模型掌握知识(见图 2-1)。

引导学生自主建立起如图 2-1 所示的化学模型后，学生如果在后续的学习中遇到未知的物质，自然而然地就会从分类的角度去辨析，并在此基础上预测未知物质的物理性质和化学性质，进而慢慢了解它们的用途。另外，教师在鼓励学生自行研究相关物质的性质时，可以借机引导学生利用离子反应、氧化还原反应等知识，以宏观与微观的立场分析、理解这些物质的一些性质；在分析物质发生的变化时，引导学生充分利用电荷守恒、质量守恒等思想，不断提高学习化学的效率。

综上所述，化学核心素养并不是独立存在的，而是渗透在化学学科知识的方方面面，这需要教师引导学生去挖掘、发现。因此，在日常的教学过程中，教师应将学生对核心知识的掌握、理解作为教学重点，如物质的量、化学反应中的能量变化、氧化还原反应、离子反应、盐的水解、电池、金属单质及其化合物、有机物的性质与结构等。学生唯有理解、牢记并掌握了这些核心知识，才能实现素质教育的目标,并真正提高化学能力,实现终身发展和全面发展。

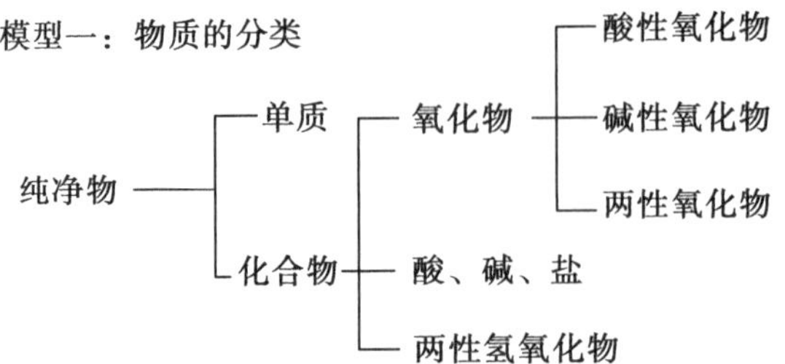

模型二:研究金属及其化合物的思路与方法

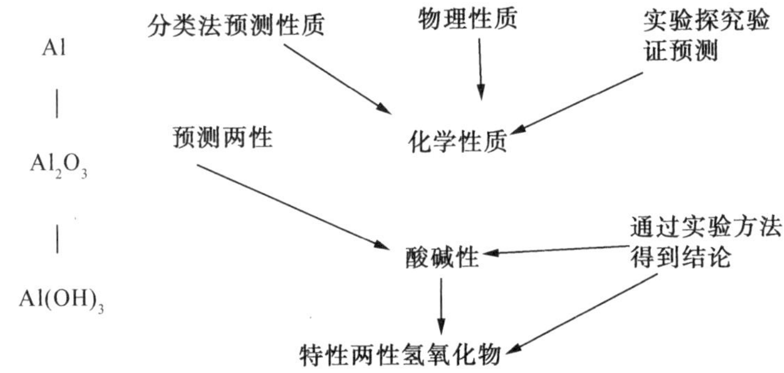

图 2-1 两种化学教学模型(物质分类与金属及其化合物)

四、积极组织开展化学探究活动,提高科学探究能力和创新精神

高中化学学科以实验为基础,旨在让学生学会使用实验器材,了解实验原理及目的,掌握实验操作步骤,准确地描述实验现象,尝试实验方案的设计等。因此,高中化学教师应该从实际生活及常见的工业流程出发,结合课堂教学及培养方案,着力开展化学实验探究活动。在这个过程中,教师应以化学教材及课程标准为依托,整合教材知识及实验素材,提高实验活动的知识性、综合性和趣味性,从而使学生能够在积极参与实验探究活动的基础上主动思考,尝试改进实验方案、分析实验异常现象,拓展知识面,提高分析问题、解决问题的能力,提升实验探究能力。新课标中明确指出,要"通过以化学实验为主的多种探究活动,使学生体验科学研究的过程,激发学生学习化学的兴趣,强化科学探究的意识,促进学习方式的转变,培养学生的创新精神和实践能力"。这大大改变了传统的化学课堂教学模式。

如今,高考化学比较侧重于考查学生的探究精神,考查化学探究内容。其中,有针对理论知识的,也有针对化学实验的。在考查理论知识方面,侧重于提

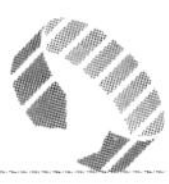

供相关的阅读素材，要求学生根据这些素材回答相关问题。在考查化学实验方面，主要涉及化学仪器的操作使用、化学实验原理、化学现象的描述与解释、化学实验方案的设计等。分析历年高考化学试题的选材不难发现，这些选材大多是教材上所涉及的实验的组合或者改进，与工业流程背景的高度结合，或是对某个实验中异常现象的探究等。可见，这些素材的综合程度极高，能有效地考查学生的科学精神、创新意识，也能直接检测出学生的思想是否与21世纪化学核心素养保持高度一致。可见，这些考查方式、考试内容都在提醒化学教师，在日常的教学过程中，有必要组织学生去深入地探究教材中的某些化学知识。教师可以为学生提供适当的探究思路以及探究方法，然后引导学生进行小组合作探究或者独立探究，最后在课堂上分享各自的探究结果，教师予以积极评价，对回答不正确的及时给予纠正，进而不断提高学生的探究精神和创新意识。例如，在研究有机物的教学过程中，可设计如图2-2所示的化学课堂探究活动，旨在引导学生利用所学知识和相关的实验事实、数据进行分析和推理，进而得出有机物的结构。

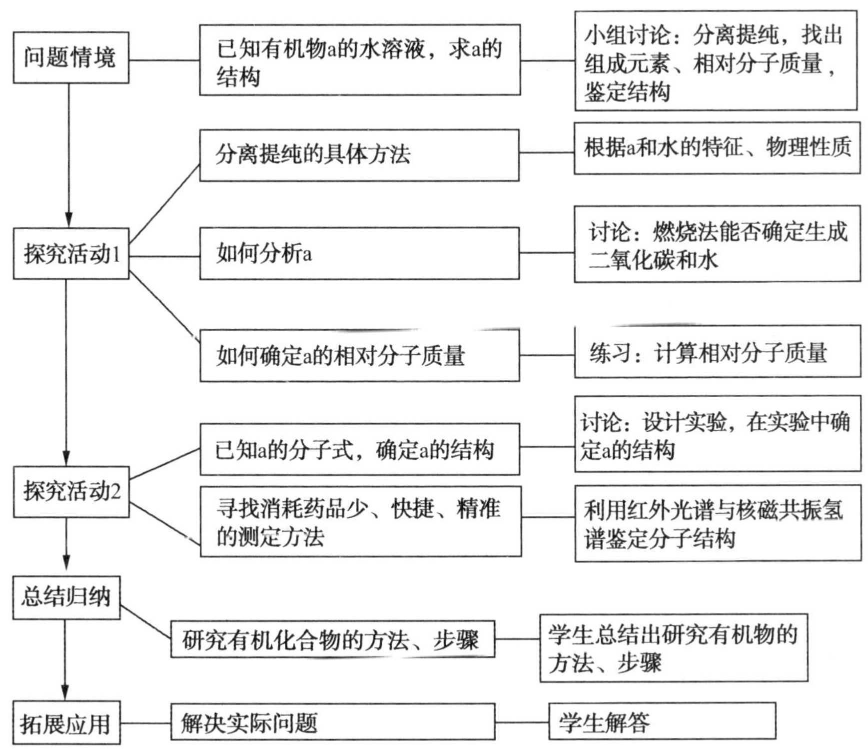

图2-2　有机物化学课堂探究活动

综合图 2-2 我们不难发现，这些教学内容表面上简单、易懂，但是在探究的过程中，那些细节的设计能有效培养学生的探究精神，以及总结规律和方法的能力。学生自己动手做实验，自己观察实验中的现象，自己归纳实验数据，切身经历独立思考、分析推理、合作讨论的过程，去探究化学元素、分子式、有机物，有效突出了化学核心知识，还有利于在探究的过程中培养学生的科学探究与创新精神，令其掌握化学学科思想与方法，实现全面发展。

值得一提的是，在讲解物质性质、化学反应原理等章节知识点时，教师设计的探究活动、探究实验必须立足于化学课本，充分结合课本知识，有目的、有计划地设计活动内容。在传授给学生分析、探究问题的思路与方法的同时，让学生自主探究、合作探究，自己梳理实验的原理、操作步骤、实际现象以及相关的结论。另外，为树立学生的创新意识，教师可尝试改进实验，引导学生分析实验过程中的异常现象，挖掘实验原理等，从而充分发挥学生的主观能动性，培养学生的创造性思维能力。

第二节　核心素养与教学设计

在课堂教学中，大部分学校还没有摆脱传统的“灌输式”教育，学生被动学习、机械训练，学校教育被比喻为“填鸭式”。在新一轮课改下，为改变这种局面，我们从“双基”开始，走到了现在的“核心素养”目标。学校教育的基本途径是课堂教学，其中教学设计作为课堂教学的指南针，决定了整堂课的展开方式和内容，并且直接影响了教学质量的高低。这就要求教师转变教学理念和教学方式，在进行教学设计时，倡导以学生为主体，通过学生的自主合作、探究性学习，培养学生的基本能力和品质。学习方式的转变必将引出一系列学生思维方式的改变，如乐于自主学习、合作探究等，这样学生的创造性、能动性才会真正得到张扬、提升。当然，化学课堂也不例外，化学教师在进行内容组织、选择教学策略时，必须以化学学科的核心素养为导向，充分体现化学学科的性质和特点。这样，在实施基于“素养为本”的教学时，才能使化学教学过程成为化学学科核心素养的形成过程。

2017 年版标准中写道：要重视开展“素养为本”的教学，就需要倡导真实问题情境的创设，注重教学内容的结构化，开展以实验为主的探究活动，发展学生学习化学的兴趣，转变学生的学习方式，发展其创新意识和实践能力。结合新课标中所强调的教学理念和化学学科的特点，我们可以梳理出以下基于“素养为本”的教学设计理念：

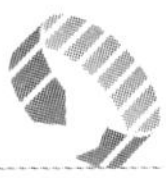

一、教学目标:以化学学科核心素养为主旨

"宏观辨识与微观探析""变化观念与平衡思想""证据推理与模型认知""科学探究与创新意识""科学态度与社会责任"这五个方面是基于化学学科特征,学生所必须具备的价值观念、必备品格和关键能力。这些要素之间相辅相成,具有内在的本质联系,是学科观念、思维方式、科学实践和科学价值的统一。

教学设计中的教学目标是这五个要素的下位目标。对课堂教学而言,教学目标才是真实教学的出发点和归宿,对整堂化学课起着支配和调控的作用。一堂课的时间是有限的,而化学学科核心素养的养成是一个不断发展、前进的过程。因此,教师应该充分挖掘每个学段、模块、主题和课时目标中的契合点,进行有机的整体规划和设计。例如,在对非金属及其化合物等元素化合物的知识进行教学时,一般先是基于对元素原子结构的认识,推导元素在自然界中的存在方式;随后,是对其常见化合物(氧化物、盐)的性质进行猜测(从用途或者化合价方面),设计实验方案和实施实验,得出结论;最后,探讨相关物质的工业制取方法和生活用途。

二、教学情境:知识问题化,问题情境化

教学设计中关于师生的互动环节,大多数都是建立在问题解决过程中的。教师将教学内容转化为一个个连续的问题,通过生动化、具体化、形象化的情境创设来开展教学。在真实的社会文化背景中,可以帮助学生从自身已有的知识经验、情感经验等去内化当前接触的新知识,从而构建新的知识结构。同时,这样的教学设计引发了学生的认知需要,调动了其内在学习动机,以便学生在实际生产、生活中对所学的知识进行迁移和运用。例如,在学习乙酸的酯化反应时,可以从日常生活中存在的酯化现象出发,以"糖醋排骨""糖醋鱼"为引子,提出"为什么这两种食物如此之香""里面有什么物质""它的作用是什么"等问题,探究香味产生的原因,讨论其化学原理。随后,根据化学原理,引导学生从原子转移的微观角度去认识酯化反应的实质,然后播放动画模拟同位素原子示踪实验,梳理酯化反应的实质。最后,运用酯化原理设计工业上生产乙酸乙酯的活动方案,进行实际问题的解决。这一系列的教学环节都是建立在一个个环环相扣的问题上的,层层递进,实现了整个教学活动的顺利开展。

三、教与学的基础:学科核心概念

2013 年,美国《新一代科学教育标准》(*The Next Generation Science Standards*,简称"NGSS")提出了学科核心概念的选择依据:第一,在多个科学学科或工程学科都非常重要,或者在某单一学科是非常重要的支柱性的原理;第二,可

为理解和探究更复杂的原理和解决问题提供主要的工具；第三，与学生的兴趣或生活经验相关，或者是要求用科学知识或技术知识解决社会或个人关注的问题；第四，可在多年级中深度逐步加深地教授和学习的内容。学科核心概念是发展学生学科观念和思维的必要载体，是开展探究活动的素材，是解决学科问题的工具。学科概念是一个大的结构图，能随学科的发展而逐步深入，是贯穿学科课堂教学的根基。所以，在化学教学中，开展基于核心概念的进阶学习，是培养学生化学学科核心素养的重要途径。

四、学习方式和教学方式：基于“活动元”的学习任务

“学习任务”是连接核心知识与集体知识的桥梁和纽带，是实现知识结构化的重要环节。一个课时一般包括几个学习任务，每个学习任务均重视和发挥素养的导向功能。“学习任务”的完成发展了学生的化学学科观念和思维，有利于核心素养的培养。

每个学习任务涉及1～3个学习活动，根据本课时的内容，设计活动指向学生的能力进阶，学生在解决问题、参与活动的过程中发展化学学科核心素养。例如，在学习“硫及其化合物”这个章节时，学生可以通过探究酸雨的形成、验证二氧化硫的性质，获得从元素、原子等角度去辨识物质的认识模型，发展探究物质性质的能力。在这类探究物质性质的教学内容中，一般会把任务分为以下四个活动板块：

(1)学生课前查阅资料，预测物质的性质，设计相应的实验方案，教师判断学生的探究水平。

(2)小组代表进行说明和解释，教师进行补充和引导，从以知识经验和实验经验为基础过渡到以元素化合价、物质分类为基础，去认识物质的性质和设计实验方案。

(3)对书上验证二氧化硫具有漂白性的实验进行改进，使学生设计方案的能力从单一水平发展到系统水平。

(4)根据实验现象得出结论，发展学生的推理能力。

五、评价方式：“教、学、评”一体化，注重思维方式和思维过程

基于化学学科核心素养的教学设计的最大亮点就是“教、学、评”一体化。化学日常学习评价和学业成就评价是主要的化学学习评价方式。“素养为本”的化学学习评价目标的确定需要建立在学生化学学科核心素养的发展水平和学业质量标准上，在教学过程中应强调过程性评价和结果性评价的有机结合，同时采用学生自评、互评，教师点评等方式，充分发挥评价的激励和导向功能。

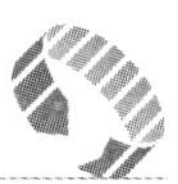

在实际的课堂活动中，常用的是化学日常学习评价，这是实施“教、学、评”一体化的重要途径。化学教师以发展学生的化学学科核心素养为主旨，注重教学目标与评价目标、学习任务与评价任务、学习方式和评价方式的整体性设计。通过学生在自主学习、小组合作讨论、小组展示、方案设计和改进等活动中的表现，教师采用提问、点评等方式，对学生对相关知识点的学习水平和学习质量给予准确把握，或者及时消去学生可能出现的学习误区，随后给出进一步的深入建议。因此，化学日常学习评价的作用不可小觑。另外，单元与模块试题的命制应以学业质量标准的要求为依据，营造出具有情境性和综合性的化学问题，为学生提供表现素养的机会。

第三节　核心素养与单元复习

核心素养要求学生具备的是适应终身发展和社会发展需要的必备品格和关键能力，突出强调个人修养、社会关爱、家国情怀，更加注重自主发展、合作参与、创新实践。在单元复习课中，教师应引导学生将该单元所学知识进行梳理，帮助学生将该单元的知识内化到他们已有知识体系中，构建新的知识体系，并且让学生运用新的知识体系解决实际中遇到的问题。如何将核心素养融入当代化学教学中，特别是复习教学中，是一项任重道远的工作。

一、高中化学单元复习课的目的

化学单元复习课的目的是通过复习使学生结合已掌握的知识对还未掌握的知识做到查漏补缺；通过复习使学生把所学知识系统化，在头脑中形成联系紧密的知识网络；通过复习使学生熟练地掌握化学基础知识，并做到灵活运用，通过问题解决等方式提高学生综合运用知识解决问题的能力。高中化学复习课时紧、内容多、要求高，如果教师在复习过程中不能实现对化学单元复习课的整体设计，就很容易陷入“见木不见林”的状况，给教学带来很大的困扰。为了达到高中化学单元复习课的目的，教师应采用一定的策略来设计高中化学单元复习课。依据高中化学单元复习课的设计策略，教师可以在把握核心内容的基础上循序渐进，螺旋上升地展开复习。这样不仅可以避免上述不利情况的出现，而且能顺利达成复习教学目标，提高复习课的效率。

二、高中化学单元复习课的设计原则

(1)基础性，即以理解和掌握化学核心知识为基础。

(2)发展性，即以学生的化学思维发展为核心任务，不断提升学生分析、解决

问题的能力。

(3)针对性，即教师要及时发现并解决学生存在的问题，不断完善学生的认知结构。

(4)有序性，即要有序推进知识的发展进程，强化化学知识的内在逻辑关系。

(5)综合性，即要联系相关的化学知识，突出化学思想方法的作用。

三、高中化学单元复习课的设计策略

高中化学单元复习课的设计策略可按以下三个步骤来进行：一是梳理陈述性知识，二是掌握程序性知识，三是理解策略性知识。这三个步骤是循序渐进、不断深化的过程：步骤一是单元复习课的基础，步骤二是单元复习课的重点，步骤三是单元复习课的核心。通过这三个步骤的单元复习课设计策略，可逐步达成复习教学的目标。具体可按以下两种策略来设计高中化学单元复习课：

(一)知识梳理型单元复习课

知识梳理型单元复习课的目的是帮助学生有效整合各知识点之间的联系，构建学生的知识体系，厘清教材脉络结构，发展学生的化学思维能力，提高学生分析问题、解决问题的能力。经过一个单元的学习，学生已经积累了大量的知识，但这些知识在学生的头脑中是分散的、凌乱的、不成体系的。这时，教师有必要开设知识梳理型单元复习课，帮助学生将各个知识点进行串联，构建网络化、系统化的知识体系。这是知识梳理型复习课的核心任务，也是化学学习“从厚到薄”的必经过程。

1.教学定位

(1)学会整理。通过思维导图的方式，能够合理、有序地构建化学单元知识体系，形成一个主线突出、脉络清晰、体系完整的知识结构。[①]

(2)查漏补缺。根据学生的知识掌握情况和存在的问题，以问题组的形式进行检测和巩固。

(3)温故知新。通过对已有知识的重新审视，让学生从不同角度提出新的问题，深化对知识的认识，拓展知识结构。

2.教学过程设计

(1)自主梳理，合作交流。知识只有在学生主动构建的过程中才能被不断吸收消化，这才是真正有效的学习过程。因此，在单元复习课中，教师要尝试让学生通过思维导图的形式主动梳理单元知识。在此过程中，通过学生的交流讨论、

① 参见金海宏:《思维导图在“元素及其化合物”复习中的应用研究》,《中学化学教学参考》2015年第11期。

相互借鉴、相互评价，不断完善和优化思维导图。同时，教师也应引导、帮助学生去构建知识网络图，并展示一些有特色的案例供学生参考。

(2)检测反馈，深化拓展。知识只有在运用过程中才能暴露出不足，也才能不断被加深理解、深化拓展。在教学过程中，教师可通过问题组的形式，围绕核心知识设置问题，在解决问题的过程中进一步把握核心知识和化学思想方法，体会知识间的联系，实现知识结构的补充、完善、深化、调整。例如，下面这组问题就能帮助学生巩固、深化关于二氧化硫的基础知识，解决学生认识上的一些困惑，加强知识间的相互联系，同时提升学生运用知识解决问题的能力。

问题组：

①SO_2能漂白品红溶液，其漂白性与氯水的漂白性有哪些方面的区别？

②将SO_2通入酸性$KMnO_4$溶液中有何现象？请写出该反应的离子方程式。该现象是SO_2漂白性的体现吗？

③将SO_2通入NaOH溶液中，当通入的SO_2与NaOH的物质的量之比为2∶3时，请写出反应的离子方程式。

④在“黑面包”实验中，浓硫酸体现了哪些方面的性质？你会怎样检验该过程中的气体产物？

(3)总结提炼，优化结构。在认识到自己的不足和存在的问题后，学生需要及时反思自己知识结构中的不足和漏洞，总结经验教训，提炼化学思想方法，对自己原有的知识结构进行修正、弥补和再加工，最终形成完整的、清晰的、可迁移的化学认知结构。

(二)能力提升型单元复习课

能力提升型单元复习课的目的是帮助学生进一步认识化学学科知识的内在联系，从化学学科整体的高度去理解化学知识，进一步提升学生分析、解决化学问题的能力，形成化学思想方法。这也是能力提升型单元复习课的核心任务。

1.教学定位

能力提升型单元复习课的核心任务是提升学生分析、解决问题的能力，形成化学思想方法。但能力的形成不是一朝一夕就能完成的，要达到这一目标，需要教师的长期引导，需要教师的强化训练和学生自主学习相结合，需要不断地加强知识的联系与综合，需要不断地灵活运用化学知识和化学思想方法。因此，教师在设计能力提升型复习课时需注意以下方面：

(1)综合性。要以提高学生的综合分析能力为出发点，选择具有一定综合性的问题。

(2)选择性。要鼓励学生进行自主、合作、探究学习，在学习的过程中，要给予学生自主选择的机会。

(3)概括性。为了能够更有效地应用策略性知识,教师要引导学生对单元化学知识进行归纳概括。

2.教学流程设计

教学流程设计过程如图2-3所示。

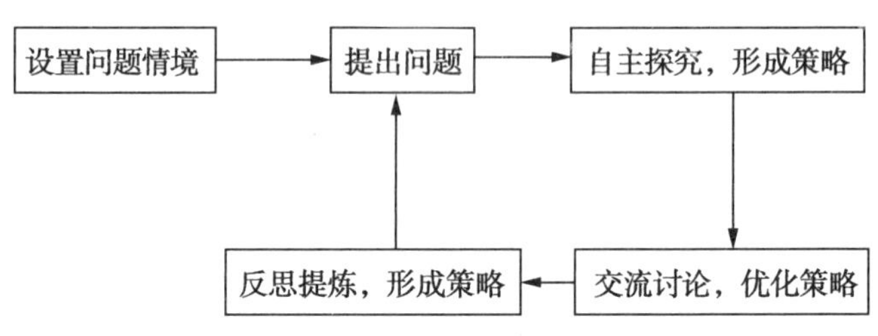

图2-3　教学流程设计

在教学过程中,教师要创设有意义的问题情境,提出有一定综合性的问题,激发学生的学习兴趣、积极主动的思考和自主合作的探究。思维需要碰撞才能擦出火花,通过学生的交流、讨论,引发不同思维的强烈碰撞,在比较中优化策略;思维也需要批判才能更深刻,要通过教师的反馈评价、学生的总结反思,使学生的思维品质得到提高,化学思维水平得到提升,使策略性知识得到有效的内化。例如:

(1)问题情境:展示标签为Na_2SO_4的固体试剂。

(2)提出问题:根据标签上的信息,猜测该固体试剂的成分是什么,并设计尽可能多的实验方案验证自己的猜测。

(3)自主探究,形成策略:根据自己设计的实验方案,利用所给的试剂,完成相应的实验并得出结论。

(4)交流讨论,优化策略:与同学分享自己的实验方案与实验结果,看自己的实验方法与别人相比是否更科学、简洁,更具可操作性。通过交流讨论,学生形成问题解决策略。

(5)反思提炼,形成策略:引导学生从类别、价态、特性三个方面去认识物质,设计相应的实验方案。

四、高中化学单元复习课的设计内容

化学单元复习课的核心环节是复习内容的选择。复习内容的选择主要依据对学生学习情况的分析和化学知识内容特点的分析。下面以“含硫化合物的性质与应用”单元复习课为例进行说明。

1.单元内容分析

在“含硫化合物的性质与应用”这一单元复习课中，普通高中化学课程标准要求的内容目标是：了解硫及其重要化合物的主要性质，认识其在生产中的应用和对生态环境的影响。该单元复习课涉及的知识主要有以下三类：

(1)SO_2的性质、H_2SO_4的性质、H_2SO_4的工业制法，属于陈述性知识。对于陈述性知识的复习，目的在于理解并梳理，使之网络化、系统化。

(2)硫和含硫化合物的相互转化、定量型化学方程式的书写，属于程序性知识。对于程序性知识的复习，目的在于构建知识网络，熟练解题方法，使学生对知识的认识条件化、自动化。

(3)实验方法的设计与评价，属于策略性知识。对于策略性知识的复习，目的在于提高学生综合运用知识分析、解决问题的能力，发展学生的化学思维能力。

上述三类知识是相互交融、相辅相成的：陈述性知识的复习是基础；程序性知识的复习是陈述性知识的具体应用，是单元复习的重点；策略性知识的复习体现了化学学科特点，是单元复习的最终目标。

2.学情分析

“含硫化合物的性质与应用”是高中化学(人教版)《化学 1》专题四第一单元的内容。该单元内容密切联系生产、生活实际，并且涉及的化学实验较多，实验现象丰富多彩，所以学生在学习该单元内容时兴趣浓厚，态度也较认真，基础也比较扎实。因此，本单元复习的重点是要对零散的知识点进行系统整理，帮助学生构建知识网络，提炼对元素化合物知识的学习方法与思想。同时，要串联相关的知识，如氧化还原反应、物质分类、离子反应、物质的检验、化学实验方法等，引导学生进行实验方案的设计与评价，提升他们分析、解决问题的能力和化学思维能力。

五、高中化学单元复习课的方法

深度学习是落实核心素养行之有效的方式。深度学习是指在理解学习内容的基础上，学习者批判性地学习新的思想和新的知识，将它们与原有的认知结构相融合，将众多思想相互关联，并将已有的知识迁移到新的情境中进行决策和解决问题的学习。由此可见，深度学习是相对于那些表层记忆和机械式训练的浅层学习而言的，它不是加深学习难度，而是强调对理解的批判、对内容的整合、对知识的构建、对问题的解决、对能力的提高和对思维的发展。

单元复习课具有培养学生构建知识系统和网络，提高学生的理解能力和整合能力，拓展学生的应用能力和思维品质的功能。结合化学学科核心素养

的要求和深度学习的特点，教师应鼓励学生深度参与知识网络构建和思维网络构建的过程，通过以问题情境为背景引导学生提出问题，培养学生思维的深度和广度；通过引导学生从同类问题中归纳出共性特征的方式，提高学生构建模型的能力。

（一）利用思维导图培养学生构建知识网络的能力

思维导图也叫“心智图”。它应用人对图像的感知最为直观的特点，用图文并重的技巧，将不同级别主题之间的相互关系用图画表现出来，将主题关键词和图像颜色结合起来，形成稳固的记忆链接，是一种将放射性思维形象化的方式。实践表明，思维导图能够帮助学生将学习过程中接触的抽象思维过程简化为规律性强、容易记忆的思维工具。运用思维导图的方式培养学生自主构建知识网络的能力和培养学生的思维整合能力都收到了良好的效果。具体操作方法是：在每次单元复习课之前，先以作业的形式布置给学生，要求学生根据自己对本章内容的理解形成知识网络，并通过思维导图的方式呈现出来。学生接受任务后，先是独立运用思维导图构建自己的单元知识网络，然后将知识网络发送给小组长，由小组长集中组员思维导图的优点，整合成一张本组的思维导图，作为本小组的代表作，供其他同学和小组交流评价；同时，集中各组思维导图的优点，整合成一张全班的思维导图，课堂复习时展示整合的思维导图，由全体同学评价它的优点和不足，提出完善作品的建议。

（二）利用生活情境培养学生提出问题的能力

从生活走向化学，培养学生的问题意识、化学意识、化学观念和化学思维是化学核心素养之一，但在应试教育的大背景下，经过长期的解题训练，学生的解题意识和解题能力相对比较强，而问题意识和提出问题的能力相对较弱，这对学生今后的自主发展和可持续发展都是很不利的。著名物理学家爱因斯坦曾说，提出一个问题往往比解决一个问题更重要，因为解决问题也许仅仅是一个教学上或实验上的技能而已。而提出新的问题、新的可能性，从新的角度去看旧的问题，都需要有创造性的想象力，而且标志着科学的真正进步。由此可见，培养和提高学生提出问题的能力对学生思维发展和创新能力的培养是有很大的促进作用的。相对于新授课，单元复习课在培养学生的问题意识和提出问题的能力方面具有更大的灵活性。复习课重在引导和培养学生从生活的原始情境中发现化学问题，并从问题中抽象出相关的化学概念、规律和原理。

（三）利用问题的本质属性培养学生构建解题模型的能力

“科学思维”是化学核心素养之一，而从化学视角对客观事物的本质属性、内在规律及相互关系的认识，是基于经验事实构建理想模型的抽象概括过程，是科学思维的重要内容。单元复习课是培养学生构建化学模型的重要课程。下面就

以“铁及其重要化合物”单元复习为例进行说明。

1.基于化学学科核心素养的教学结构

“铁及其重要化合物”的教学结构如图 2-4 所示。

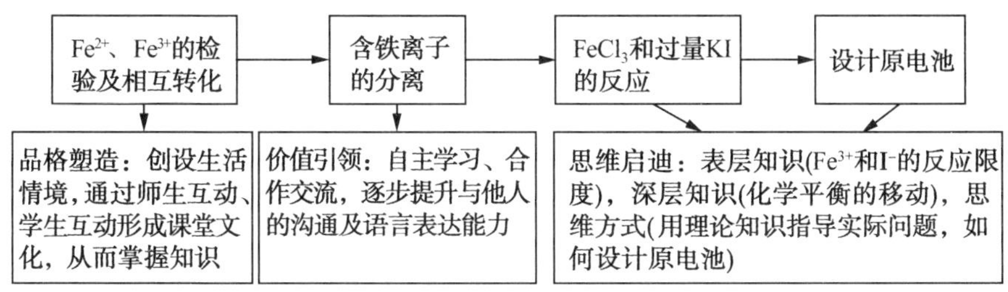

图 2-4　“铁及其重要化合物”的教学结构

2.以问题推进知识体系的完整

化学学科核心素养的培养要以对化学知识的认知为基础。“铁及其重要化合物”复习教学是在对已有零散知识掌握的基础上，创设生活情境引入，以问题的形式层层推进，学生通过对问题的分析与探究，使知识结构系统化。

【情境 1】　多媒体投影。补铁药“速力菲”的主要成分：每片含 0.1 g 琥角酸亚铁。性状：本品为薄膜衣片，去除薄膜后显浅棕色或淡褐色。适应证：用于缺铁性贫血的预防及治疗。储藏：密封、避光，在干燥处保存。药物相互作用：与维生素 C 同服有利于本品的吸收。

【问题 1】　琥角酸亚铁为什么需要做成薄膜衣片？去除薄膜衣后药品为什么是浅棕色或淡褐色？与维生素 C 同服有利于吸收的原因是什么？以上涉及何种化学反应类型？

设计意图：通过创设生活情境，激发学生自主学习的兴趣。薄膜可防止 Fe^{2+} 被空气氧化；Fe^{3+} 在维生素 C 的作用下被还原成 Fe^{2+}，Fe^{2+} 是红细胞中血红蛋白的组成部分。紧贴生活中贫血补铁的实例，让学生从宏观上打破化学学习是纯理论学习的意识，体会化学在现实生活中的广泛应用，进而真正领略将知识转换为生产力的实用价值。

【问题 2】　提供试剂：速力菲、稀盐酸、$CuSO_4$ 溶液、新制氯水、双氧水、KSCN 溶液、酸性 $KMnO_4$ 溶液。药品速力菲中的 Fe^{2+} 会被空气缓慢氧化。国家规定，如果药物中的 Fe^{2+} 有超过 10% 被氧化即不可服用。为检验某速力菲中的 Fe^{2+} 是否被氧化，实验室可选什么试剂检验？要证明速力菲中的 Fe^{2+} 未完全被氧化，需如何取样检验？需加何种试剂将样品溶解？再滴入何种试剂检验，有何现象？请设计实验方案，归纳 Fe^{2+}、Fe^{3+} 的相互转化条件。

设计意图：让学生在探究中掌握 Fe^{2+}、Fe^{3+} 的相互转化条件及检验，培养学生的基本实验技能，激发学生的学习兴趣。通过分组讨论设计速力菲中的 Fe^{2+} 未完全被氧化的实验方案，培养学生交流、互相合作及自主学习的能力。同时也培养学生的化学语言表达能力及分析、归纳等素养。

【情境 2】 实验室采用 H_2SO_4 酸化 $KMnO_4$ 溶液，对速力菲中的 Fe^{2+} 进行滴定（假设药品中其他成分不与 $KMnO_4$ 反应）。请完成下列离子方程式：

$$MnO_4^- + \_\_\_\_ Fe^{2+} + \_\_\_\_ H^+ = \_\_\_\_ + \_\_\_\_ Fe^{3+} + \_\_\_\_ H_2O$$

设计意图：陌生情境下氧化还原反应的离子方程式书写是学生学习的难点，也是近几年全国高考的热点。课堂训练有助于学生建立氧化还原反应的离子方程式书写模型，并能运用该模型解决化学问题。

【情境 3】 孔雀石的主要成分为 $Cu_2(OH)_2CO_3$，还含少量硅的氧化物和铁的氧化物。实验室以孔雀石为原料制备 $CuSO_4 \cdot 5H_2O$ 晶体的步骤为：取少量孔雀石研磨，加足量试剂 A 浸泡，得溶液 a；往溶液 a 中加入试剂 B 得溶液 b；再往溶液 b 中加入试剂 C 得固体 C 和 $CuSO_4$ 溶液。

【问题 3】 使用试剂 C 的目的是调节溶液的 pH 值，使 Fe^{3+} 转化为沉淀予以分离。试剂 C 宜选用（　　）。

A. 稀硫酸　　B. NaOH 溶液　　C. 氨水　　D. CuO

常温下 $Fe(OH)_3$ 的 $K_{sp}=1\times10^{-39}$，若要将溶液中的 Fe^{3+} 转化为 $Fe(OH)_3$ 沉淀，使溶液中的 $c(Fe^{3+})$ 降低至 1×10^{-3} mol·L^{-1}，必须将溶液的 pH 值调节至________。

设计意图：含 Cu^{2+}、Fe^{3+} 的溶液中，将 Fe^{3+} 转化为沉淀予以分离，要使溶液的 pH 值升高且不引入新的杂质离子，可加入 CuO 与氢离子反应。此外，还可加入 $Cu(OH)_2$ 和 $Cu_2(OH)_2CO_3$。溶液中的 Fe^{3+} 转化为 $Fe(OH)_3$ 沉淀时，$Fe(OH)_3$ 达到沉淀溶解平衡。根据 $Fe(OH)_3$ 沉淀溶解平衡常数，可得 $c(OH^-)=1\times10^{-12}$ mol·L^{-1} 即 pH＝2。从所给的信息中提取有用信息，进行必要的分析、计算，可使学生对知识的了解上升到理解、应用层次。运用化学原理解决一些具体的化学问题也是必备的核心素养。

综上所述，在核心素养理念指导下的复习课中，教师要改变以填空、记忆为主的浅层学习模式，改变以重复、机械的习题强化训练为主的应试教育模式，变为以深度学习的方式培养学生的问题意识，提高学生的自主学习能力，发展学生的科学思维，为学生进一步学好化学和终身学习打下良好的基础。

第三章　研究综述

第一节　复习课的教学设计

一、复习课概述

复习课是在有限的时间内，对学科知识进行系统化、网络化、规律化和能力化的过程，是巩固知识的一种重要课型。对教学内容的合理重复不仅需要而且必要，通过复习可以帮助学生系统性地掌握、巩固知识，加深理解，进一步发现问题，及时查漏补缺，以免给后续学习留下隐患。复习也可起到发展学生化学思维的作用。根据复习课的特点，其设计应该遵循的基本原则是“新中有旧，旧中有新”。此处的“新”不是指引入新知识，而是指有新意。所谓“有新意”，就是不按部就班、重蹈覆辙，而是给学生以新面孔，产生新感觉，在原有知识的基础上深化、引申，产生一种新的认识与理解。①

高中化学复习课的目的主要是帮助、引导学生系统地巩固所学习知识，形成一个属于自己的知识网络；了解学生对所学知识的掌握情况，有针对性地对学生的薄弱环节查缺补漏；对化学实验规律或物质的性质进行总结，采用归类的方法帮助学生记忆。在化学复习课中，应使学生真正成为获取知识、掌握技能、解决问题的主人，课堂上要始终以学生为主体，强化学生的主体意识，发展学生的主体能力，塑造学生良好健康的主体人格，充分培养和提高学生的自主性、创造性、能动性。

二、传统的复习课教学设计

传统的复习课教学主要有以下特点：

(1)课时容量大，以教师讲授、学生接受式学习为主。在复习课中片面夸大

---

① 参见张大均：《教育心理学》，人民教育出版社 2004 年版，第 484 页。

了教师的主导作用和主体地位，忽视了学生主体性的发挥。教师为了完成教学任务，赶教学进度，上课时尽量避开与学生互动。这样一节课下来，几乎没有“静悟”“留白”，既不能充分暴露学生的问题，也不对学生的问题进行有效诊断。①“有之以为利，无之以为用”，真正对能力提升有作用的是思考力的提升，这就是课堂教学的“无”胜于“有”的境界。

(2)教师普遍十分重视高考题的演练，几乎将一多半时间放在讲解高考题上。教师总以为他们多讲一点，学生就会多懂一点，进而明白解题的原理，掌握解题的步骤。② 正所谓“教者拿来就讲，学生见题就做、见空就填”，这样整堂课就处于“浓缩化”状态，学生课上、课后没有区别，从“听例题”到“做试题”，仅是循环往复。

(3)高三第一轮复习主要以知识梳理为主，相当于将高一、高二的全部知识过了一遍，缺乏重点，没有新意。有时学生原有的知识性缺陷没有得到解决，能力性缺陷又没有得到弥补，这会导致学生产生厌倦感。

(4)复习模式单一，采用传统的教学方式、方法、手段，学生产生不了浓厚的兴趣。当前最典型的复习课模式是教师提问学生知识点，归纳总结知识点，再剖析典型例题，学生巩固训练。所以，这种复习模式被称为“四环节复习”，使学生上课被动，积极性不高，有时甚至想放弃学习。

(5)不同层次的学生接受统一的复习模式，缺乏针对性。这种统一的复习模式很难做到引导每一位学生都充满激情地进入复习课中，也无法让教师引领学生在“自我构建、自发诊断、自主发展”中享受化学复习课之美。

(6)学生的综合能力提高缓慢，解答高考题时受畏难情绪影响，很难坚持高强度的题海训练。在这种题海训练中，学生得不到自主构建知识网络的机会，更没有办法形成自我诊断、自我拓展的习惯。

(7)教师对复习课的作用认识不足，功能理解不到位，课型把握不准。从教者的层面看，一是将复习课变成了“讲读课”，导学案的复习模式推广到今天，有许多学校都形成了具有特色的导学案，但用导学案来代替教材和教辅后的课堂模式又产生了“讲读式”复习课；二是将复习课变成了“说课”，教者凭借扎实的基本功把复习课当成自我表演的舞台，在“自我陶醉”中结束复习课。

(8)教师没有进行知识梳理，以习题训练代替单元知识梳理。教师在自己预设的情境中演绎，全然不顾学生是否有新认知的生成。教师的多种解法或解题

---

① 参见赵华、陆建军:《提升高三化学复习课效益的几点思考》,《化学教育》2011 年第 9 期。

② 参见孔晓波:《新课标下高三化学复习课学生主体地位缺失的成因及对策》,《化学教与学》2016 年第 4 期。

技巧使学生眼花缭乱，但是这些解题方法和技巧并没有真正进入学生的化学学科思维体系中。

(9)教师虽然进行了知识梳理，但知识梳理后的学案质量不高。知识体系构建不系统、不全面，重要知识点的突破不到位，选题不典型。有一部分高考题的不合理导向也会导致复习课陷入“一切为了考题，为了一切考题，考题就是一切”的深渊中。

(10)由于在复习课的学习过程中，出现了大量难题、新题，而且学生对部分旧知识有遗忘和混淆的现象，再加上备考过程中大多数学生都有紧张心理，使学生在上课时表现得很被动，他们的学习积极性、主动性均不高，这就使课堂上出现了三类学生：第一类是“无心无力型”，第二类是“有力无心型”，第三类是“有心无力型”。这三类学生的主体地位很难被体现，因此他们都很难融入课堂。除此之外，学生的松懈导致了教师的消极，影响了上课的质量，因此学生的主体地位被挑战，教学质量也很难提高。

(11)学生对复习课的认识不到位。比起复习课，他们更喜欢上新授课。这部分学生认为，在新授课中可以学习新知识，比较有趣，因此新授课更能吸引他们的注意力，提高他们的学习兴趣。而复习课只是把所学知识又讲一遍，没有什么能够吸引他们的地方，而且在复习课中收获甚微。

(12)尽管经过学生和教师的共同努力能及时完成复习，但是对学生来说还是普遍会发生遗忘现象。这一方面是因为在复习课中教师进度快，学生忙完这个就忙那个；另一方面是因为复习课要对知识进行整合，学生需建立更加复杂的知识结构，再加上复习课中涉及的习题普遍难度增加，考查更全面，学生时间紧、任务重，一节课下来难免会发生遗忘现象。

复习课是较难上的一种课，按常规的复习模式，难免会产生“冷饭重炒”的感觉。而在对复习课的教学设计方面，教师也普遍感到时间紧迫、精力有限，很多情况下沿用的是以前的教学设计，只在题目方面补充上一年的高考题，复习模式单一，很难调动起学生的积极性。在复习内容的选择上，教师不敢轻易放弃任何一个知识点，生怕讲不到学生就不会做，缺乏对高考试题和新课程标准的把握，造成了很多时间和精力上的浪费。很多教师也表示，只有遇到教研活动或者公开课时才会精心进行教学设计，而为此花费的时间有时也起不到相应的作用，原因在于没有系统的教学设计理论进行指导，全凭经验进行的教学设计存在很大的随意性和盲目性。同时，由于教师、学生的风格不同，导致同样的教学设计在一部分学生中反响很好，而在另一部分学生中接受度就差一些，很难做到分层教学、因材施教。所以，传统的复习模式一般为验证性复习，教师提炼知识点，学生练习巩固。这样学生的问题意识不强，机械记忆的内容容易遗忘，无法锻炼应用知识的能力。

三、新手型教师复习课的教学设计

新手型教师在复习课的教学设计上普遍感到比新授课的难度要大，他们在知识体系的完整程度、相关习题的熟练程度、课堂上对教学活动的组织程度以及处理学生疑问的有效程度上都存在一些问题。在复习课上，新手教师往往是整堂课的主角，不停地讲解；学生是整堂课的配角，不停地听讲、做笔记，并做大量的习题进行巩固。[①] 另外，新手型教师更加关注的是学生基础知识和基本技能的掌握程度，而在学生知识结构构建的引导方面存在一些不足。在挑选配套练习题的针对性上也有待提高。新手教师在高考真题的解析方面也存在重视答案讲解和规范的情况，他们更应该关注在解题思路、分析问题的能力等方面给予学生更多的指导和锻炼。

四、专家型教师复习课的教学设计

专家型教师在复习课的教学设计上有更多的教学经验，他们可以凭借多年的教学经验，准确把握复习课知识内容的难度和容量，针对学生的实际情况设计出有针对性的问题。专家型教师已经形成了完整的教学风格，课堂教学活动组织得更好、更严密，每个教学环节都体现出了较强的逻辑性和深厚的功力。而且，在复习课教学中他们十分重视对学生逻辑思维和科学观念的培养，以及科学解题方法的传授，注意增加学生的练习机会，确保练习时间和效果，还善于通过设计逐层递进的问题来化解难度，引导学生逐步走向成功。专家型教师的语言能力很强，他们能够通过丰富、形象化的语言描述将很多实验和实际问题更清楚地讲给学生，引导学生在自主、合作、探究的氛围中贯通化学学科知识体系，在交流、探讨、思辨中感悟化学学科的内在美。专家型教师能够在与学生的对话、互进中提升对化学学科本质的把握度。

第二节　复习课的有效性

目前，我国学界对“复习”这一话题的研究主要集中于初三和高三两个学段的备考总复习上，重点是讨论如何提高这两个学段复习课的课堂效率，实现复习目标。目前的研究视角一是如何提高复习课的有效性，二是如何完成习题或作业的选配。

---

① 参见王金海，张伟. 高中化学复习课中信息技术教学策略探析[J/OL]. 中国教育技术装备：1-2[2018-10-10]. http://kns.cnki.net/kcms/detail/11.4754.T.20180909.1238.004.html.

一、如何提高复习课的有效性

对于如何提高复习课的有效性，有学者从自身的教学经验总结了许多有针对性的策略，如规划复习课的教学目标、在复习课中引入精选“范例”。

大部分教师都非常清楚，在新授课中，最重要的一点是要明确教学目标，而教学设计的各个环节都以教学目标为中心而开展。但是，在复习课中确立明确的教学目标是很多教师容易忽略的一点。复习课教学目标的设计主要应该明确两点：一是教师明确教学安排，包括单元目标和课时目标；二是学生明确学习安排。如何提高复习课有效性的另一个思考角度是从教学设计入手。徐瑞英(2012)强调了知识点对复习课的重要性，提出了四条以知识点为主线的复习策略，分别是以“问题”带知识点、以“情境”串知识点、以“习题”引知识点和以“学案”查知识点。也有学者指出，将知识系统化是复习课必须遵循的一条重要原则，陈锋(2014)建议应用“纲要信号法”将知识结构化和系统化。“纲要信号法”的全称为“沙塔洛夫纲要信号法”，是苏联教育学家沙塔洛夫创立的一种教学方法。此法的核心是纲要信号，其特点是有坚定不移的师生合作指导思想，有完整的教学体系，有高效的教学方法；不用强制手段来组织教学，而是用学习活动本身来吸引学生。在沙塔洛夫眼中，在学习方面想要获得成功不是一件容易的事情，必须改变传统的教学方法，建立“纲要信号”新体系。沙塔洛夫的准则是“你不会学，我们来教会你学；你不想学，我们来让你喜欢学”。“纲要信号”教学法的基本思想是师生合作，教学目标明确，教学方法高效，教学系统完整。[①] “纲要信号”教学法包括六个程序：课堂讲授、复习巩固、家庭作业、指导提问、记分和如何活跃学生思维。“纲要信号”图表是一种由字母、单词、数据或其他信号组成的直观性很强的教学辅助工具。这种图表通过各种信号简明扼要、直观形象地把学生所需掌握的知识表示出来。教师将知识以简练的语言列成纲要，教学思路通过图示和线段直观展现，充分体现了“提纲挈领、简明扼要、信息集中、思维对号”的教学特色。“纲要信号”能充分激发学生的兴趣和注意力，引导学生积极参与课堂学习。这种教学法大块讲授理论知识，训练理论思维能力，大大节约了时间。“纲要信号”是对材料高度概括的提纲，是易于引起注意和记忆的符号组合，是有助于理解和创造认知的工具，是减轻学生负担、提高教学质量的可靠办法。

相比于新授课和习题课，复习课对学生综合素质的要求大大提高，教学目标的定位应更具有高度性。具体来说，主要体现在知识和能力两个方面。对于知识的学习，在复习课中学生不再仅是掌握孤零零的新知识，而是对已知内容的更

① 参见冯迎：《“纲要信号”教学法的教学设计意义探析》，湖南师范大学硕士学位论文，2010 年。

深领悟和更合理组织，知识的综合化程度大大提高。在进行一轮总复习时，一般按照单元进行复习，强调的就是知识结构的系统化。在进行二轮复习时，复习课的教学目标不仅停留在对知识的学习上，更注重对学生能力的开发，包括记忆能力、问题解决能力、观察能力、自我监控能力和实验操作能力等。能力的培养不是一两天就可以完成的，不可能引导学生在一种课型中完全形成某种能力，而复习课的课型特点对各种能力的培养有着更为积极的条件。以问题解决能力和记忆能力为例，复习课的目标要求学生有一定的发现问题、分析问题、解决问题的能力，而在复习课上通过对看似繁多复杂的化学知识的精细加工和结构化整理，可以在很大程度上提高学生对一些新材料、新信息的分析、综合、概括能力，有利于学生在处理事务时独立思考，选择类比、比较、演绎、推理等科学方法做出正确的判断。记忆力是智力活动的支架，好的记忆力才会促进观察能力、想象能力、创造能力等各种能力品质的发挥。在复习课上，对化学规律的揭示和整合可使学生的理解不断深化，有助于提高学生的记忆能力。①

在复习课中，通过精选“范例”，能够有效地帮助学生掌握知识、能力、方法、观念，引导学生自主解决相同或相似的问题情境。通过精选“范例”可促进学生的知识结构化。复习课的目标之一就是要将新授课学过的孤立的新知识进行结构化、系统化加工，帮助学生形成知识的有机体，达到对知识的深层理解。“范例”为这一整体框架的搭建提供了基础性的学习材料，通过对一个典型例子不同角度的分析，建立起事实性知识、情境与核心概念、化学基本概念之间的联系。在一堂复习课中，学生要接触多个知识点，倘若用不同的例子呈现这些知识点，势必会割裂知识的相互联系，而且呈现的事例太多也会增加学生的认知负荷，学生需要时间适应不断变化的情境，就会降低学习的注意力。通过精选“范例”可提高学生的知识迁移应用水平。复习课的意义是让学生掌握、强化获取学习经验的能力以及认识事物的视角和方式，而非去记忆更多的知识。“范例”具有典型性特点，它代表了一类事物共同具有的特征，“麻雀虽小，五脏俱全”。通过对典型个案的挖掘，可以有效地帮助学生归纳和总结事物共性的特征和规律，而这些本质的概念、原理和规律恰恰是学生认识新事物、迁移应用知识的基础。对“范例”的学习是一个由个别到一般的过程，通过“范例”教学，学生不仅可以学到可迁移的一般性知识，还能学会对化学普遍的本质性规则的运用，培养分析问题和解决实际问题的能力。“范例”还可以提升学生的化学基本观念，只有对具体知识有了深入和全面的理解，学生才能准确而高效地认识化学知识。复习课容纳了很多知识要点：一方面，知识网络越丰富越有利于提升学生对化学知识的认

---

① 参见刘梦溪：《基于观念建构的化学复习课教学研究》，山东师范大学硕士学位论文，2014 年。

识;另一方面,如果事实性知识太繁多、太琐碎,重点不突出,就不能在学生头脑中呈现出清晰的知识脉络。“范例”是构建化学知识的“胚胎”,虽然这个“胚胎”可能不完善,但它具备了可以发育为一系列知识的生长点。精选“范例”能够摒弃教学中细枝末节的非重点内容,突出重点内容,引导学生对知识进行整合和深入思考,这样,学生就能够在知识之间建立本质联系。

二、复习课研究的另一个视角

由于复习课与新授课的区别所在,有关复习课研究的另一个视角是作业或习题选配及习题教学。

复习课的一个重要目标是巩固学生在新授课中学到的知识点,而巩固知识点最为常见的手段是作业或练习。有专家认为,复习课中习题的选配应遵循针对性、启发性、典型性和层次性等原则。为此,其提出的选配习题的方法有研读教材、了解学情、大胆创新、分层设计、自主选择等。朱春苗(2012)认为,高考复习作业的编制应该包含收集、分类、整合优化和使用完善四个阶段,收集阶段涉及的资料有历年高考试题,历届学生错题记录,省内各市一模、二模诊断性试题,核心期刊资料或试题,社会热点问题等。将收集来的资料按照知识的性质或模块进行分类,将分类的资料进行整合(如当前考纲与以往考纲的重复点和变化点),最后形成可以用于高考复习的使用资料。习题是供学生操作练习以巩固所学知识的试题。在复习课中,合理设计习题有助于学生对相关知识的掌握和理解,有助于提高学生的思维能力,锻炼学生的基本技能。因此,在复习课中,高质量的习题应具有科学性、典型性和示范性。一般来说,高质量的习题应遵循系统性、层次性、利教促学和价值统一这四个原则。系统性原则要求学生在中学阶段所学习的各部分知识应有机统一,在复习课中教师设计的习题要既能检查到学生掌握所学知识的情况,还能检测到学生利用知识的能力。复习课中的习题内容应考查到章与节的知识之间的联系与综合,还要考虑整个中学阶段在化学学科中所学习的有联系的所有知识,注意对所学相关知识进行适当深化。因此,在复习课中,习题考查的知识点可以先单一后综合,综合时须注意知识的阶梯式上升,为学生设置适当的梯度。层次性原则是指教师可根据章、节知识点的内容及所属知识的板块来合理确定习题的数量,要有利于学生掌握对应的知识,并达到一定的水平。习题的难度也要适中,尽量让不同层次的学生都有收获,都能体会到成功的欣喜,千万不要出现超出考纲及学生能力的习题,因为其会严重挫伤学生的学习积极性。教师为照顾不同层次的学生,可以设计出答案不确定的少量试题,让学生“仁者见仁,智者见智”。利教促学原则是指教师要利用好习题的传递知识功能,编制的习题在形式和分布方面要有助于学生记忆。教师要利用好习题的反馈知识功能，编制的习题在内容及结构方面要有助于学生完善、整合相关知识，形成一定的知识体系，从而促进学生对化学学科的学习。价值统一原则是要求教师选用的习题不仅要体现化学学科的价值，而且要体现社会生活中的人本价值，更要引导学生形成正确的社会价值观。做完习题后，学生要能感悟到自己学的知识是彼此相互联系的，而不是孤立零散的；自己所学的知识是能学以致用，增长自己的智慧的，而不是单纯地应对考试。这也有利于学生个性与才华的不断完善与提高。①

化学学科能力应包含以下几个方面，练习题的选择也要注重这几方面能力的培养：

(1)观察与实验能力。从化学学科的特点看，化学是一门以实验为基础的科学，观察和实验是化学研究的基本方法。因此，我们把观察与实验能力作为化学学科的基础能力。

(2)化学学习能力。化学学习能力是在化学学习活动中形成和发展起来的，是学生运用科学的学习方法去获取信息、加工和利用信息、分析和解决化学实际问题的一种综合能力。

(3)化学思维能力。思维能力是各项能力的核心。化学学科以化学知识为载体，部分地承担着思维能力的培养工作。化学学科的思维能力既有适用于各个学科的共性能力，也有化学学科独具自身特点的思维能力。化学思维能力可概括为以下五项：

①能将实际问题分解，找出应答关键，使问题得到解决的应用能力。

②能将化学知识按内在联系抽象归纳，逻辑地统摄成规律，并能按此规律推理的创造能力。

③对原子、分子、离子、化学键等微观结构有一定的三维想象能力。

④通过分析、综合、比较和论证，选择解决问题的最佳方案的评价能力。

⑤将化学问题抽象成数学问题，利用数学工具，通过计算和推理，解决化学问题的计算能力。

(4)化学探究能力。科学探究是一种重要的学习方式，也是中学化学课程的重要内容，对发展学生的科学素养具有不可替代的作用，是学生积极主动地获取化学知识、认识和解决化学问题的重要实践活动。

(5)实践与创新能力。新课程标准中明确规定：高中化学课程应有助于学生主动构建自身发展所需要的化学基础知识和基本技能，有利于学生体验科学探究的过程，学习科学探究的基本方法，加深对科学本质的认识，增强创新精神和

---

① 参见赵智育：《促进高三化学高效复习的习题教学》，四川师范大学硕士学位论文，2013年。

实践能力。

复习课的习题配置应充分锻炼学生以上几方面的化学学科能力，同时在进行习题练习时要注意以下几点：

(1)在解题过程中树立规范意识，培养表达能力。

(2)在“学生与文本”对话中培养对化学知识的整理归纳能力。

(3)在剖析错误原因的过程中强化“元认知”能力。

(4)在“举一反三”的评析中培养创新思维能力。

(5)在课后自我反思中提高对知识的运用能力。

(6)依据实验习题提高学生的实验能力和观察能力。

另外，在复习课中，不同类型的题目也应注意采用不同的方法来展开教学。选择题可用自主学习与合作学习相结合的形式来完成。选择题一般多考查认知性知识，学生比较容易掌握，可要求学生在上课前独立完成，课上相互交流、相互帮助，解决问题，对每一道题的每一项逐一分析，对正确的选项要说明选择的理由，对错误的选项要知道错在什么地方，以此来巩固知识，形成完备的知识体系，培养学生乐于合作、敢于表达、学会学习、乐于实践、勤于思考等科学品质。这样的方法既促进了学生的学习，又融洽了学生之间的情感，使课堂学习的氛围更加浓厚。实验题用分析理解与讨论交流相结合的方法来完成教学。化学是一门以实验为基础的学科，实验是培养学生探究能力的最好手段，而科学探究对发展学生的科学素养具有不可替代的作用。实验题是对学生在这方面能力的考查和训练，所以在课前应让学生独立完成，课上教师要引导分析，加强学生对实验的理解，教会学生科学分析的方法，提高学生的科学分析能力，再通过小组间的讨论与交流达到共同提高，感受分享的快乐，促进科学素养的发展。计算题采用归纳总结与课堂练习相结合的方法。计算能力是学生学习化学的必要能力，所以在平时要注意培养。计算题是有规律可循的，基本就几大类题型，只要掌握了所学知识，根据所学知识分析所属类型，运用不同的方法就能顺利完成。所以，计算题也可在课前让学生独立完成，在课上教师帮学生归纳总结出各种计算类型，再结合课堂练习就能很好地达到提高学生解题能力的目标，让学生感受到理性思维的美，收获成功的喜悦。

第三节　复习课的新方法

一、思维导图或概念图在复习课中的应用

概念图(concept map)是康乃尔大学诺瓦克(J. D. Novak)博士根据大卫·

奥苏贝尔(David P. Ausubel)的“有意义学习理论”而提出的一种教学技术。诺瓦克博士将“概念图”定义为:“使用节点代表概念,使用连线表示概念间关系的知识组织和表征工具。”从定义上可以清楚地看出,概念图是一种知识的组织和表征工具,这种工具的特征包括图示化、突出概念、突出概念之间的关系、突出概念之间的层次。概念图是一种知识以及知识之间关系网络的图形化表征,也是思维可视化的表征。一幅概念图一般由“节点”“链接”和“有关文字标注”组成。节点是由几何图形、图案、文字等表示某个概念,每个节点表示一个概念,一般同一层级的概念用同种符号(图形)标记。链接表示不同节点间的有意义的关系,常用各种形式的线连接不同节点,这表达了构图者对概念的理解程度。文字标注可以是表示不同节点上的概念的关系,也可以是对节点上的概念的详细阐述,还可以是对整幅图的有关说明。

思维导图是20世纪60年代英国心理学家托尼·布赞(Tony Buzan)创造的一种笔记方法。思维导图又叫“心智导图”,其与传统的直线记录方法完全不同,是表达发散性思维的有效图形思维工具,简单却很有效,是一种实用性很强的思维工具。思维导图运用图文并重的技巧,把各级主题的关系用相互隶属与相关的层级图表现出来,在主题关键词与图像、颜色等之间建立记忆连接。思维导图以直观形象的图式建立起各概念之间的联系,它往往是从一个主要概念开始,随着思维的不断深入,逐步建立一个有序的发散的图,是对思维过程的导向和记录。思维导图是一种强大的图形技术,这种技术为开发大脑潜能提供了一种通用的工具。从知识表示的能力看,思维导图呈现的是一个思维过程,是知识和思维过程的图形化表征,学习者可以通过思维导图迅速掌握整个知识架构,从而有利于直觉思维的形成,促进知识的迁移。思维导图很好地体现了构建主义学习理论,在教育教学中产生了积极的影响。

概念图与思维导图是两个完全不同的概念,是两种思维表达方式、两种学习工具。概念图在表达逻辑关系和推理方面发挥着很好的作用,从某种意义上说,概念图是一种多线程的流程图,表达由起点到终点的事物发展过程和推理过程,结果可能是一种或多种。概念图使用一些几何图形来作为不同概念的分类和表达,在引导人们思考问题、了解事物发展过程方面起着积极的推动作用。它在很大程度上是一种多线性的思维表达方式。相比之下,思维导图则能帮助人们在认识事务方面拥有一个整体的全局化的观念,它注重表达与核心主题有关的内容,并可展示其层次关系及彼此之间的关系。思维导图是一种放射状的辐射性思维表达方式,所表达的观念之间通过与核心主题的远近来体现内容的重要程度。思维导图在了解人们思维图谱方面的作用积极有效,它强调的是人们思想发展过程的多向性、综合性和跳跃性。但是,从以上介绍也可以看出,可视化是

思维导图和概念图共同具有的特征，二者都可以用于表征知识，激发和整理思考。有鉴于此，思维导图和概念图在复习课中具有极其重要的作用。

陈小梅(2015)应用实验法对思维导图在高中生物复习中的应用进行了研究，她首先对实验班和对照班进行了前测，确定实验前两个班的成绩无显著差异。在实验中，对实验班实施处理，即进行思维导图方式教学，首先让学生了解思维导图，讲解有关思维导图的特点、制作步骤和方法，然后教师进行示范，学生合作或独立制作思维导图。接下来，学生使用思维导图进行复习。实验结束后，再对两个班进行测试，结果表明实验班的成绩显著高于对照班。该研究表明，思维导图对于提高学生成绩具有很大的帮助。赵国庆(2012)指出，思维导图或概念图在科学(数学、物理、化学、生物)学习中占有一定优势。

将思维导图或概念图巧妙地运用到复习课中，在理解知识和厘清知识间逻辑关系的基础上，引导学生自主建立知识的思维导图或概念图，将化学知识内化成自己的东西，能够达到事半功倍的效果。复习课切忌教师一手包办，而要充分发挥学生的自主性，令其独立构建知识网络。首先，学生应主动回忆相关知识内容，自主构建具有个人特色的思维导图或概念图，要注意把握知识之间的逻辑关系以及存在的疑难之处。其次，教师在组织复习时，可以先进行指导，在黑板上提示核心主题，然后师生共同讨论核心主题的分支知识点，再由每位同学共同完成次级各个分支的知识点构建。最后，学生对自己的思维导图或概念图进行补充，以学生的图为教学资源，全班同学进行查缺补漏，共同完成知识的系统化归纳。也可以采用小组合作学习的方式，组内同学根据讨论意见以及教师给予的建议绘制出思维导图或概念图，并不断进行完善，以形成小组思维导图或概念图。①

在复习课的实施过程中，应通过思维导图或概念图梳理知识，构建知识网络，使学生充分理解核心概念，全面掌握各知识点之间的联系。在上课时，要让学生进行合作探究，完善课前的个人思维导图。思维导图或概念图是提升复习效果、培育化学核心素养的途径之一。学生先自主构建，后合作完善各单元思维导图的过程。是学生充分理解核心概念，全面掌握各知识之间联系的过程。通过思维导图或概念图构建不同模型，可引导学生学会从知识学习层面上升到方法学习和理论学习层面，从而实现终身自主学习，落实学科核心素养。

随着近年来对复习课研究的进展，出现了一些新的研究角度。杨军(2013)从课堂评价的角度开发了教学评价表，评价表主要包括知识掌握、例题选择、能力培养、教学过程、教学手段、课堂气氛六个部分。其主要目的是促进教师的教

① 参见张凯文:《思维导图在初中物理教学中的应用》,《山西青年报》2018 年 9 月 1 日第 3 版。

学,应对复习课忽视教学评价这一问题。管珏琪(2015)等人利用“电子书包”技术设计了一套完整的小学数学复习课教学流程。这些研究角度为今后关于复习课的研究提供了很好的借鉴作用。

总之,不管是在教学中还是在学习中,运用思维导图或概念图都是为了帮助学生提高学习能力,培养思维能力。思维导图或概念图不仅适用于教师的“教”,更适用于学生的“学”。

二、认知诊断理论在复习课中的应用研究

在新一代测量理论中,认知诊断理论被视为核心之一,该理论是认知心理学与心理教育测量相结合的产物,目前已经成为国内外心理与教育测量研究的重点和热点。认知诊断有广义和狭义之分,其中广义的认知诊断是指测验所得的分数与内部认知结构之间的关系,包括在心理学和教育学中的应用;狭义的认知诊断仅指在教育教学中的应用,即通过对所测技能或特质的掌握程度对被试者进行分类。认知诊断理论的两大基础是认知心理学与心理测量学。心理测量学是所有测量理论必不可少的基础,认知诊断理论也不例外,从测验设计、项目编制、测量过程到最后的数据分析,都离不开心理测量学的支撑。认知心理学是认知诊断理论的又一个重要基础。认知心理学是对测量任务所涉及的知识、技能、策略、加工过程与成分等各个认知变量进行认知分析,形成测量任务的心理模型。认知心理学不仅将模型的构建引入了心理与教育测量理论,同时也使测量理论更加具有心理学特性,使测量结果更加科学可信。认知诊断模型是指一种对认知结构具有诊断功能的计量模型。此模型通过估计被试者的能力水平,模式化其认知结构,对其进行诊断,从而可以定量考查被试者的个体差异和认知结构。目前,已开发的认知诊断模型有四十多种,各有使用范围和优缺点。从这些已经开发的模型中可以看出,认知诊断模型主要以线性逻辑斯蒂克特质模型(linear logistic trait model,LLTM)和规则空间模型(rule space model,RSM)为基础,其他模型基本是在这两个模型的基础上发展起来的,其中有代表性的有统一模型(unified model)、融合模型(fusion model)、DINA 模型(deterministic input,noisy and gate model)和 NIDA 模型(noisy inputs,deterministic,and gate model)。不同的模型是针对不同的测验而开发的,应用于不同的测验。LLTM 和 RSM 作为认知诊断模型的基础模型,具有开创性,是经典代表。LLTM 将测量学和认知科学相结合,开创了认知诊断研究;RSM 将诊断被试者的认知结构变成了现实,并创造性地提出了 Q 矩阵,为之后大多数认知诊断模型的建立提供了基础。统一模型、融合模型以及 DINA 模型、NIDA 模型都被认为是很成功

的认知诊断模型。①

所谓“复习课”，顾名思义是指学生在接受了新授课之后对所学知识的整理、巩固和应用。奥苏贝尔(Ausubel,1979)提倡的“有意学习”是指在学生原有的认知结构与新知识间建立联系，因此教师在上课前应充分了解学生原有的认知结构，建立新旧知识的联系，这一问题在新授课中得到了很好的认识。然而，在复习课中这种认识却很容易被忽略。所谓“复习”，一定是建立在已经学习过的基础之上的。学习必然会产生一定的学习结果，因此在开展复习课之前对学生的学习结果进行诊断并分析，根据诊断结果确定复习方案，就会产生事半功倍的效果。以规则空间模型为例，龙冈(Tatsuoka,1983)等人发现，学生在解题时使用了错误的规则(erroneous rules)会产生系统化的错误，规则空间模型的研究可以帮助教师识别学生的特征，为教师制定补救措施提供依据，从而开展有针对性的教学。规则空间模型的研究也能有效地评估学生的认知能力与认知方式，更好地实现教学与评价的结合，在教学中嵌入评价，在评价中执行教学。此外，规则空间模型还能精确分析不同个体的学习与思考历程，从而提供学习迁移能力的丰富信息，以及个体认知缺陷的诊断性信息。②

在复习课中，运用认知诊断理论对学生的学习效果进行测验、评估可有效提高课堂效率。认知诊断测验与传统的测验有着明显的区别：首先，认知诊断测验的目的是找出学生的知识漏洞，进而采取有针对性的补救措施，促进个体的认知发展；而传统测验意在对学生进行整体评价或筛选，较少关注个体的认知结构。其次，认知诊断测验需要由认知心理测量学家事先界定出完成测验任务所需的认知属性，以及他们之间的层级结构，然后根据 Q 矩阵理论编制测验；传统测验一般是根据双向细目表来编制测验，无法找出学生在认知结构和认知加工过程中的情况。再次，在编制认知诊断测验时，不仅要满足测验考查的内容、题型、难度、区分度等标准，而且要兼顾可达矩阵每个属性的考查次数以及每道题目所考查的属性个数等因素。最后，传统测验追求的是总分布形态尽量偏向正态分布，分数之间的变异性越大越好，而认知诊断测验对总分形态没有要求。③

时下，认知诊断理论是一大热点，被作为学习结果诊断参考的主要理论依据。认知诊断理论为解决学习进阶的问题提供了新的思路。认知诊断理论主要包含 Q 矩阵理论及认知诊断模型两部分(郭磊，2015)，认知诊断模型建立在项

---

① 参见蔡楠：《认知诊断理论述评》，《现代企业教育》2014 年第 12 期。

② 参见陈瑾、徐建平、赵微：《认知诊断理论及其在教育中的应用》，《教育测量与评价(理论版)》2009 年第 2 期。

③ 参见郭磊：《认知诊断理论及其应用》，《心理技术与应用》2013 年第 2 期。

目反应理论(item response theory,IRT)的基础上,结合了认知心理学与现代测量学的特点,不仅对学生的宏观能力进行评估,还能对其内部微观认知结构进行诊断,是一类以属性为基本分析单位的精细化测量模型(辛涛,2015)。认知诊断模型都是建立在数学模型的基础上,借助现代计算机技术等,对被试者的认知结构进行诊断。认知诊断模型是建立在Q矩阵理论基础之上的。龙冈(1983)认为,每一道题目后面都隐藏了一个或多个更为精细化的诊断信息,即属性(attribute),学生通过组合不同的属性来解决相关问题。属性是认知诊断研究中的核心概念,描述了学生正确作答特定题目所需的过程、技能、知识和策略。我们可以参考Q矩阵理论在复习课前对学生的学习结果进行诊断。

上述分析旨在通过认知结构诊断,判断学生的学习结果,根据结果选择适当的复习策略,提高复习课的效率。这里必须回答的一个问题也是复习的宗旨问题,即复习课的最终目的是掌握知识还是提高能力?答案应该是在掌握知识的基础上提高能力、落实学科能力是所有教学设计的最终目的。但是,目前关于如何在复习课上提高学生学科能力的研究并不多见,有关学科能力的研究主要集中在高考命题上。王蕾(2015)通过对国际学生评估项目(PISA)考试的研究认为,我国高考命题应该更加注重能力立意,为此她建议高考命题应建立准确清晰的目标,应用现实生活情境,命题流程要标准化、专业化。邢红军(2010)认为,能力分为“硬能力”(智力、技能)和“软能力”(知识、科学方法),他建议高考命题应该以这两种能力为导向。

三、多角度构思、设计复习课的应用研究

(一)从教师的角度,应该做到“三个转变”

1.转变教学观念

大多数教育者均认为,在复习课的课堂上,教师多讲一点,学生就会多懂一点。事实上,教师多讲学生未必会多懂,因此教师应当转变这种“多讲多懂”的观念,用“精讲”来代替“多讲”,注重“授人以渔”,不能为了赶上教学进度而落下学生的能力水平,这是得不偿失的。教师要通过精选习题来提高练习的效率。学生通过练习,知识得以巩固,解题思路得以掌握,进而能举一反三、触类旁通。教师在讲题时要注意既要“一题多解”,又要“多题一解”。只有这样,才能锻炼学生灵活的思维,避免定势思维,既掌握一定的程序,又不固守某一程序,学生运用化学知识解决问题的能力也才能真正得到提高。要从根本上改变“重教法而轻学法”的状况,使学生真正做到既“知其然”又“知其所以然”,把原本由学生来分析、解决、归纳、总结的问题还给学生。

2.转变教学方式

教师应提高备课、上课以及课后工作的教学方法，具体来说有以下几点：

(1)备课要精心。在上复习课之前，教师要有充分的准备，精心设计课堂问题和教学情境。教师也必须根据教材与学生的实际，对课堂教学进行设计。要从学生的实际出发，而不是一味地参考教材和教参，这样才能帮助学生根据原有的知识经验来进行知识构建。

(2)上课要耐心。教师在课堂上应多引导、多鼓励，少主宰、少埋怨。既要着重提高学生的思维能力，也要注重提问的质量和效果。在讲解典型例题时，教师要避免就题讲题，应着重讲思路、讲方法、讲技巧，引导学生做到举一反三。

(3)课后工作要热心。授课结束后，对于学困生，教师要多给予及时的关照与帮助，鼓励他们主动参与化学学习活动，发表自己的看法，尝试用自己的方法做题；对他们出现的问题，教师应及时提醒并分析，引导他们积极改正，从而增强他们学习化学的信心和兴趣。对于对化学有浓厚兴趣且学有余力的学生，教师应为他们提供一些有价值的学习材料，指导他们阅读，引导他们发展化学特长，构建主体性教学学习方式。

3.转变角色

古人云："亲其师而信其道。"中学生学习化学的好坏与任课教师有很大关系。如果学生喜欢某位化学教师，也会喜欢上这位教师的化学课，并能主动接受这位教师所传授的化学知识。因此，教师在课内外要真诚和蔼地对待每一位学生，把微笑带进课堂，把欢乐带给学生，让学生努力掌握多方面的知识，做学生的良师益友；经常找学生谈心，帮助他们解决学习上的困难，对学生们的每一点进步都及时给予肯定，并精心设计高质量的作业，认真批阅，及时反馈。此外，教师也不应把自己放在高处俯视学生，一味地命令、威胁，这种病态的师生关系会压抑学生学习的欲望，阻碍学生学习的主动性与思维的创新性。因此，要建立民主平等、协力合作、情感交融的师生关系，引导学生自尊自信，以教师的正确教学观念促进学生主体地位的体现。教师应从"学生学习的控制者"转变为"学生学习的辅助者"，从"封闭严肃的甄别者"转变为"开放可亲的评价者"，引导学生养成良好的学习态度和学习习惯，培养学生对知识的敬畏之心和批判之心。①

(二)从学生的角度，应该引导学生做到"四个会"

1.引导学生学会"想"

"想"即"思考"。著名的教育家孔子曾经说过："学而不思则罔，思而不学则殆。"在复习课中，教师应鼓励学生多思考，引导学生总结概念、公式，分析解题思

① 参见王杰：《深度学习视角下的教师角色转变》，《教育科学论坛》2018年第26期。

路与方法，尽可能地把教师的教学活动转变为师生共同交流、共同进步的平台，激发学生提出问题、发现问题、解决问题的兴趣，使学生不仅能掌握知识，而且能灵活地运用和融会贯通，还能解决实际问题。教育的目的是激发学生的激情和想象力，激发学生的活动能力和创造力。通过教师的“引思”和学生的“发思”，使学生的主体地位和教师的主导作用充分地体现出来。

2.引导学生学会“记”

“记”即“记笔记”。在复习课中，学生少不了要记笔记。在课堂上记笔记有利于集中学生的注意力，培养学生动手动脑的能力，增强学生思维的敏捷性。同时，教师应引导学生做到边记边思考，加强对知识的理解。同时，学生要养成做笔记的好习惯，重视做笔记、善于做笔记，这样，其知识水平与学习能力必然会得到提高。学生养成了做笔记的习惯，形成了做笔记的能力，从某种程度上来说就是学会了学习。

3.引导学生学会“说”

笔者在教学过程中发现有这样一种现象：在集体回答问题时学生都很积极，但是在个别提问时，学生就陷入“集体缄默”的状态。这一方面是由于学生缺乏自信，害怕回答错误；另一方面是由于不知从何说起。针对这个问题，首先要引导学生敢说，教师应做一个忠实的听众，针对学生的回答及时做出积极的反馈，增强学生的自信，让他们知道其实教师很喜欢听他们的发言，同学也很喜欢听他们的发言。另外，教师应对提出的问题适当进行引导或追问，让学生有话可说，积极动脑发言。在引导学生观察、分析、推理、判断后，启发学生用自己的话语总结概括出解题思路和解题方法，使感性认识上升到理性认识。这样做不仅能调动学生的积极性，而且教师也能及时获得反馈信息，考查学生理解的程度，以便在学生叙述中纠正用语错误，加深学生对知识的理解。通过教师的“问”和学生的“说”，让学生融入课堂之中，享受参与的乐趣。学生在回答问题的同时，不仅可以及时巩固知识，还可以提高自身的语言表达能力以及分析问题、解决问题的能力。

4.引导学生学会“做”

“做”即“做题”。在复习课中，学生做大量习题是不可避免的一个环节。通过大量习题的练习，可以帮助学生深化对所学知识的理解，夯实基础，查漏补缺。在做题时，教师应引导学生独立思考，运用自己擅长的方法做题，提高做题效率，体会做题的艰辛和乐趣；引导学生把放松的状态一下子紧张起来，把发散的心思收敛在课堂中。培养学生通过自主活动认识、运用规律的能力和发现问题、解决问题的能力。学会做题不仅可以使学生提高学习效率，夯实基础，开发智力，还能有效提高他们的学习兴趣，让他们真正做到从“学会”到“会学”。

四、“三疑三探”在复习课中的应用研究

“三疑三探”教学模式是河南省西峡县第一高级中学在教学实践中探索出的一种良性教学模式，这种教学模式已经获得了“全国教学优秀示范”的荣誉。这种模式主要通过疑问与探究结合等比较固定的教学环节，引导学生主动提出问题，独立思考问题，合作探究问题，同时养成敢于质疑、认真倾听、善于表达、勇于评价和不断反思的良好习惯。

(一)“三疑三探”教学模式的环节

所谓“三疑三探”即“设疑自探”“解疑合探”“质疑再探”“拓展应用”四个环节，现简单阐述如下：

第一，设疑自探。设疑自探是课堂的首要环节，即围绕教学目标创设问题情境，设置具体问题，放手让学生自学自探。这一步可以引导学生去发现问题。

第二，解疑合探。解疑合探是指通过师生或生生互动的方式检查自探情况，共同解决自探难以解决的问题。这一步为师生交流或生生交流提供了平台，鼓励学生碰撞出思维的火花。

第三，质疑再探。质疑再探是让不同学生针对所学知识再提出新的、更高层次的疑难问题，诱导学生深入探究。这一步可以让探究的问题得到升华和提升。

第四，拓展应用。拓展应用指的是根据本节课所复习的知识点，分别拟定基础题和拓展题加以巩固和深化，引导学生反思归纳。这一步可以检测学生是不是真正掌握了知识并能够灵活运用。

(二)“三疑三探”教学模式在复习课中的应用具有重要的意义

首先，该教学模式是对传统教学模式的创新和突破，能够引导学生在复习课中学会主动学习，提升学生的合作探究能力。学生在“三疑三探”教学模式中能自主发现问题，独立思考、提出拓展性问题，并开展合作探究、归纳总结。在合作学习的过程中，可以提高学生的团队合作能力，让学生切身体会到自主自探、合作探究后带来的自我成就感和愉悦感，真正体现学生在课堂中的主体地位。“三疑三探”教学模式可以巧妙抓住学生强烈的求知欲望，使学生的学习更加积极主动，克服复习课让学生产生的厌倦感。学生在小组合作的过程中互相学习、交流、切磋，产生自探问题提纲，有疑问时会主动思考探索，经过小组内的“解疑合探”碰撞出思维火花。接着，通过“质疑再探”对知识进行深化拓展，师生共同学习、共同提高，在此过程中，学生的求知内驱力被强烈激发，教师也真正成为学生学习的引导者和帮助者，学生的主体地位表现得淋漓尽致。

其次，在“三疑三探”教学模式中，学生也学会了合作与分享，尤其是独生子女可以真正体会到分享和互助带来的快乐。如今独生子女在学生群体中不占少

数，在家庭中，他们缺少与同伴的交流和交往，这不利于独生子女日后进入社会生活。“三疑三探”教学模式可以为学生提供师生和生生之间充分交流学习的平台，让学生感受到团队合作的力量，引导学生更好地融入群体生活。

最后，这种教学模式也可以提升教师的教学乐趣，避免职业倦怠。在“三疑三探”这种开放式的教学模式中，需要教师有驾驭课堂的本领，还要求教师不断学习，用更加广博的知识来充实自己，以此来轻松应对课堂上学生提出的各种各样的具有挑战性的问题，提高学生对教师的信任，让教师自身在专业素养上有更高的提升。①

（三）“三疑三探”模式的前提

当然，“三疑三探”教学模式只有在一定的前提之下才适合采用，才会有事半功倍的效果。这些前提包括：

首先，这种教学模式对化学复习课中的教学内容有严格的要求。要保证“三疑三探”合理应用于化学复习课的教学中，对教学内容有两点要求：第一，学生已有知识与要复习知识之间要有足够的内在关联。只有这样，才能让学生根据已经构建的知识在“设疑自探”环节提出主干问题，并在“解疑合探”环节提出更高层次的问题使知识得以再深化。第二，一节课复习的各个知识点之间要有内在的必然联系，这种联系最好形成梯形分布，这样才能对各个知识点进行由浅入深的递进探究。

其次，这种教学模式对教师有着严格的要求。“三疑三探”教学模式的优势在于，它向传统教学模式发出了革新的挑战，为学生创设了一个较为宽松、愉快、和谐的课堂氛围，为学生提供了一个锻炼自己的胆量和表达能力的舞台，更为发展学生的发散思维能力提供了一条有效的途径，也为教师的自我提高、终身学习带来了契机。为了能够更好地将“三疑三探”教学模式合理应用于化学复习课中，以提高复习质量，对化学教师提出了更高的要求：第一，教师要根据学生的需要不断学习，提高自身的专业知识水平。教师所接触的是思维活跃的青年学生，“三疑三探”教学的课堂氛围宽松，教师讲解的时间也短，但是在“解疑合探”环节或者“拓展应用”环节，学生随时都可能提出一些异想天开的或者是高难度的问题，这就给教师的备课带来了新的挑战。为了能满足学生学习的需求，作为一线教师，必须养成随时学习的习惯，包括抓住一些进修、培训的机会给自己“充电”。第二，教师一定要明确自己在课堂上只能是配角，学生才是主角。教师只是给学生提供帮助和引导，不要喧宾夺主，抢了学生施展才能的机会，要放手让学生大

① 参见徐静：《“三疑三探”在高三化学复习习题讲评课中的应用研究》，四川师范大学硕士学位论文，2016年。

胆地“自探”与“合探”，只提供适度的引导，与学生共同合作探究、解决疑难问题。

最后，这种教学模式对学生也有更严格的要求。“三疑三探”教学模式的应用强调以学生为中心，学生是课堂教学的主角，因而无形中对学生提出了以下要求：

(1)对于基础相对较差的学生，要想较好地完成“自探”环节从而提出自己的主干问题，或较快地融入小组内的“合探”环节，就必须在课前进行必要的预习，形成自己的问题提纲。

(2)在课堂教学的过程中，当小组内的学生进行讲解展示时，讲解的同学要做到以下几点：一是能够提出自己不同于他人的解法；二是讲解时要声音洪亮、语速适中、思维清晰，让全班同学和教师都能清晰地听到自己的讲解内容；三是要虚心考虑别人的意见，当自己的解法中存在不正确或不完善的知识点时，要当面勇于承认，肯定他人的正确看法；四是不展示的同学要学会认真倾听他人的讲解，并积极思考这种讲解是否符合实际，带着欣赏的眼光去学习他人讲解时自己没有思考周全的知识；他人讲解后，若自己还有不同的解决方法，要等其他同学解释完后方可给出自己的解决方法。只有这样，才能让学生与学生之间产生思维交流的火花，让学生学会分享，学会替他人着想，也才能营造出“学生教学生”这种较为愉快的课堂氛围。

(3)若班级学生的整体基础较差，则采用“三疑三探”的教学模式较为困难。

五、基于学科核心素养的复习课研究

《中国学生发展核心素养》从文化基础、自主发展、社会参与三方面出发，认为我国中小学生的核心素养综合表现为人文底蕴、科学精神、学会学习、健康生活、责任担当、实践创新六大素养，具体细化为国家认同等十八个基本要点。根据这一总体框架，针对学生的年龄特点，进一步提出了各学段学生的具体表现要求。2017 年版《普通高中化学课程标准》提出，普通高中化学的五大核心素养分别为宏观辨识与微观探析素养、变化观念与平衡思想素养、证据推理与模型认知素养、科学探究与创新意识、科学态度与社会责任。

2018 年高考化学全国卷依据《2018 年普通高等学校招生全国统一考试大纲的说明(理科)》的规定，回归教材，注重考查基础知识和学科主干知识，紧紧围绕实验基本操作、基本概念、基本原理和常见典型物质等基础内容，突出考查关键能力，全面检测学生的化学核心素养。为了适应 2017 年版标准的教学理念，教育部考试中心在制订的《2018 年普通高等学校招生全国统一考试大纲的说明(理科)》中提出了新的能力目标。2017 年版标准中的“知识和技能”目标强调基础知识和基本技能的获得，让学生用化学观念学习，体现了“宏观辨识与微观探

析”和“变化观念与平衡思想”的核心素养；“过程和方法”目标突出的是让学生学会学习，使学生在学习过程中具有科学思维和探究精神，体现了“变化观念与平衡思想”“证据推理与模型认知”和“科学探究与创新意识”的核心素养；“情感态度与价值观”目标注重学生的情感培养和人格完善，强化了学生的责任意识，培养了学生的科学态度，体现了“科学态度与社会责任”的核心素养。在高三化学复习中，教师应注意在化学核心素养的视角下，把《2018 年普通高等学校招生全国统一考试大纲的说明（理科）》的要求贯彻到复习中。① 笔者认为应做到以下几点：

首先，教师应注重合理创设情境，激发学生的复习兴趣。对于化学复习课而言，好的化学复习情境能给学生渲染积极的学习氛围，激发学生对复习的兴趣，引导学生将注意力集中在课堂上。学生有了愉快的复习体验，复习的效果便会大大提升。因此，教师可以充分抓住这些特点，一方面为学生创设有趣的复习情境，让学生在情境中主动复习；另一方面，教师要把情境和复习串成一条龙，当学生的注意力被情境吸引之后，自然会跟随教师的引导愉快地进入复习。

其次，教师应设置开放的教学模式，提升学生的创新能力。教师要注重在核心素养的教学理念中，积极引导学生发散化学思维，提高创新能力。开放式课堂是近几年出现的新式教学模式，其倡导加强对学生求异思维的发展。教师应构建一个开放式的复习课堂，给予学生更多的自主复习机会，如在课堂上可以就做题方式多变性的例题引导学生发散思维，学会从多角度综合分析问题，通过举一反三的方式，总结出规律性的思维方式和解题方法。在这个过程中，教师可以在学生思考时引导性地开发学生的思维，在学生思维阻塞时进行恰到好处的引导。还可以引导学生学会从一个题目中找出新知识和旧知识，找出纵向思维和横向思维之间的关系，构建起化学知识框架，这对学生知识的拓展和创新思维的培养也很有好处。

再次，教师应注重梳理知识，构建系统的知识脉络。顾名思义，“复习课”就是回顾之前所学习的内容，其中最重要的环节就是对化学知识进行概括性的梳理，把零散的化学知识构建成框架，系统地表现出来。在梳理脉络的过程中，不能仅是笼统性地概括，这是以前复习中最容易犯的一个错误。要注意对难点的侧重和知识的连贯性，注意有的放矢，把化学知识结成网络。教师可以引导学生找出各知识点的相互关系和相互转换的关系，根据知识点的不同分块整理、梳理归类和重新整合，这样可以帮助学生更好地厘清知识，便于全面掌握，从而大大

① 参见刘汉国:《化学核心素养视角下的元素化合物复习——以二氧化硫为例》,《求学》2018 年第 28 期。

提高学生的复习效果。

最后，教师应注重多维评价结果，总结复习经验。以核心素养为导向的复习策略还要求教师对学生实行多维评价。对于学生复习情况的不同，教师应站在多维的角度看待，给予学生适度的评价：对复习情况好的学生给予表扬，对复习情况不好的学生要帮助他们找到问题，不断丰富学生的复习经验。此外，反馈评价可以帮助教师了解学生的需求，转变复习方法，设计出更行之有效的复习教学策略。因此，在上复习课时，教师还可以引入反馈评价的环节，课前可以先收集学生对复习的意见，让学生写出自己对哪部分内容不熟悉，之后对学生重点要求的内容进行重点复习。通过这些做法，学生的解题能力就会得到很大的提高。

总的来说，化学复习的课堂对学生的学习效率影响很大，需要引起教师的重视。作为新课改中提出的全新教学理念，核心素养通过创设情境、开放教学、加强知识梳理和给予学生多维评价，在化学复习教学方面起到了很好的作用，有效地帮助学生巩固了化学知识，构建了他们的化学知识网络，还发展了学生的化学思维，特别是对学生的化学学习能力和核心素养培养效果显著。教师要在贯彻核心素养理念的基础上不断创新教学策略，优化复习课堂，帮助学生不断提高复习效率。①

① 参见陈晨：《核心素养导向下的初中数学复习教学策略》，《明日风尚》2018 年第 19 期。

第四章　高中化学单元复习的基础研究

单元复习是学科教学过程中的重要环节，通常按“单元知识梳理→单元习题训练→单元知识测验”三步进行。单元复习以巩固知识和提高能力为主要任务，使学生从宏观上把握单元知识的整体结构及其内在规律，提高学生的思维能力和学习能力。单元复习要帮助学生对已经学过的知识重新回顾、梳理整合、重组结构，构建完整的知识体系，形成正确的认知结构。

在教学中，笔者一直非常重视单元复习的教学，长期认真思考、总结单元复习教学的有关内容，在 1998 年、1999 年分别在《高中数理化》《中学数理化》和《数理化·解题研究》上发表了《系统复习氧化还原反应》《以〈卤素〉为例，谈元素化合物的复习》和《〈化学反应速率与化学平衡〉专题复习与训练》三篇文章，现部分收录如下：

系统复习氧化还原反应

氧化还原反应是中学化学中的四大基础理论之一，是历年高考的热点，应重视系统复习。

一、氧化还原反应的本质及特征

凡有元素化合价升降的化学反应都是氧化还原反应，其本质为原子间的电子转移，特征为元素化合价的改变。

(1)重要概念及相互关系(见图 4-1)。

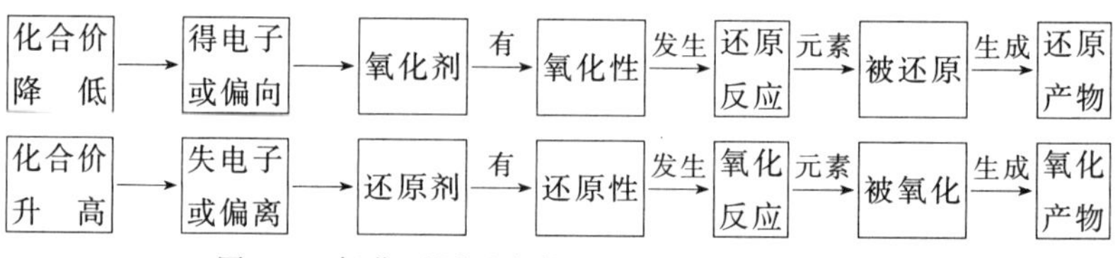

图 4-1　氧化还原反应的重要概念及相互关系

(2)氧化还原反应与四大基本反应的关系(见表4-1)。

表4-1 氧化还原反应与四大基本反应的关系

基本反应	是否氧化还原反应	举例	是否非氧化还原反应	举例
置换反应	一定是氧化还原反应	$Zn+Cu^{2+}$ ══ $Cu+Zn^{2+}$, Cl_2+2I^- ══ I_2+2Cl^-		
化合反应	有单质参加的是氧化还原反应	$2H_2+O_2 \xlongequal{点燃} 2H_2O$ $2FeCl_2+Cl_2$ ══ $2FeCl_3$	无单质参加的大多是非氧化还原反应	$CaO+H_2O$ ══ $Ca(OH)_2$
分解反应	有单质生成的是氧化还原反应	$2KClO_3 \xlongequal[\triangle]{MnO_2} 2KCl+3O_2\uparrow$	无单质生成的大多是非氧化还原反应	$NH_4Cl \xlongequal{\triangle} NH_3\uparrow+HCl\uparrow$
复分解反应	不属于氧化还原反应	$AgNO_3+NaCl$ ══ $AgCl\downarrow+NaNO_3$	一定是非氧化还原反应	

二、氧化还原反应中电子转移的表示方法

(1)单线桥法,如:

2e⁻(箭头由 Zn 指向 H_2SO_4 中的 H)

$$Zn+H_2SO_4 = ZnSO_4+H_2\uparrow$$

箭头由失电子元素指向得电子元素,式中只标明电子转移的数目。

(2)双线桥法,如:

失 $2e^-$(由 HCl 中的 Cl 指向 Cl_2);得 $2e^-$(由 MnO_2 中的 Mn 指向 $MnCl_2$)

$$MnO_2+4HCl = MnCl_2+Cl_2\uparrow+2H_2O$$

箭头不是表明电子的直接转移关系,而是表明同一元素在反应前后的电子得失情况,氧化剂箭头所指产物为还原产物,还原剂箭头所指产物为氧化产物,注意 $2e^-$ 前应注明“失”或“得”字样。

这两种表示法都必须注意箭头和箭尾要对准化合价发生变化的元素,且注意还原剂失去电子的总数与氧化剂得到电子的总数应相等。

三、氧化剂氧化能力与还原剂还原能力强弱的比较

(1)利用金属活动性顺序表判断金属单质的还原能力和金属阳离子的氧化能力。

K Ca Na Mg Al Zn Fe Sn Pb(H) Cu Hg Ag

→ 还原能力逐渐减弱

K^+ Ca^{2+} Na^+ Mg^{2+} Al^{3+} Zn^{2+} Fe^{2+} Sn^{2+} Pb^{2+}(H^+) Cu^{2+} Hg^{2+} Ag^+

→ 氧化能力逐渐增强

(2)非金属单质的氧化能力和非金属元素形成的阴离子的还原能力为:

F_2　Cl_2　Br_2　O_2　I_2　S —→ 氧化能力增强

F^-　Cl^-　Br^-　I^-　S^{2-}　Ag　Cu —→ 还原能力增强

卤素一般不直接跟氧气作用。Cl_2、Br_2、F_2的氧化能力大于O_2，但氧原子的氧化性大于氯原子、溴原子的氧化性，这是因为氧分子中的键能大于Cl_2、Br_2分子中的键能。

(3)常见氧化剂和还原剂在酸性溶液中的氧化、还原能力顺序为：

MnO_4^-　Cl_2　浓H_2SO_4　Br_2　Fe^{3+}　I_2　Cu^{2+}　S　H^+　Fe^{2+} —→ 氧化能力减弱

Mn^{2+}　Cl^-　SO_2　Br^-　Fe^{2+}　I^-　S^{2-}　H_2　Fe —→ 还原能力增强

(4)根据“强氧化剂＋强还原剂══弱还原剂＋弱氧化剂”(即在氧化还原反应中，一种物质能制出另一种新物质，则这种物质的氧化能力或还原能力比新物质强)，可得：

$2Fe^{3+}+Cu = 2Fe^{2+}+Cu^{2+}$，氧化能力$Fe^{3+}>Cu^{2+}$，还原能力$Cu>Fe^{2+}$；

$Br_2+2Fe^{2+} = 2Br^-+2Fe^{3+}$，氧化能力$Br_2>Fe^{3+}$，还原能力$Fe^{2+}>Br^-$；

$2HBr+2HNO_3$(浓)$= Br_2+2NO_2\uparrow+2H_2O$，氧化能力$HNO_3$(浓)$>Br_2$，还原能力$Br^->NO_2$。

所以氧化能力为HNO_3(浓)$>Br_2>Fe^{3+}>Cu^{2+}$；还原能力为$Cu>Fe^{2+}>Br^->NO_2$。

(5)根据反应时的不同条件判断物质的氧化或还原能力，一般规律是：如果几种氧化剂氧化同一物质生成相同产物，还原剂浓度越大或反应温度越高，该氧化剂的氧化能力相对来说越弱。如对以下3个反应进行比较：

$$2KMnO_4+16HCl(浓) = 2KCl+2MnCl_2+5Cl_2\uparrow+8H_2O$$

$$MnO_2+4HCl(浓) \xlongequal{\triangle} MnCl_2+Cl_2\uparrow+2H_2O$$

$$O_2+4HCl(g) \xlongequal[450\ ℃]{催化剂} 2Cl_2\uparrow+2H_2O$$

根据反应条件判断，氧化剂的氧化能力为$KMnO_4>MnO_2>O_2$。

(6)同一元素在不同价态的氧化、还原能力，一般规律是：价态越高，氧化能力越强；价态越低，还原能力越强；元素处于最高价态时只有氧化性，一般无还原性，如Fe^{3+}等；元素处于最低价态时只有还原性，一般无氧化性，如Fe、Na、S^{2-}；元素处于中间价态时，既有氧化性又有还原性，如S、Cl_2、H_2O、SO_2等。例如：Fe、Fe^{2+}、Fe^{3+}的氧化能力为$Fe<Fe^{2+}<Fe^{3+}$；S^{2-}、S、SO_2、浓H_2SO_4的还原能力为$S^{2-}>S>SO_2>H_2SO_4$(浓)。

(7)反应中得到相同电子数所放出能量大的，则该元素的氧化能力强；失去相同电子数需要能量少的，则该元素的还原能力强。例如，A、B两元素的原子

各得 1 个电子，A 放出的能量大于 B，则氧化能力 A＞B，还原能力 $B^-＞A^-$。

物质的氧化还原能力受多种因素（浓度、温度、压强等）的影响，以上提到的规律绝非一成不变，具体情况还要具体分析。例如，浓 H_2SO_4 可将 HBr 氧化生成 Br_2，反应方程式为 H_2SO_4（浓）$+2HBr = SO_2\uparrow + Br_2 + 2H_2O$。而溴水也能将 SO_2 氧化生成 H_2SO_4，反应方程式为 $SO_2 + Br_2 + 2H_2O = H_2SO_4 + 2HBr$。在这两个反应里，$H_2SO_4$ 的氧化能力和氧化还原反应的方向截然不同，原因就是 H_2SO_4 的浓度不同。

对氧化能力或还原能力的判断需注意以下三点：

（1）不能以还原或氧化的程度大小，即元素化合价降低数（得到电子数）或升高数（失去电子数）作为判断物质氧化或还原能力的依据。例如：1 个铝原子在氧化还原反应过程中失去 3 个电子，化合价升高了 3 价；1 个钠原子只失去 1 个电子，化合价只升高 1 价。钠被氧化的程度显然比铝小，但实际上钠的还原能力远大于铝。又如 Cu 跟浓、稀 HNO_3 的反应中，浓 HNO_3 被还原生成 NO_2，稀 HNO_3 被还原生成 NO，氮的化合价下降数稀 HNO_3 大于浓 HNO_3，但事实上浓 HNO_3 的氧化性远大于稀 HNO_3。

（2）不能以酸中的中心原子（酸分子中除 H、O 以外的原子）的价态高低或酸性强弱判断酸的氧化能力。由于受酸分子内部结构的影响，许多含氧酸的中心原子价态越高，酸性越强，氧化能力越弱；反之，价态低的虽然酸性弱，但氧化能力反而较强，如 HNO_2 的氧化能力大于稀 HNO_3（HNO_2 能氧化 HI，而稀 HNO_3 不能氧化 HI），H_2SO_3 的氧化能力大于稀 H_2SO_4。

（3）不能以反应中有、无催化剂作为判断物质氧化或还原能力强弱的依据，物质的氧化、还原能力跟其得、失电子的趋势有关，与反应时的反应速率关系不大，加入催化剂只改变化学反应速率，不改变物质得、失电子的能力。

四、氧化还原反应方程式的分类配平

（1）氧化还原反应方程式的配平一般遵循两个原则：

①氧化剂得电子总数和还原剂失电子总数必须相等。

②反应前后各元素的原子个数必须相等。

（2）配平步骤：

①写出反应物和生成物的化学式，并标出发生氧化和还原的元素的化合价。

②列出元素化合价升高或降低的数值（或电子转移的数目），并求出其最小公倍数，找出氧化剂、还原剂的系数。

③用观察法配平其他反应物的系数。

（3）常见的几类氧化还原反应方程式的配平规律：

①价元素只有 2 种，且氧化剂（还原剂）全被还原（被氧化），一般从左侧起配。

②变价元素只有 2 种，且氧化剂（还原剂）部分被还原（被氧化），一般从右侧起配。

③参加反应的物质自身既是氧化剂又是还原剂，一般从右侧起配。

④参加氧化还原反应的变价元素不止 2 种的方程式，要将化合价升高的数目（失电子的数目）相加求总数，或将化合价降低的数目（或得电子的数目）相加求总数，然后再按以上方法配平。

⑤有机氧化还原反应方程式的配平方法同上，关键在于有机物中碳的化合价的确定。有机物中碳的化合价依据碳原子与其他元素的原子（如 H、O 等）所形成的共用电子对的数目及电子对的偏移情况而确定，如 $CH_2=CHCH_3$、CH_3CH_2OH。

五、氧化还原反应的综合应用

(1)比较某一元素在不同物质中化合价的高低。在氧化还原反应中，一种元素的化合价升高，另一种元素的化合价必然降低；若氧化还原反应中只有一种元素变价，则该元素一部分化合价升高，另一部分化合价降低。

(2)判断离子共存。离子共存问题是高中化学的难点，不可共存的原因是多样的，如因产生沉淀而不能共存，因酸碱中和而不能共存，因形成络离子而不能共存，因水解而不能共存，因发生氧化还原反应而不能共存，等等。这就需要对知识进行归纳和总结。

(3)判断氧化剂的氧化能力、还原剂的还原能力的强弱。

(4)配平氧化还原反应方程式。

(5)分析原电池、电解池的电极反应：发生氧化反应的电极为原电池的负极和电解池的阳极；发生还原反应的电极为原电池的正极和电解池的阴极。

(6)分析氧化剂、还原剂、氧化产物、还原产物及其量的关系，用电子转移守恒法巧解化学计算。

以《卤素》为例，谈元素化合物的复习

元素化合物知识是中学化学内容中的重要部分，在高考中占相当大的比例，但在学习时，学生普遍感到知识“碎、散、多、繁”，难以记忆，重点不易掌握。本文以《卤素》为例，来具体探讨元素化合物的复习方法。

一、加强联系，归纳体系，努力形成知识网

元素化合物的性质千差万别，但某些物质的性质之间总是存在一定的联系，根据这种联系，可把零乱、分散的知识进行串联，编织成网络，形成知识体系，以便于掌握。对于卤族元素的代表元素氯及其化合物，以价态为主线（也可以反应

关系为线索）归纳出的网络图如图 4-2 所示。

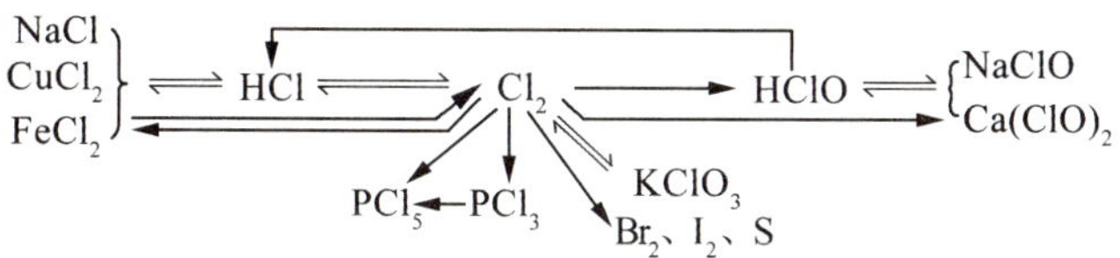

图 4-2　卤族代表元素氯及其化合物的网络图

使用该网络图时需注意以下几点：

(1)要用化学方程式来完成各步转化，每一步转化都要用尽可能多的化学反应来完成。例如，完成 HCl $\longrightarrow$ NaCl 转化的反应有：

①$2Na+2HCl = 2NaCl+H_2\uparrow$

②$Na_2O+2HCl = 2NaCl+H_2O$

③$NaOH+HCl = NaCl+H_2O$

④$2Na_2O_2+4HCl = 4NaCl+2H_2O+O_2\uparrow$

⑤$Na_2CO_3+2HCl = 2NaCl+CO_2\uparrow+H_2O$

2. 在用方程式来完成各步转化时，要注意各反应的条件、反应现象及操作注意事项等，如 $Cu+Cl_2 \xlongequal{点燃} CuCl_2$ 的反应现象为 Cu 在 Cl_2 中燃烧，产生棕黄色的烟。正确的实验操作为：把灼热的铜丝插入盛有 Cl_2 的集气瓶中。可对比反应 $S+2Cu \xlongequal{\triangle} Cu_2S$ 的操作：把光亮的铜丝插入硫蒸气中。

(3)要注意总结反应物相同、反应条件不同、产物不同的反应（同样的反应物，反应条件不同，则产物不同，这种现象在中学普遍存在，应加以总结）。

例如，NaCl 和浓 H_2SO_4 反应在微热和强热时产物不同：$NaCl+H_2SO_4 \xlongequal{微热} NaHSO_4+HCl\uparrow$，$2NaCl+H_2SO_4 \xlongequal{500\sim600\ ℃} Na_2SO_4+2HCl\uparrow$。又如，$Cl_2$ 和 NaOH 溶液的反应在不加热和加热时产物不同：$Cl_2+2NaOH = NaClO+NaCl+H_2O$，$3Cl_2+6NaOH \xlongequal{\triangle} 5NaCl+NaClO_3+3H_2O$。

(4)要善于从网络图中总结各物质的化学性质。在知识网络图中，从某种物质出发，向外的箭头即代表该物质的化学性质。由图 4-2 可总结出 Cl_2 的化学性质：

①跟金属反应：$2Na+Cl_2 \xlongequal{点燃} 2NaCl$，$Cu+Cl_2 \xlongequal{点燃} CuCl_2$，$2Fe+3Cl_2 \xlongequal{点燃} 2FeCl_3$。

②跟非金属反应：$H_2+Cl_2 \xlongequal[（或光照）]{点燃} 2HCl$，$2P+3Cl_2 \xlongequal{点燃} 2PCl_3$，$PCl_3+Cl_2 = PCl_5$。

③跟水反应：$Cl_2+H_2O = HCl+HClO$。

④跟碱反应：$2Cl_2+2Ca(OH)_2 = CaCl_2+Ca(ClO)_2+2H_2O$。

⑤与某些盐反应：$2NaI+Cl_2 = 2NaCl+I_2$。

(5)注意加强对一些重要问题的分析。加强对一些重要反应的分析能加深对知识的理解，是提高能力的有效途径。例如，分析反应 $Ca(ClO)_2+CO_2+H_2O = CaCO_3+2HClO$ 可得出结论：酸性方面 $H_2CO_3>HClO$。故设计问题：氯水中存在平衡 $Cl_2+H_2O \rightleftharpoons HCl+HClO$，向氯水中加入 $NaHCO_3$ 固体，HClO 的浓度将如何变化？

简析：酸性 $HCl>H_2CO_3>HClO$，向氯水中加入 $NaHCO_3$ 固体可发生反应 $NaHCO_3+HCl = NaCl+CO_2\uparrow+H_2O$，降低了盐酸的浓度，从而使上述平衡右移，HClO 的浓度增大。

二、注重比较，辨析异同，弄清各个知识点

对那些既有联系，又有区别的事物应进行综合分析，一一对照比较，找出其共性和差异，以获得系统、稳固的知识。例如，本章涉及的 Cl_2、HF、HCl、HBr、HI 等气体的制备，可用如表 4-2 所示的形式进行复习。

表 4-2　Cl_2、HF、HCl、HBr、HI 等气体的制备与收集

气体	制备原理	装置	收集方法	验满	多余气体吸收
Cl_2	$MnO_2+4HCl(浓) \xlongequal{\triangle} MnCl_2+Cl_2\uparrow+2H_2O$ 或 $2NaCl+4H_2SO_4(浓)+MnO_2 \xlongequal{\triangle} Mn(HSO_4)_2+2NaHSO_4+Cl_2\uparrow+2H_2O$	固＋液、加热	向上排空气法或排饱和食盐水法	湿润蓝色石蕊试纸	NaOH 溶液
HF	$CaF_2+H_2SO_4(浓) = CaSO_4+2HF\uparrow$	固＋液	向下排空气法	湿润蓝色石蕊试纸	NaOH 溶液
HCl	$NaCl+H_2SO_4(浓) = NaHSO_4+HCl\uparrow$ $2NaCl+H_2SO_4(浓) \xlongequal{\triangle} Na_2SO_4+2HCl\uparrow$	固＋液、加热	向上排空气法	湿润蓝色石蕊试纸或蘸有浓氨水的玻璃棒	NaOH 溶液
HBr	$NaBr+H_3PO_4(浓) \xlongequal{\triangle} NaH_2PO_4+HBr\uparrow$	固＋液、加热	向上排空气法	湿润蓝色石蕊试纸或蘸有浓氨水的玻璃棒	NaOH 溶液
HI	$NaI+H_3PO_4(浓) \xlongequal{\triangle} NaH_2PO_4+HI\uparrow$	固＋液、加热	向上排空气法	湿润蓝色石蕊试纸或蘸有浓氨水的玻璃棒	NaOH 溶液

通过列表对比，找出其共性和特性，抓住事物本质，突出其特征，以便掌握。

三、总结共性，找出特性，掌握每条知识线

由于卤素原子的结构相似，从而决定了它们的单质及其化合物的的性质相似，这就是共性；又因为它们的结构不完全相同，从而导致各元素的单质及其化合物性质存在差异，这就是特性。共性与特性是相辅相成的，在共性和特性之间往往隐含着性质的递变规律。例如，《卤素》一章的知识间有如下内在联系：氯的代表性→卤素的相似性→卤素的递变性→氯、碘的特性。从以上的联系中可总结出本章的共性、规律和特性如下：

(1)卤素原子最外层均为7个电子，单质均为双原子分子，在自然界中均以化合态存在，都是典型的非金属；Cl、Br、I均有−1、+1、+5、+7多种价态，而F只有−1价，没有正价，故Cl、Br、I都有含氧酸和含氧酸盐，而F却没有。

(2)从F到At，核电荷数依次增大，原子、离子半径依次增大(离子半径大于相应的原子半径)，非金属性逐渐减弱(和H_2化合的难易程度由易到难，最高价含氧酸的酸性渐弱)。

(3)单质的颜色依次加深：F_2浅黄绿色，Cl_2黄绿色，Br_2红色，I_2紫色。熔、沸点逐渐升高，密度渐大。

(4)Cl_2易液化，Br_2易挥发(水封防挥发)，I_2易升华，遇淀粉变蓝。

(5)从F_2到I_2，单质的氧化性渐弱，和H_2O反应的剧烈程度逐渐减弱，和水的反应为：$X_2+H_2O = HXO+HX$(F_2除外，$2F_2+2H_2O = 4HF+O_2\uparrow$)。

(6)卤素单质X_2和变价金属反应一般生成高价化合物，而I_2除外。如：

$$2Fe+3Br_2 = 2FeBr_3 \quad Fe+I_2 \xlongequal{\triangle} FeI_2$$

(7)HX均为刺激性气味的气体，极易溶于水，易形成酸雾等；水溶液除氢氟酸为弱酸外，其余均为强酸，且酸性从HF到HI依次增强。

(8)从HF到HAt，气态氢化物的稳定性逐渐减弱，还原性逐渐增强。

(9)检验X^-(Cl^-、Br^-、I^-)所用试剂均为$AgNO_3$和稀HNO_3，现象不同，依次为出现白色沉淀、浅黄色沉淀和黄色沉淀。

(10)从AgF到AgI，AgX的颜色依次加深：AgCl白色，AgBr浅黄色，AgI黄色，光敏性渐强(AgI见光最易分解)。水溶性渐弱：AgF可溶，AgCl、AgBr、AgI难溶且溶解度依次减小。

四、零散的知识单独列出抓落实

有些零散而重要的知识难以纳入体系、共性、规律之中，需要单独列出，以引

起注意。复习《卤素》一章时，除掌握好以上知识体系外，还应注意以下几个方面的问题：

(1)闻气体的方法：用手在瓶口轻轻扇动，仅使极少量的气体飘入鼻孔。

(2)烟和雾的区别：烟是指分散于气体中的固体小颗粒，雾是指分散于气体中的小液滴。

(3)卤素单质在不同溶剂中的颜色如表 4-3 所示。

表 4-3　　卤素单质在不同溶剂中的颜色

	Cl_2	Br_2	I_2
水	浅黄绿色	橙色	黄色
CCl_4、苯等		橙红色	紫红色
酒精			褐色

(4)有关氯水的几个问题：

①氯水中共有 H^+、Cl^-、ClO^-、OH^-、Cl_2、H_2O、HClO 这 7 种微粒。

②久置氯水较新制氯水酸性强，氧化性弱，原因是 $2HClO \xlongequal{光照} 2HCl + O_2\uparrow$。

③Cl_2漂白与 SO_2漂白的比较：Cl_2的漂白是 Cl_2和 H_2O 反应生成的 HClO 具有强氧化性，将有色物质氧化为无色物质；SO_2的漂白是 SO_2和有色物质化合成不稳定的无色物质。紫色石蕊试液通入 Cl_2先变红后褪色，而通入 SO_2紫色石蕊试液只变红不褪色。

(5)鉴别 NO_2和 Br_2蒸气的常用方法：分别通入 $AgNO_3$溶液或水中，利用不同的现象加以区别：Br_2蒸气通入 $AgNO_3$溶液中得到浅黄色沉淀，Br_2溶于水中得到橙色溶液，而 NO_2则无此现象

(6)纯净 NaCl 不潮解，食盐中因混入 $MgCl_2$、$CaCl_2$等杂质而易潮解。

(7)漂白粉的成分为 $CaCl_2$和 $Ca(ClO)_2$，有效成分为 $Ca(ClO)_2$。

(8)喷泉实验：NH_3、HCl 等极易溶于水的气体均可用于做喷泉实验。做喷泉实验时应注意：烧瓶要干燥，空气要排净，瓶塞要塞紧。

(9)除去 Cl_2中的 HCl 气体要用饱和食盐水。

(10)萃取剂的选用原则：一是跟水互不相溶；二是溶质在萃取剂中的溶解度应大于在水中的溶解度，且与萃取剂不发生反应；三是萃取剂的密度须不同于水的密度，相差愈大，愈易分层。

《化学反应速率与化学平衡》专题复习与训练

一、化学反应速率

1. 化学反应速率的表示方法

通常用单位时间内反应物浓度的减小或生成物浓度的增大来表示，如：

$$化学反应速率(v)=\frac{反应物(或生成物)浓度的变化(\Delta c)}{时间(\Delta t)}$$ [mol/(L·s)或 mol/(L·min)或 mol/(L·h)]

需要注意的问题：

(1)同一化学反应用不同物质的浓度变化来表示时，化学反应速率的数值往往不同，但表示该反应的快慢是一样的。反应速率都是正值，没有负值。

(2)化学反应速率通常是指在一段时间内的平均反应速率，而不是指某一时刻的瞬时反应速率。实际上，在具体的反应过程中，不同时刻的反应速率可能是不同的。

(3)在同一化学反应中，各物质的反应速率比＝方程式中各物质的系数比＝各物质的转化浓度比＝各物质变化的物质的量之比。

【例 1】 已知反应 $3A(g)+B(g)\rightleftharpoons 2C(g)+2D(g)$，在不同条件下，反应速率分别为①$v_A=0.6$ mol/(L·min)，②$v_B=0.45$ mol/(L·min)，③$v_C=0.015$ mol/(L·s)，④$v_D=0.45$ mol/(L·min)，则此反应在不同条件下进行最快的是（　　）

A. ②③　　B. ①④　　C. ③④　　D. ①

分析：题目所给的 4 个反应速率是用 4 种不同的物质来表示的，由于方程式中各物质的系数不完全相同，故不能用题目所给的数值直接比较反应的快慢，必须把它们转化为同一物质来表示，并选用相同的速率单位进行比较。若都用 v_A 表示，单位为 mol/(L·min)，则：

②$v_A=3v_B=3\times0.45$ mol/(L·min)＝1.35 mol/(L·min)。

③$v_A=1.5v_C=60$ s/min$\times0.015$ mol/(L·s)$\times1.5=1.35$ mol/(L·min)。

④$v_A=1.5v_D=1.5\times0.45$ mol/(L·min)＝0.675 mol/(L·min)。

所以答案选 A。

2. 影响化学反应速率的因素

(1)内因：参加反应物质的性质(这是决定化学反应速率的主要因素)。

(2)外因。

①浓度：当其他条件不变时，增大反应物浓度，反应速率增大；减小反应物浓度，反应速率变小。固体和纯液体量的变化不会引起浓度变化，故不会引起反应

速率的改变。

②压强：对气体反应而言，压强对反应速率的影响实际上是浓度的改变导致了化学反应速率的变化。只有压强引起浓度改变时才会引起速率的改变。例如，在一密闭恒容容器中进行反应 $N_2+3H_2 \rightleftharpoons 2NH_3$ 且达平衡时，向容器内再充入一定量的稀有气体，尽管容器内压强增大，但反应速率不变。若参加反应的物质是固体、液体或溶液，改变压强，反应速率不变。

③温度：在其他条件不变时，升高温度，化学反应速率一般加快。据实验测定，温度升高 10 ℃，反应速率通常增大 2～4 倍。

④催化剂：催化剂能够改变化学反应速率，在可逆反应中加催化剂能够同等程度地改变正、逆反应速率。

注意：对于可逆反应而言，改变反应物（或生成物）的浓度、压强或温度时，可使正、逆反应速率同时改变，但改变的倍数不一定相同，如升高温度，吸热反应速率增大的倍数多，放热反应速率增大的倍数少。

二、化学平衡

1. 化学平衡状态

所谓“化学平衡”，就是在一定条件下的可逆反应里，正反应和逆反应速率相等，反应混合物中各组成成分的百分含量保持不变的状态。

(1)化学平衡状态的特征是“逆”（一定条件下的可逆反应）、“等”（即正、逆反应速率相等）、“定”（反应混合物中各物质的百分含量保持不变）、“动”（即动态平衡，正、逆反应仍在同时进行）、“变”（可逆反应条件改变，平衡发生移动）。

(2)怎样理解“对于同一个可逆反应，在相同条件下，不论反应从正方向开始还是从逆方向开始，都能达到相同的平衡状态?”

在恒压容器内，2 mol SO_2、1 mol O_2 达到的平衡状态，与 $2n$ mol SO_2、n mol O_2（n 为任意正数）达到的平衡状态，以及 $2n$ mol SO_3 达到的平衡状态均相同。

在恒容容器内，2 mol SO_2、1 mol O_2 达到的平衡状态与 2 mol SO_3 达到的平衡状态，与相当于 2 mol SO_3 或相当于 2 mol SO_2、1 mol O_2 达到的平衡状态均相同（例如，1 mol SO_2、0.5 mol O_2、1 mol SO_3 相当于 2 mol SO_2、1 mol O_2 或 2 mol SO_3）。

【例 2】 在一定温度下，把 2 mol SO_2 和 1 mol O_2 通入一定容积的密封容器内，发生如下反应：

$$2SO_2+O_2 \rightleftharpoons 2SO_3$$

当此反应进行到一定程度时，反应混合物就处于化学平衡状态。现在该容器中保持温度不变，令 a、b、c 分别代表初始加入的 SO_2、O_2 和 SO_3 的物质的量。

如果 a、b、c 取不同的数值，它们必须满足一定的相互关系才能保证达到平衡时，反应混合物中三种气体的百分含量仍跟上述平衡时的完全相同。请填写下列空白：

①若 $a=0$，$b=0$，则 $c=$ __2__ 。

②若 $a=0.5$，则 $b=$ 0.25，$c=$ 1.5。

③a、b、c 取值必须满足的一般条件（请用两个方程式表示，其中一个只含 a 和 c，另一个只含 b 和 c）：$a+c=2$，$2b+c=2$。

解题依据是所有情况必须和 2 mol SO_2、1 mol O_2 和（或）2 mol SO_3 的情况相当。

（3）怎样判断化学平衡状态。判断在一定条件下的可逆反应是否达到化学平衡状态，可抓住化学平衡状态的主要特征，应用下述规律进行判断。

①正、逆反应速率相等是化学平衡状态的本质特征，是针对反应体系中同一反应物或同一生成物而言的。只有该物质的生成速率与消耗速率相等，才能使这种物质的浓度或百分含量保持不变，并达到化学平衡状态。若同一反应中某一物质的正反应速率与另一物质的逆反应速率之比等于方程式的系数之比，也可以说明该反应中某一物质的正、逆反应速率相等，达到了化学平衡状态。

②反应混合物中各组分的百分含量不变，是化学平衡状态的另一个主要特征，其意义是指每一种反应物和每一种生成物的物质的量浓度、质量分数、体积分数（对气体物质而言）、转化率各自保持一定。

③从其他角度判断一个反应是否达到平衡状态，应注意具体问题具体分析。例如，判断反应 $N_2+3H_2 \rightleftharpoons 2NH_3$ 是否达到平衡状态，当体系中总物质的量不随时间变化时，即 $v_{正}=v_{逆}$ 时就达到了化学平衡状态；当恒温、恒容时，体系的总压强不发生变化，或恒压、恒温时体系的总体积不发生变化，或混合气体的平均分子量不发生变化，均可说明该反应处于平衡状态。

相反，对于 $H_2(g)+I_2(g) \rightleftharpoons 2HI(g)$ 的反应，无论向哪个方向进行还是处于平衡状态，体系中的总物质的量、体系的总压强都不发生变化，$v_{正}$ 不一定等于 $v_{逆}$，即不能确定是否达到了平衡状态。

④对于一个可逆反应而言，只要条件固定，无论从正反应开始还是从逆反应开始，平衡时反应混合物中各组分的含量均相同。

若可逆反应是从某个中间状态开始的，则可根据方程式的系数比，用生成物的浓度换算成反应物的消耗浓度，找到开始时反应物的浓度。若两次反应开始时的条件完全相同，则反应可达到同一平衡状态，即平衡时各物质的浓度一定相同。

【例 3】　在一定温度下，反应 $A_2(g)+B_2(g) \rightleftharpoons 2AB(g)$ 达到平衡状态的

标志是 （　　）

A. 单位时间内生成 n mol 的 A_2，同时生成 n mol 的 AB

B. 容器总压不随时间变化

C. 单位时间内生成 2 mol AB，同时生成 n mol B_2

D. 单位时间内生成 n mol A_2，同时生成 n mol B_2

分析：本题考查对化学平衡概念的理解。化学平衡状态的主要特征是$v_{正}=v_{逆}$，其含义是对任一生成物和反应物来说，在单位时间内增加的量等于减少的量，这就是判断各选项是否正确的依据。

A 选项，生成 n mol AB 要消耗 $0.5n$ mol A_2，显然 $v_{正}<v_{逆}$，是一种非平衡状态。

B 选项，本题所涉及的反应是反应前后气体总分子数保持不变，所以这个条件不能成为反应达到平衡的标志。

C 选项，单位时间内生成 n mol B_2 的同时，正反应也要消耗 n mol B_2，即 $v_{正}=v_{逆}$，反应已达到平衡。

D 选项，根据反应方程式中的系数分析，不论反应是否达到平衡，反应生成 A_2、B_2 的物质的量总是相等的，故不能判断反应是否达到平衡。

所以 C 选项为本题的正确答案。

【例 4】 在一固定体积的密封容器中，保持一定的温度，进行以下反应：$H_2(g)+Br_2(g)\rightleftharpoons 2HBr(g)$。已知加入 1 mol H_2 和 2 mol Br_2 时，达到平衡后生成 a mol HBr（见表 4-4）。在相同条件下且保持平衡时各组分的质量分数不变，请填写编号（1）（2）（3）中的空白项。

表 4-4　反应达到平衡时的情况

编号	原始状态/mol			平衡时 HBr 的物质的量/mol
	H_2	Br_2	HBr	
已知	1	2	0	a
（1）	2	4	0	
（2）			1	$0.5a$
（3）	m	$n(n\geqslant 2m)$		

分析：本题是考查化学平衡概念的新题型，给出的是反应前后气体体积不变的反应，因此压强的改变对化学平衡的移动没有影响。要求保持温度条件不变，而加入物质的物质的量不等，达到平衡时各物质的质量分数不变。符合上述要求的基本条件是起始状态时各反应物的物质的量之比保持不变，从而考查了学生将具体情况统摄归纳成一般规律的创造能力，属于较难的试题。

状态(1)按题设条件，此时 H_2 和 Br_2 都为起始物质，反应从左侧开始，这两种气态物质的物质的量都是已知平衡状态的 2 倍，因此平衡时 HBr 的物质的量也应为已知平衡状态的 2 倍，即 $2a$ mol。

状态(2)由 H_2、Br_2 和 HBr 的混合物开始，其中 HBr 达到平衡时为 $0.5a$ mol。若初始反应物仅有 H_2 和 Br_2，则它们的物质的量应分别为 0.5 mol 和 1 mol 才与已知相当，但此状态时 HBr 的物质的量为 1 mol，这就相当于 H_2 和 Br_2 都减少 0.5 mol。因此，初始时 H_2 的物质的量为 0.5 mol－0.5 mol＝0，Br_2 的物质的量为 1 mol－0.5 mol＝0.5 mol。

状态(3)是由(1)(2)两种状态推广而得到的一种规律性描述，只要 H_2 和 Br_2 作为起始反应物，两者的物质的量之比为 1∶2，平衡时各组分的质量分数就与已知状态相同。设状态(3)起始时 HBr 的物质的量为 x mol，平衡时 HBr 的物质的量为 y mol，则状态(3)起始时相当于 H_2 为 $(m+0.5x)$ mol，Br_2 为 $(n+0.5x)$ mol，HBr 的物质的量为零，因此有：

$$\frac{m+0.5x}{n+0.5x}=\frac{1}{2}\text{，解之得 } x=2(n-2m)$$

平衡时与已知状态相比较有：

$$\frac{1}{m+0.5x}=\frac{a}{y}$$

将上述 x 值代入，可解得 $y=(n-m)a$。

故本题答案为：(1)$2a$　(2)0　0.5　(3)$2(n-2m)$　$(n-m)a$

2.影响化学平衡的条件

(1)浓度对化学平衡的影响。在其他条件不变时，增大反应物浓度或减小生成物浓度，平衡向正反应方向移动；增大生成物浓度或减小反应物浓度，平衡向逆反应方向移动。

一旦可逆反应从正反应方向开始达到平衡后，增大反应物浓度、减小反应物浓度、减小生成物浓度、增大生成物浓度的正、逆反应速率随时间变化的情况如图 4-3 所示。

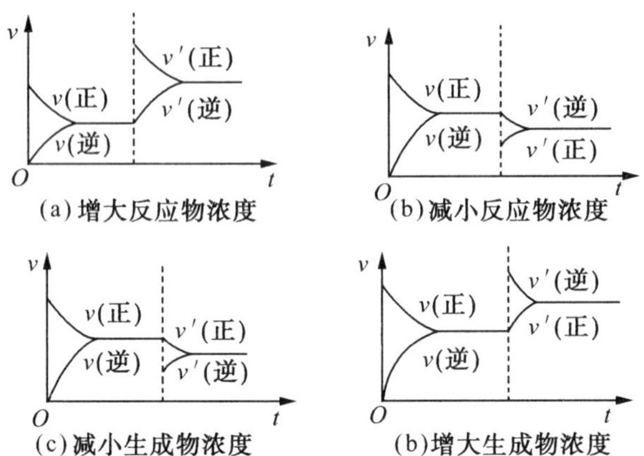

(a)增大反应物浓度　(b)减小反应物浓度

(c)减小生成物浓度　(b)增大生成物浓度

图 4-3　可逆反应从正反应方向开始达到平衡后，改变反应条件后的变化

(2)压强对化学平衡的影响。在其他条件不变时，增大压强，平衡向气体体积缩小的方向移动；减小压强，平衡向气体体积增大的方向移动。压强影响平衡移动的实质是：气体体积的改变导致了浓度的改变，因而改变了正、逆反应速率，导致平衡移动。不能引起浓度改变的压强不能使化学平衡发生移动。

当反应 $N_2O_4 \rightleftharpoons 2NO_2$ 达到平衡后，增大或减小压强时，正、逆反应速率随时间的变化情况如图 4-4 所示。

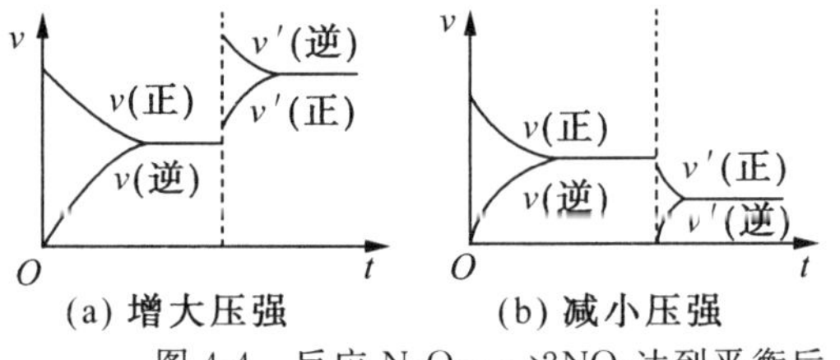

(a) 增大压强　(b) 减小压强

图 4-4　反应 $N_2O_4 \rightleftharpoons 2NO_2$ 达到平衡后，增大/减小压强时，正、逆反应速率随时间的变化情况

反应 $2HI \rightleftharpoons H_2 + I_2$ 达到平衡后，增大或减小压强时，正、逆反应速率随时间的变化情况如图 4-5 所示。

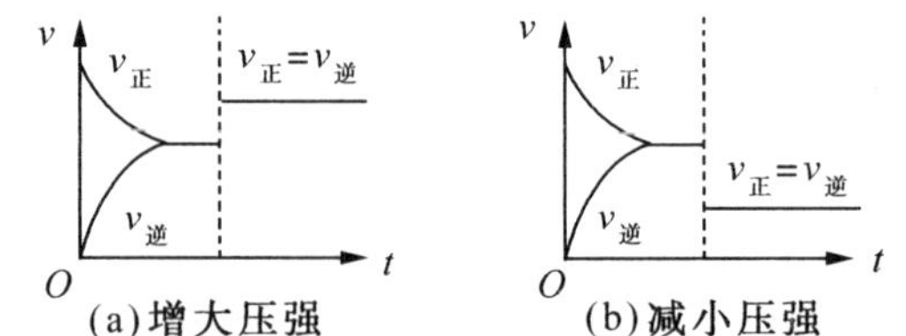

(a)增大压强　(b)减小压强

图 4-5　反应 $2HI \rightleftharpoons H_2 + I_2$ 达到平衡后，增大/减小压强时，正、逆反应速率随时间的变化情况

(3)温度对化学平衡的影响。在其他条件不变时，升高温度，平衡向吸热反应方向移动；降低温度，平衡向放热反应方向移动。

反应 $2NO_2 \rightleftharpoons N_2O_4 + 57\ \mathrm{kJ}$ 达到平衡后，升高或降低温度时，正、逆反应速率随时间的变化情况如图 4-6 所示。

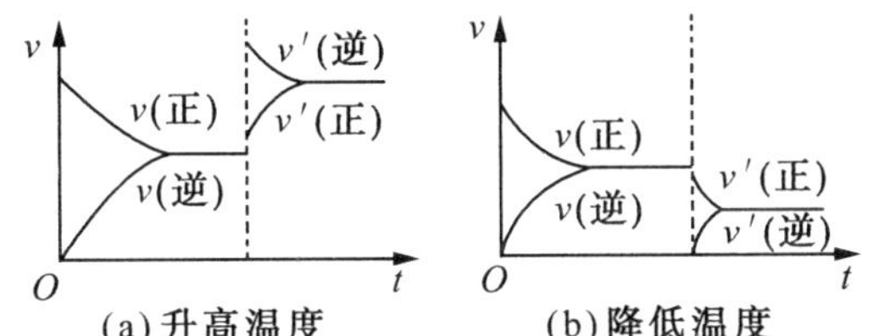

(a)升高温度　　(b)降低温度

图 4-7　反应 $2NO_2 \rightleftharpoons N_2O_4 + 57\ \mathrm{kJ}$ 达到平衡后，升高/降低温度时，正、逆反应速率随时间的变化

(4)催化剂能够同等程度地改变正、逆反应速率，故它对化学平衡无影响，即不能使化学平衡移动。

通过以上分析可以看出，对已达平衡的可逆反应，当改变条件(浓度、温度、压强)时，原平衡被破坏，各组分的百分组成发生变化，达到新的平衡状态，这一过程称为“化学平衡的移动”，如图 4-7 所示。

$v_{正}>v_{逆}$ $\xrightarrow[\text{(正向反应)}]{\text{一定时间}}$ $v_{正}>v_{逆}$ $\xrightarrow{\text{条件改变}}$ $v_{正}\neq v_{逆}$ $\xrightarrow[\text{(或正或逆)}]{\text{一定时间}}$ $v_{正}=v_{逆}$

反应开始不平衡　化学平衡(一定条件下)　不平衡　新的平衡

建立平衡　化学平衡移动

图 4-7　化学平衡的移动

从图 4-7 中可以看出，当条件改变后，$v_{正}$、$v_{逆}$发生不等的变化是引起化学平衡移动的根本原因。因此，要学会用化学反应速率的观点讨论化学平衡的移动，紧紧抓住反应速率、化学平衡、平衡移动三者之间的区别与联系，使知识规律化、系统化，这是学会本部分知识的关键。

把浓度、温度、压强等外部条件的改变与平衡移动的结果加以对比，可以总结出一个规律：当改变影响平衡的一个条件时，平衡就能向减弱这种改变的方向移动，这就是平衡移动的原理——勒沙特列原理。

3. 判断化学平衡时应意的问题

化学平衡及其移动在定性分析上较容易理解，但在加入一些定量因素(如转化率、浓度、百分含量、平均分子量等)后就容易发生误判。如果从量的方面理解化学平衡及其移动，可使认识进一步深化，避免走进误区。

(1)对已达平衡的可逆反应 $mA(g)+nB(g) \rightleftharpoons pC(g)+qD(g)$,在其他条件不变时,若增加 A 的量,则 B 的转化率必提高,A 的转化率必降低,C 的物质的量必增加,但 C 的百分含量不一定增加。

(2)在已达平衡的有气体参加的可逆反应中,再加入与任何气体都不反应的惰性气体,则平衡是否移动有以下两种可能:

①若为定温、定容容器,则气体的总压强必然增大,但平衡可认为不移动,这是因为体积未变,各气体的浓度也未变,即总压增大,分压不变,平衡不移动。

②若为定温、定压容器,加入惰性气体要维持恒压,体积必然增大,此时相当于扩大了容器,降低了原气体的压强,平衡会向气体体积增大的方向移动,即总压不变,分压降低,平衡移动。

(3)平衡分子量与平衡体系。

①全气体的可逆反应且反应前后体积无变化时,不论平衡是否移动,平均分子量均不变。

②体积改变的全气体可逆反应,平衡移动时,平均分子量必改变,若气体分子数增多,则平均分子量减小,反之则增大。

③反应中有固体时,要视具体情况,根据气体的质量变化而仔细讨论。例如,对反应 $C(s)+H_2O(g) \rightleftharpoons CO(g)+H_2(g)$,加压时平衡左移,气体的物质的量减少,质量也减少,但反应物中水蒸气的分子量为 18,生成相同物质的量的 CO 和 H_2的平均分子量为 15,可见左移后混合气体的平均分子量要增大。

(4)只有一个条件改变时,才能运用勒沙特列原理判断平衡移动的方向;当有多个条件改变时,如果多个条件的影响一致,则可强化平衡的移动,若影响相反,就要讨论条件对平衡影响的强度,然后确定平衡移动的方向。

【例 5】 可逆反应 $2SO_2(g)+O_2(g) \rightleftharpoons 2SO_3(g)$在温度为 T_1、T_2,压强为 P_1、P_2的条件下,测得 SO_3的物质的量[$n(SO_3)$]与时间 t 的关系如图 4-8 所示。从图中可知,下列关系正确的是 ( )

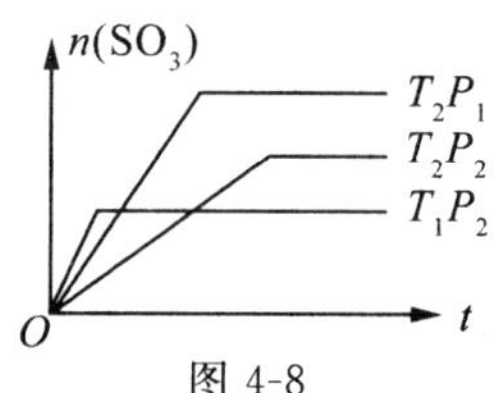

图 4-8

A. $T_2>T_1, P_2>P_1$

B. $T_2<T_1, P_2<P_1$

C. $T_2>T_1, P_2<P_1$

D. $T_2<T_1, P_2>P_1$

E. $T_2>T_1, P_2=P_1$

分析:本题中的曲线是反映在一定温度和压强的条件下,生成物 SO_3 的物质的量随时间变化的关系。在分析图时,可把复杂的情况分解成两个简单的问题:

(1)当温度一定时,在不同压强下,分析 SO_3的物质的量随时间的变化关系,

因本题的反应是气体总体积缩小的反应，故增大压强有利于 SO_3 的生成。从 TP 曲线可知，可逆反应在 T_2P_1 状态下达到平衡时 SO_3 的物质的量较多，显然 $P_1>P_2$。

(2)当压强一定时，在不同温度下分析 SO_3 的物质的量随时间变化的关系，因其反应是放热反应，故升高温度化学反应加快，但不利于 SO_3 的生成，从 TP 曲线可知，可逆反应在 T_1P_2 状态下达到平衡所需的时间较短，平衡时反应混合物中 SO_3 的物质的量较少，显然 $T_1>T_2$。

故本题正确答案为 B。

【例 6】 向容积固定的容器甲和带有活塞的定压容器乙中，分别通入 2 mol SO_2 和 1 mol O_2。若开始通气时两容器的体积相同，在相同温度下反应一段时间后，反应达到平衡，则下列说法正确的是　　(　　)

A. 平衡时两容器内 SO_2 的浓度必定相等

B. 甲中 SO_2 的转化率比乙高

C. 平衡时反应混合气中 SO_3 的体积分数乙比甲高

D. 在反应开始后的相同时间内，乙的反应速率快

分析：相同量、相同比例的初始反应物，同时充入相同体积的两容器，甲为定容容器，乙为定压容器，发生反应 $2SO_2(g)+O_2(g)\rightleftharpoons 2SO_3(g)$。定容容器(甲)内因反应使气体体积减小，即气态物质的总物质的量减少，所以压强减小。定压容器(乙)内要保持恒压，活塞下降意味着加压，使乙容器内的反应速率比甲容器快，乙容器内反应进行的程度大，平衡时 SO_2 的转化率高，在平衡混合气中 SO_3 的体积分数大。故本题的正确答案为 C、D。

【例 7】 下列反应在密闭容器中进行：$CO(g)+H_2O(g)\rightleftharpoons CO_2(g)+H_2(g)+Q$，且 $Q<0$。下列可使达到平衡时 H_2 的浓度和百分含量、CO 的转化率都增大的措施是　　(　　)

A. 加大 CO 和 H_2O 的比值　　B. 减小 CO 和 H_2O 的比值

C. 增大容器内的压强　　D. 升高反应温度

分析：加大 CO 和 H_2O 的比值相当于增大 CO 的量，可提高 H_2O 的转化率，但 CO 的转化率不一定增大；减小 CO 和 H_2O 的比值相当于增大 H_2O 的量，有利于 CO 转化率的提高，但 H_2 的浓度和百分含量不一定提高。增大压强，平衡不移动；升高温度可使平衡向正反应方向移动，故反应物的转化率提高，H_2 的浓度和百分含量都增大，故选 D。

4. 化学平衡的计算

化学平衡的计算是中学化学计算的一大组成部分，但其又有独特的方法和技巧，常见的类型有求起始浓度、平衡浓度和转化率，以及由此延伸出的求平衡

体系的压强、密度、平均分子量等。要想掌握化学平衡的计算，关键是掌握有关基本概念及上述这些量之间的关系，并按一定的思维和解题程序列式求解。解题程序列式如下：

对某一可逆反应：	mA	+	nB $\rightleftharpoons$ pC	+	qD
起始浓度(mol/L)	a		b	c	d
转化浓度	mx		nx	px	qx
平衡浓度	$a-mx$		$b-nx$	$c+px$	$d+qx$

$$某物质的转化率=\frac{该物质的转化浓度}{该物质的起始浓度}\times 100\%$$

需要注意的问题：

(1)在上述浓度中，只有转化浓度之比等于方程式的系数比。

(2)上述关系式中的浓度也可用起始物质的量、转化物质的量、平衡物质的量来代替。

(3)由阿伏伽德罗定律推论可得出：等温、等压时气体的体积比等于物质的量之比，等温、等容时气体的压强比等于其物质的量之比。

【例 8】 在一个 6 L 的密闭容器中，盛有 3 L 气体 X 和 2 L 气体 Y，在一定条件下发生反应：$4X(g)+3Y(g) \rightleftharpoons 2Q(g)+nR(g)$。达到平衡后，容器内的温度不变，混合气的压强比原来增加了 5%，X 的浓度减小了 1/3，则该反应方程式中 n 的值是多少？

分析：

解法一：由已知条件可知，X 的浓度减小时压强增大，可推断出该反应为分子数增人的反应，根据阿伏伽德罗定律，将体积转化为物质的量，按一般程序求解。

	$4X(g)+$	$3Y(g) \rightleftharpoons$	$2Q(g)+$	$nR(g)$
起始物质的量	3	2	0	0
转化物质的量	1	$\frac{3}{4}$	$\frac{1}{2}$	$\frac{n}{4}$
平衡物质的量	2	$\frac{5}{4}$	$\frac{1}{2}$	$\frac{n}{4}$

在恒温、恒容时压强比等于物质的量比：

$$\frac{P_{始}}{P_{平}}=\frac{n_{始}}{n_{平}} \qquad \frac{1}{1+0.05}=\frac{5}{(2+\frac{5}{4}+\frac{1}{2}+\frac{n}{4})}$$

解得n=6

解法二：本题也可用差量法求解，压强增大 5%即分子数增多 5%，(3+2)×

5%=0.25;X的浓度减小1/3,实除上是分子数减少1/3,即$3\times1/3=1$,依方程式求出n的值。

$$4X(g)+3Y(g) \rightleftharpoons 2Q(g)+nR(g) \qquad \Delta n$$

$$4 \qquad 3 \qquad 2 \qquad n \qquad (2+n)-(4+3)=n-5$$

$$1 \qquad\qquad\qquad\qquad\qquad\qquad 0.25$$

$$\frac{4}{1}=\frac{n-5}{0.25},\ n=6$$

解法三:本题若按常规方法解答,则过程烦琐,计算复杂,如果认真分析条件则可迅速求解。该反应在温度、体积不变的条件下进行,当X的浓度减小时,混合气体的压强增大,说明正反应必为体积增大的反应,则必然有$2+n>4+3$,得$n>5$,故n的最小值为6。

【例9】 在温度为830 K时,下列可逆反应及其平衡具有某些特殊性:

$$CO(g)+H_2O(g) \rightleftharpoons CO_2(g)+H_2(g)$$

若起始浓度[CO(g)]为2 mol/L,[H_2O(g)]为3 mol/L,反应达平衡时,CO转化为CO_2的转化率为60%;如果将H_2O的起始浓度增大到6 mol/L,则CO转化为CO_2的转化率为75%。请分析上述有关数据,总结出其中的规律,填写以下空白:

设830 K时起始浓度[CO(g)]为a mol/L,[H_2O(g)]为b mol/L,反应达到平衡时[H_2(g)]为c mol/L。

(1)当b不变,a减小,重新达到平衡时,CO的转化率________,H_2O的转化率________。(填“升高”“降低”或“不变”)

(2)当$a=5$,$c=\frac{20}{9}$时,$b=$________。

(3)当$a=b$时,$\frac{c}{a}=$________。

(4)用以表示a、b、c之间关系的代数式是____________。

分析:本题为一道较难的试题,学生必须从已知信息中经过分析、推理,总结出规律,并应用此规律解答各问题,主要考查学生的创造性思维能力。

根据已知条件可以得出,在一定条件下,增大[H_2O(g)]可提高CO的转化率,且CO的转化率和H_2O的转化率相加和为1。

(1)当[H_2O(g)]不变时,减少[CO(g)]相当于增大[H_2O(g)],CO的转化率增大,H_2O的转化率降低。

(2)当$a=5$,$c=\frac{20}{9}$时,根据反应方程式,即可求出H_2O的转化率为$\frac{20}{9}\div5=$

$\frac{4}{9}$。根据所得规律，CO 的转化率为 $1-\frac{4}{9}=\frac{5}{9}$，CO 的转化浓度为$\frac{20}{9}$ mol/L，这样就可求出 CO 的起始浓度为$=\frac{20}{9}$ mol/L$\div\frac{5}{9}=4$ mol/L。

(3)当 $a=b$ 时，$\frac{c}{a}=\frac{c}{b}=0.5$。

(4)$\frac{c}{a}$为 CO 的转化率，$\frac{c}{b}$为 H_2O 的转化率，根据以上规律即可得出：$\frac{c}{a}+\frac{c}{b}=1$。

【例 10】 在一个容积固定的反应容器中，有一可左右滑动的密封隔板，两侧分别进行如图 4-9 所示的可逆反应。

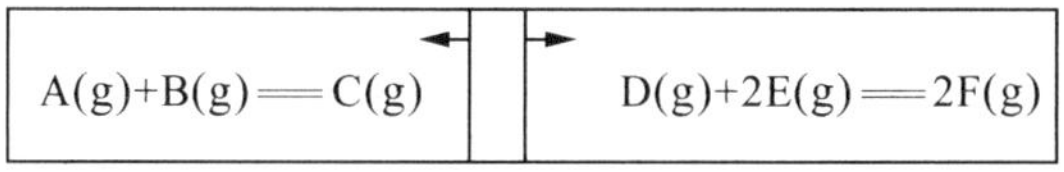

A(g)+B(g)⇌C(g) | D(g)+2E(g)⇌2F(g)

图 4-9 反应容器及其内部进行的反应的示意图

各物质的起始加入量如下：A、B 和 C 均为 4.0 mol，D 为 6.5 mol，F 为 2.0 mol。设 E 为 x mol。当 x 在一定范围内变化时，均可通过调节反应容器的温度使两侧反应都达到平衡，并且隔板正好处于反应容器的正中位置。请填写以下空白：

(1)若 $x=4.5$，则右反应在起始时向正反应(填“正反应”或“逆反应”)方向进行，欲使起始反应维持向该方向进行，则 x 的最大值应小于7.0。

提示：设达平衡时 E 的消耗量为 $2a$ mol，则有：

	D(g)	+ 2E(g)	⇌ 2F(g)
起始时：	6.5	x	2.0
平衡时：	$6.5-a$	$x-2a$	$2.0+2a$

因左侧反应混合物总的物质的量为 12 mol，所以达到平衡时，右侧反应需满足：

$$\begin{cases}(6.5-a)+(x-2a)+(2.0+2a)=12\\ x-2a>0\end{cases}$$

化简得$\begin{cases}x=3.5+a\\ x>2a\end{cases}$，解之得 $x<7.0$。

(2)若 x 分别为 4.5 和 5.0，则在这两种情况下，当反应达到平衡时，A 的物质的量是否相等？不相等(填“相等”“不相等”或“不能确定”)，其理由是：因为这种情况是在两个不同温度下达到化学平衡的，平衡状态不同，所以物质的量也不同。

以上单元复习的设计仅是对单元知识的分类梳理，对题型方法的归类梳理，与新的课标落实化学学科素养的要求相差很远。在单元复习课中，怎样以新课程、新课标中的教育理念为指导，强化单元基础知识和题型方法的梳理，注重知识之间、知识与问题之间的联系，进一步改进单元复习的教学方法，优化教学过程，提高复习效率，提升化学教学质量，落实化学核心素养，是单元复习学案设计时必须思考的问题。基于这一目的，单元复习学案可由以下几部分构成：

【复习目标】 依据新课标，明确本单元学生应掌握的知识及能力要求。

【知识网络】 依据本单元的核心知识，让学生先以思维导图的形式自主梳理构建知识网络，然后同学之间相互交流、补充、完善。学生先自主构建，后合作完善本单元思维导图的过程是学生充分理解核心概念，全面掌握各知识之间联系的过程。通过思维导图构建不同的知识网络模型，学生可从知识学习层面上升到方法学习和理论学习的层面，从而实现终身自主学习，落实化学学科核心素养。

【基础自测】 通过创设问题情境和一定形式(常见图表填一填、易错考点判一判、疑惑问题看一看等)的练习，让学生自我判断对本单元知识的掌握情况，明确自己的不足和缺陷，为本单元的复习指明方向。

【专题突破】 聚焦本单元化学核心知识和关键能力的培养，设置相应的专题。专题中通过典型例题或案例，突破学生不会或掌握不好的知识点。通过专题点拨部分让学生展示、交流并归纳有关知识和方法，进行思维建模，从而使学生掌握本专题的重点、难点和疑点，找到相应的解题方法。通过跟踪训练，巩固、提升专题知识，落实化学核心素养。

【过关检测】 针对本单元的核心知识、能力点，精选习题，通过能力立意的习题落实学科能力，提升化学学科核心素养。

第五章　高中化学单元复习的实践研究案例

第一节　从实验学化学单元复习案例

复习目标

1.了解过滤、蒸发、萃取、蒸馏等物质分离、提纯的常用方法，能对常见物质进行分离和提纯。

2.了解常见离子的检验方法，能对常见物质的组成进行检验和分析。

3.了解物质的量、摩尔质量、气体摩尔体积、物质的量浓度等概念，并且掌握上述几种量之间的换算关系。

知识网络

一、学生自主构建的思维导图

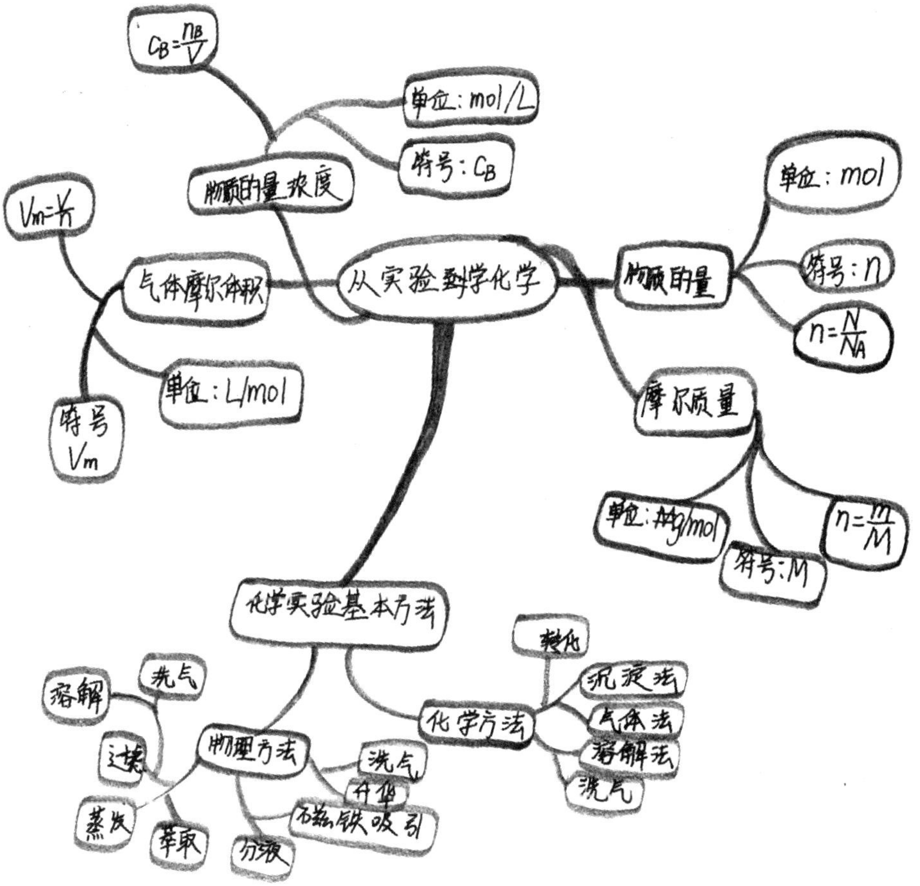

- 从实验到学化学
  - 物质的量浓度
    - $c_B=\frac{n_B}{V}$
    - 单位：mol/L
    - 符号：c_B
  - 气体摩尔体积
    - $V_m=\frac{V}{n}$
    - 单位：L/mol
    - 符号 V_m
  - 物质的量
    - 单位：mol
    - 符号：n
    - $n=\frac{N}{N_A}$
  - 摩尔质量
    - 单位：g/mol
    - 符号：M
    - $n=\frac{m}{M}$
  - 化学实验基本方法
    - 物理方法
      - 溶解
      - 洗气
      - 过滤
      - 蒸发
      - 萃取
      - 分液
      - 洗气
      - 升华
      - 磁铁吸引
    - 化学方法
      - 转化
      - 沉淀法
      - 气体法
      - 溶解法
      - 洗气

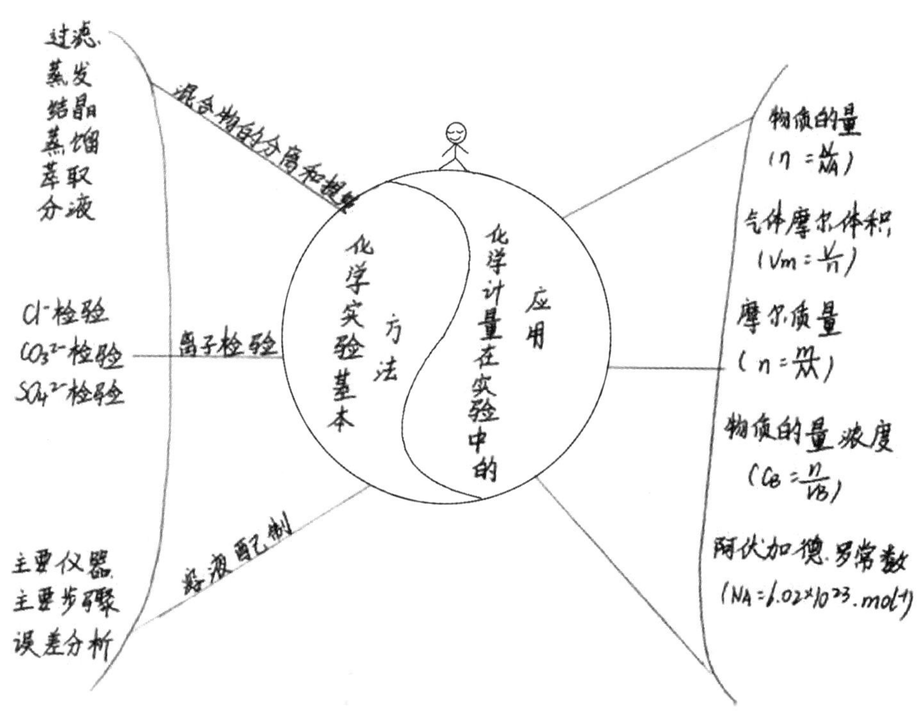
化学实验基本方法
化学计量在实验中的应用
混合物的分离和提纯
过滤
蒸发
结晶
蒸馏
萃取
分液
离子检验
Cl^-检验
CO_3^{2-}检验
SO_4^{2-}检验
溶液配制
主要仪器
主要步骤
误差分析
物质的量
($n=\frac{N}{N_A}$)
气体摩尔体积
($V_m=\frac{V}{n}$)
摩尔质量
($n=\frac{m}{M}$)
物质的量浓度
($c_B=\frac{n}{V_B}$)
阿伏加德罗常数
($N_A=6.02\times10^{23}\ mol^{-1}$)

二、师生交流完善后的知识网络

- 从实验学化学
  - 化学实验基本方法
    - 实验安全
      - 遵守实验室规则
      - 了解有关安全措施
      - 掌握正确的操作方法
      - 了解意外事故的紧急处理方法
    - 混合物的分离、提纯
      - 物理方法
        - 过滤：分离固体和液体混合物
        - 蒸发：分离溶质和溶剂，从溶液中获得固体溶质
        - 蒸馏：利用沸点不同，分离互溶的液液混合物
        - 萃取：利用溶质在互不相溶的溶剂中溶解度不同，分离、提纯物质
        - 分液：分离互不相溶的液液混合物
        - 升华：利用物质的特殊性质分离固体和固体混合物
        - 洗气：利用气体的溶解性分离、提纯混合气体
      - 化学方法
        - 原则：不增、不减、易分离、易复原
        - 方法
          - 沉淀法：如用 $BaCl_2$ 除去 NaCl 溶液中的 Na_2SO_4
          - 气化法：如用 H_2SO_4 除去 Na_2SO_4 溶液中的 Na_2CO_3
          - 溶解法：如用稀 H_2SO_4 除去炭粉中的 CuO
          - 加热法：如除去 CaO 中的 $CaCO_3$
          - 转化法：如用灼热的 CuO 除去 CO_2 中的 CO
          - 洗气法：如用 NaOH 溶液除去 H_2 中的 CO_2
        - 注意事项
          - 操作过程中所加试剂需过量
          - 过量试剂需除尽
          - 除去多种杂质时应考虑加入试剂的先后顺序
          - 途径最简
    - 物质的检验
      - 物理方法：依据色、态、味、溶解性等推断
      - 化学方法
        - 正确选择试剂，依据现象推断
        - 常用方法
          - 气体法：如 CO_3^{2-}、HCO_3^- 的检验
          - 沉淀法：如 SO_4^{2-}、Cl^- 的检验
          - 特征反应法：如 I_2 的检验
  - 化学实验中的计量
    - 物质的量
      - 概念：表示含有一定数目粒子的集合体
      - 符号：n
      - 单位：摩尔（mol）
    - 摩尔质量
      - 概念：单位物质的量的物质所具有的质量
      - 摩尔质量表达式：$M=m/n$
      - 单位：克/摩尔（g/mol）
    - 气体摩尔体积
      - 概念：单位物质的量的气体所占的体积
      - 气体摩尔体积表达式：$V_m=V/n$
      - 单位：升/摩尔（L/mol）
    - 物质的量浓度
      - 概念：单位体积溶液里所含溶质的物质的量
      - 物质的量浓度表达式：$c=n/V$
      - 单位：摩尔/升（mol/L）

1.常见图表填一填

根据需求填写下列装置的序号：

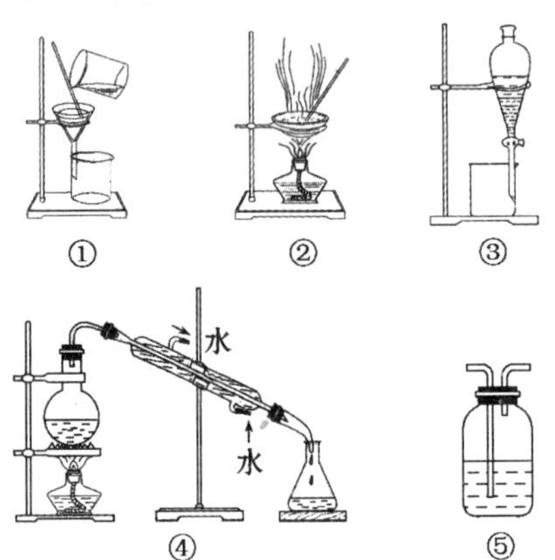

(1)分离 Na_2CO_3溶液和 CCl_4，选__________，操作名称为__________。

(2)用 CCl_4提取碘水中的碘，选__________，操作名称为__________。

(3)用 NaOH 溶液吸收 CO_2，选__________，操作名称为__________。

(4)粗盐提纯，选__________，操作名称为__________。

2.易错考点判一判

(1)(2017·临沂高一模拟)标准状况下，22.4 L 四氯化碳含有的分子数为 N_A。 (　　)

(2)(2014·全国卷)2 L 0.5 mol·L^{-1}的硫酸钾溶液中，阴离子所带电荷数为 N_A。 (　　)

(3)(2014·全国卷)用容量瓶配制溶液时，若加水超过了刻度线，立即用滴管吸出多余液体。 (　　)

(4)(2013·海南卷)锥形瓶用作反应容器时，一定不能加热。 (　　)

(5)(2013·海南卷)蒸馏时，温度计水银球可以高于蒸馏烧瓶支管口。 (　　)

(6)(2013·海南卷)振荡分液漏斗时，应关闭其玻璃塞和活塞。 (　　)

(7)(2014·全国卷)用蒸馏水润湿的试纸测溶液的 pH 值，一定会使结果偏低。 (　　)

(8)(2017·全国卷Ⅱ)标准状况下，2.24 L N_2 和 O_2 的混合气体中的分子

数为 0.2 N_A。（　　）

(9)(2017·全国卷Ⅲ)配制浓度为 0.010 mol·L^{-1}的 $KMnO_4$ 溶液，称取 $KMnO_4$ 固体0.158 g，放入 100 mL 容量瓶中，加水溶解并稀释至刻度。（　　）

(10)(2016·四川卷)2.4 g 镁在足量的氧气中燃烧，转移的电子数为 0.1 N_A。（　　）

3.疑惑问题看一看

(1)蒸馏时应注意哪些问题？

(2)阿伏伽德罗定律及其推论是什么？

专题一　混合物的分离、提纯

【典例 1】 下图是中学化学中常用于混合物的分离和提纯的装置，请根据装置回答问题。

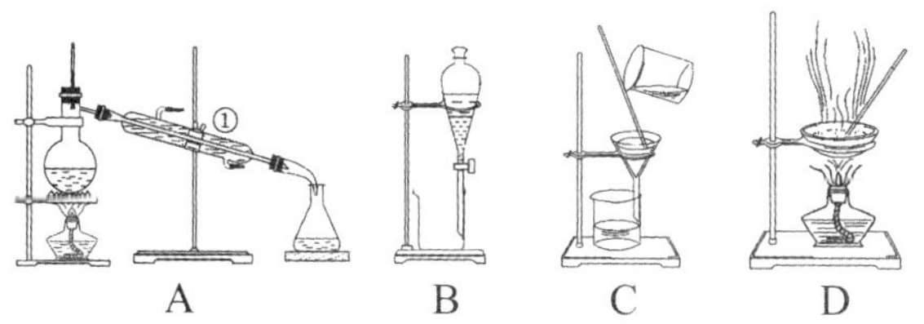

(1)从氯化钾溶液中得到氯化钾固体，选择装置________(填代表装置图的字母，下同)；除去自来水中的 Cl^- 等杂质，选择装置________。

(2)从碘水中分离出 I_2，选择装置________，该分离方法的名称为____________。

(3)装置 A 中①的名称是________，进水的方向是从________口进水。

装置 B 在分液时为使液体顺利下滴，应进行的具体操作是____。

【专题点拨】

1. 常见的几种分离方法

固-固分离型	固-液分离型	液-液分离型	气-气分离型
冷水 碘 加热升华	过滤、蒸发	倒转分液漏斗 水 水 萃取、蒸馏	洗气

2. 要求

(1)试剂过量。

(2)过量试剂必须除尽。

(3)途径最简。

3. 实例(粗盐的提纯)

(1)除去粗盐中可溶性杂质的原理。

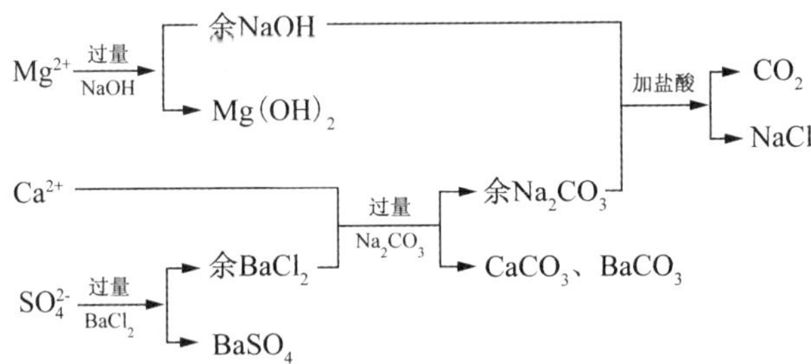

(2)添加试剂的先后顺序。

根据原理可知，只要 Na_2CO_3 溶液的加入顺序在 $BaCl_2$ 溶液之后即可，通常为：

①$BaCl_2$(溶液)→NaOH(溶液)→ Na_2CO_3(溶液)→盐酸。

②NaOH(溶液)→$BaCl_2$(溶液)→Na_2CO_3(溶液)→ 盐酸。

③$BaCl_2$(溶液)→Na_2CO_3(溶液)→NaOH(溶液)→盐酸。

上述添加试剂的先后顺序可概括为：钡碳先，碱随便，先过滤，后盐酸。

【针对训练 1】 为除去粗盐中的Ca^{2+}、Mg^{2+}、Fe^{3+}、SO_4^{2-}以及泥沙等杂质，某同学设计了一个制备精盐的实验方案，步骤如下(用于沉淀的试剂稍过量)：

称取粗盐$\xrightarrow[①]{溶解}\xrightarrow[②]{BaCl_2}\xrightarrow[③]{NaOH}\xrightarrow[④]{Na_2CO_3}\xrightarrow[⑤]{过滤}$滤液$\xrightarrow[⑥]{适量盐酸}\xrightarrow[⑦]{蒸发、结晶、烘干}$精盐

(1)第⑤步实验操作需要______________等玻璃仪器。

(2)步骤②中，判断加入$BaCl_2$已过量的方法是____。

(3)除杂试剂$BaCl_2$、NaOH、Na_2CO_3加入的顺序还可以怎样？

(4)若先用盐酸酸化再过滤，将对实验结果产生影响，其原因是什么？

专题二　物质的鉴别、推断和离子的检验

【典例 2】 有一包白色粉末状混合物，可能含有Na_2CO_3、NaCl、$CaCO_3$、$CuSO_4$、Na_2SO_4、$MgCl_2$中的某几种，现进行如下实验，请依据实验现象回答问题：

实验操作	实验结论
(1)将混合物溶于水，得到无色透明溶液	原混合物中肯定无________
(2)取少量上述溶液两份，其中一份加入氯化钡溶液，立即产生白色沉淀，再加入稀硝酸，沉淀不溶解	原混合物中肯定有________，无________
(3)在另一份溶液中加入氢氧化钠溶液，也产生白色沉淀	原混合物中肯定有________

【专题点拨】

1. 物质的检验通常有鉴定、鉴别和推断三类，它们的共同点是：依据物质的特殊性质和特征反应，选择适当的试剂和方法，准确观察反应中的明显现象，如颜色的变化、沉淀的生成和溶解、气体的产生和气味、火焰的颜色等，进行判断、推理。

检验类型	鉴别	利用不同物质的性质差异，通过实验，将它们区别开来
	鉴定	根据物质的特性，通过实验，检验出该物质的成分，确定它是不是这种物质
	推断	根据已知实验及现象，分析判断，确定被检验的是什么物质，并指出可能存在什么，不可能存在什么
检验方法	①	若是固体，一般应先用蒸馏水溶解
	②	若同时检验多种物质，应将试管编号
	③	要取少量溶液放在试管中进行实验，绝不能在原试剂瓶中进行检验
	④	叙述顺序应是：实验(操作)→现象→结论→原理(写方程式)

2. 常见离子检验

待检离子	选用试剂	反应现象
SO_4^{2-}	稀盐酸和 $BaCl_2$ 溶液	加酸后无明显现象，再加氯化钡溶液出现白色沉淀
CO_3^{2-}	$BaCl_2$ 溶液和稀盐酸	产生白色沉淀，加酸后产生无色无味、使澄清石灰水变浑浊的气体
Cl^-	$AgNO_3$ 溶液和稀硝酸	产生不溶于稀硝酸的白色沉淀

【针对训练 2】 在测定 Na_2SO_4 和 NaCl 的混合物中 Na_2SO_4 的质量分数时，可以在混合物中加入过量 $BaCl_2$ 溶液，沉淀 SO_4^{2-}，然后过滤、洗涤、烘干、称量得到 $BaSO_4$ 的质量。试问：

(1)怎样判断 SO_4^{2-} 是否沉淀完全？

(2)过滤完毕后，洗涤沉淀的方法是什么？

(3)怎样检验沉淀是否洗涤干净？

专题三　以物质的量为中心的相关计算

【典例 3】　(1)设 N_A 为阿伏伽德罗常数的数值。如果 a g 某气体中含有的分子数为 b，则 c g 该气体在标准状况下的体积为__________。

(2)某 $Al_2(SO_4)_3$ 溶液 V mL 中含 a g Al^{3+}。取出 $V/4$ mL 溶液稀释成 $4V$ mL后，SO_4^{2-} 的物质的量浓度为　(　　)

A. $125a/54V$ mol·L^{-1}　　B. $125a/36V$ mol·L^{-1}

C. $125a/18V$ mol·L^{-1}　　D. $125a/V$ mol·L^{-1}

(3)0.5 L 1 mol·L^{-1} 的 $FeCl_3$ 溶液与 0.2 L 1 mol·L^{-1} 的 KCl 溶液中，Cl^- 的浓度比为　(　　)

A. 15∶2　　B. 1∶1　　C. 1∶3　　D. 3∶1

【典例 4】　同温同压下，A 容器中充满 O_2，B 容器中充满 O_3。

(1)若所含分子总数相等，则 A 容器和 B 容器的容积之比是__________。

(2)若两容器中所含原子总数相等，则 A 容器和 B 容器的容积之比是__________。

(3)若两容器的体积比为 3∶2，则 O_2 和 O_3 的物质的量之比为__________，质量之比为__________，密度之比为__________。

【专题点拨】

1. 物质的量与微粒数目、物质的质量、物质的量浓度、气体体积之间的关系

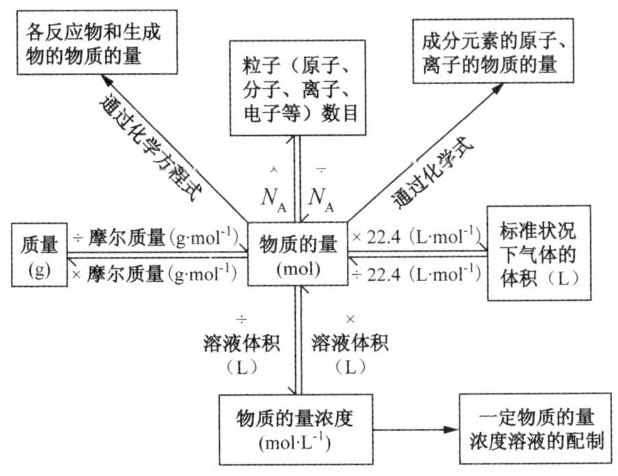

2. 常见公式

(1) $n=N/N_A=m/M=V/V_m=cV_{液}$

(2) $c(浓)\cdot V(浓)=c(稀)\cdot V(稀)$

(3) $c=n/V=1000\rho\times w/M$

3.注意事项

(1)突出物质的量这一核心,它是其他物理量之间换算的纽带和桥梁。通常模式:一个物理量→求算物质的量→另一个物理量。

(2)换算过程中各物理量的单位要对应准确。

(3)$n=V/V_m$ 换算时,务必明确气体摩尔体积是在何种状况下,不可一律取22.4 L·mol^{-1}。

【针对训练3】 (多选)用 N_A表示阿伏伽德罗常数,下列叙述正确的是( )

A.(2012·新课标全国卷)分子总数为 N_A的 NO_2和 CO_2混合气体中含有的氧原子数为 $2N_A$

B.(2012·江苏高考)常温常压下,18 g H_2O 中含有的原子总数为 $3N_A$

C.标准状况下,22.4 L H_2O 的分子数为 N_A

D.常温常压下,14 g N_2含有的分子数为 $0.5N_A$

E.等质量的 O_2与 O_3,含有的氧原子数均为 $2N_A$

【针对训练4】 在两个容积相同的容器中,一个盛有 HCl 气体,另一个盛有 H_2和 Cl_2的混合气体。在同温同压下,两容器内的气体一定具有相同的( )

A.原子数　　B.密度　　C.质量　　D.质子数

专题四　一定物质的量浓度溶液的配制及误差分析

【典例5】 用 18 mol·L^{-1}浓硫酸配制 250 mL 2.5 mol·L^{-1}稀硫酸的实验步骤如下:①计算所用浓硫酸的体积;②量取一定体积的浓硫酸;③稀释;④转移;⑤洗涤;⑥定容;⑦摇匀。完成下列问题:

(1)所需浓硫酸的体积是________(保留小数点后一位),量取浓硫酸所用的量筒的规格是________(选项为 A.10 mL　B.25 mL　C.50 mL　D.100 mL)。

(2)该实验用到的仪器除量筒外还有____。

(3)第⑤步实验的具体操作是____。

(4)第⑥步实验的具体操作是____。

(5)配制 250 mL 2.5 mol·L^{-1}的稀硫酸溶液时,下图是某同学转移溶液的示意图,图中的错误是________________。

(6)下列情况对所配制的稀硫酸浓度有何影响?(填写“偏大”“偏小”或“无影响”)

①用量筒量取浓硫酸时俯视刻度线:________。

②容量瓶用蒸馏水洗涤后未干燥:________。

③浓硫酸溶解后未冷却即转移、定容:________。

④定容时仰视刻度线:________。

【专题点拨】

1.一定物质的量浓度溶液的配制

(1)仪器:托盘天平或量筒、烧杯、玻璃棒、指定规格的容量瓶(实验室常见的规格有 50 mL、100 mL、250 mL、500 mL 和 1000 mL)、胶头滴管、其他辅助用品。

(2)步骤:①计算;②称量(量取);③溶解(稀释);④转移;⑤洗涤;⑥定容;⑦摇匀。

(3)注意事项:

①容量瓶使用前应检查是否漏水,其程序为:加水→倒立、观察→正立→瓶塞旋转 180°→倒立、观察。

②定容时,视线、凹液面最低点、刻度线要处于同一水平线上。

2.误差分析

(1)根据 $c_B=n_B/V=m_B/(M_BV)$ 可知,M_B(溶质的摩尔质量)为定值,实验过程中不规范的操作会导致 m_B、V 值发生变化,从而使所配制溶液的物质的量浓度产生误差。若实验操作导致 m_B 偏大,则 c_B 偏大;若实验操作导致 V 偏大,则 c_B 偏小。

(2)仰视或俯视刻度线图解:

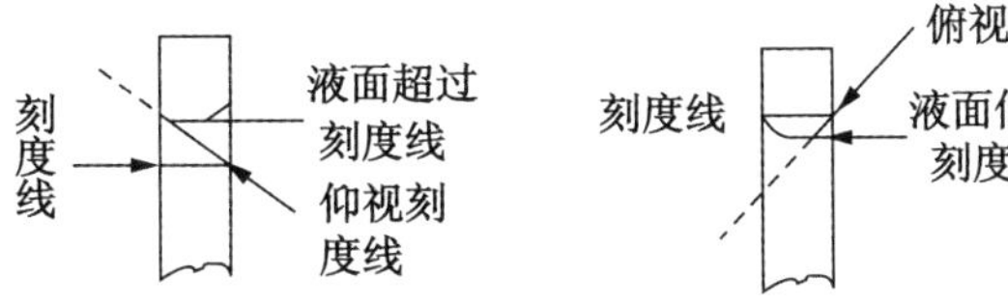

①仰视刻度线。由于操作时以刻度线为基准加水，从下向上看，最先看见的是刻度线，刻度线低于液面的实际刻度，故加水量偏多，导致溶液体积偏大，结果偏低。

②俯视刻度线。刻度线高于液面的实际读数，使得加水量偏少，结果偏高。

【针对训练 5】 某学生需要用烧碱固体配制0.5 mol·L^{-1}的 NaOH 溶液 500 mL。实验室提供以下仪器：①100 mL 烧杯，②100 mL量筒，③1000 mL 容量瓶，④500 mL 容量瓶，⑤玻璃棒，⑥托盘天平(带砝码)。请回答下列问题：

(1)需要称取 NaOH 固体__________ g。

(2)配制时，必须使用的仪器有__________(填代号)，还缺少的仪器是__________、__________(填仪器名称)。

(3)配制时，其正确的操作顺序是(用字母表示，每个操作只用一次)__________。

A. 用少量水洗涤烧杯 2～3 次，洗涤液均注入容量瓶，振荡

B. 在盛有 NaOH 固体的烧杯中加入适量水溶解

C. 将烧杯中已冷却的溶液沿玻璃棒注入容量瓶中

D. 将容量瓶盖紧，反复上下颠倒，摇匀

E. 改用胶头滴管加水，使溶液凹液面恰好与刻度线相切

F. 继续往容量瓶内小心加水，直到液面接近刻度线 1～2 cm 处

(4)实验中两次用到玻璃棒，其作用分别是：先用于__________，后用于__________。

(5)若出现如下情况，其中将引起所配制溶液浓度偏高的是______(填编号)。

①容量瓶实验前用蒸馏水洗干净，但未烘干

②定容观察液面时俯视

③配制过程中遗漏了(3)中步骤 A

④加蒸馏水时不慎超过了刻度线

(6)若实验过程中出现(5)中④这种情况，你将如何处理？_______________。

1. 在实验室中，对下列事故或药品的处理，正确的是 ( )

A. 温度计不慎打破，洒落的水银应用硫粉处理后收集

B. 酒精灯使用完后，应及时吹灭并盖上灯帽

C. 少量浓硫酸沾在皮肤上，立即用氢氧化钠溶液冲洗

D. 含硫酸的废液倒入水槽，用水冲入下水道

2. 现有下列实验操作：①过滤，②蒸发，③溶解，④取液体试剂，⑤取固体试剂。其中一定要用到玻璃棒的是　　(　　)

A. ①②③　　B. ④⑤　　C. ①④　　D. ①③⑤

3. 下列有关实验操作正确的是　　(　　)

点燃酒精灯　　称量 10.05 g 固体　　检查容量瓶是否漏水　　100 mL 量筒　量 9.5 mL 液体

A　　B　　C　　D

4. 若 20 滴水恰好为 1 mL，那么 1 滴水中所含的水分子数约为(N_A表示阿伏伽德罗常数的值，$\rho_{水}=1\ g \cdot cm^{-3}$)　　(　　)

A. $20N_A$　　B. $N_A/360$　　C. $9N_A/10$　　D. $360/N_A$

5. 在下列各组物质中，所含分子数目相同的是　　(　　)

A. 10 g H_2和 10 g O_2

B. 18 g H_2O 和 0.5 mol I_2

C. 5.6 L N_2(标准状况)和 11 g CO_2

D. 224 mL H_2(标准状况)和 0.1 mol N_2

6. 现有硫酸镁溶液 500 mL，它的密度是 1.20 $g \cdot cm^{-3}$，其中镁离子的质量分数是4.8%，则有关该溶液的说法错误的是　　(　　)

A. 溶质的质量分数是 24%

B. 溶液的物质的量浓度是 2.4 $mol \cdot L^{-1}$

C. 溶质和溶剂的物质的量之比约为 1∶21.1

D. 硫酸根离子的质量是 230.4 g

7. (双选)下列实验操作中，所用仪器合理的是　　(　　)

A. 在蒸发皿中放入 NaCl 溶液，加热、蒸发得到 NaCl 晶体

B. 用 10 mL 的量筒量取 5.2 mL 的盐酸

C. 用托盘天平称取 25.20 g NaCl

D. 用 1000 mL 容量瓶配制 450 mL 0.1 $mol \cdot L^{-1}$的盐酸

8. 下列对于某些离子或物质的检验及结论一定正确的是　　(　　)

A. 加入稀盐酸产生无色气体，原物质中一定有 $CaCO_3$

B. 加入氯化钡溶液有白色沉淀产生，再加盐酸，沉淀不消失，一定有 SO_4^{2-}

C. 加入稀盐酸后再加入硝酸银，产生白色沉淀，则原溶液中一定有 Cl^-

D. 加入碳酸钠溶液产生白色沉淀，再加盐酸，白色沉淀消失，不一定有 Ba^{2+}

9.（双选）设 N_A 是阿伏伽德罗常数的数值，下列说法正确的是（　　）

A.（2012·新课标全国卷）分子总数为 N_A 的 NO_2 和 CO_2 混合气体中，含有的氧原子数为 $2N_A$

B.（2012·江苏高考）常温常压下，18 g H_2O 中含有的原子总数为 $3N_A$

C.（2011·新课标全国卷）欲配制 1.00 L 1.00 mol·L^{-1} 的 NaCl 溶液，可将 58.5 g NaCl 溶于 1.00 L 水中

D.（2011·江苏高考）用量筒量取 20 mL 0.5000 mol·L^{-1} 的硫酸溶液于烧杯中，加水 80 mL，配制成 0.1000 mol·L^{-1} 的硫酸溶液

10.（1）0.5 mol SO_2 的质量是__________ g，在标准状况下的体积为__________ L，含__________个氧原子。

（2）将标准状况下 22.4 L 的 HCl 溶于水配制成 200 mL 的溶液，所得溶液的物质的量浓度为__________；配制 300 mL 0.5 mol·L^{-1} 的氯化钠溶液，需要 1.5 mol·L^{-1} 的氯化钠溶液的体积是__________ mL。

第二节　化学物质及其变化单元复习案例

复习目标

1. 了解常见物质及其变化的分类方法。
2. 了解胶体的重要性质及其应用。
3. 掌握电离方程式和离子方程式的书写。
4. 理解氧化还原反应的本质，掌握氧化剂、还原剂的概念、判断方法及有关计算。

知识网络

一、学生自主构建的思维导图

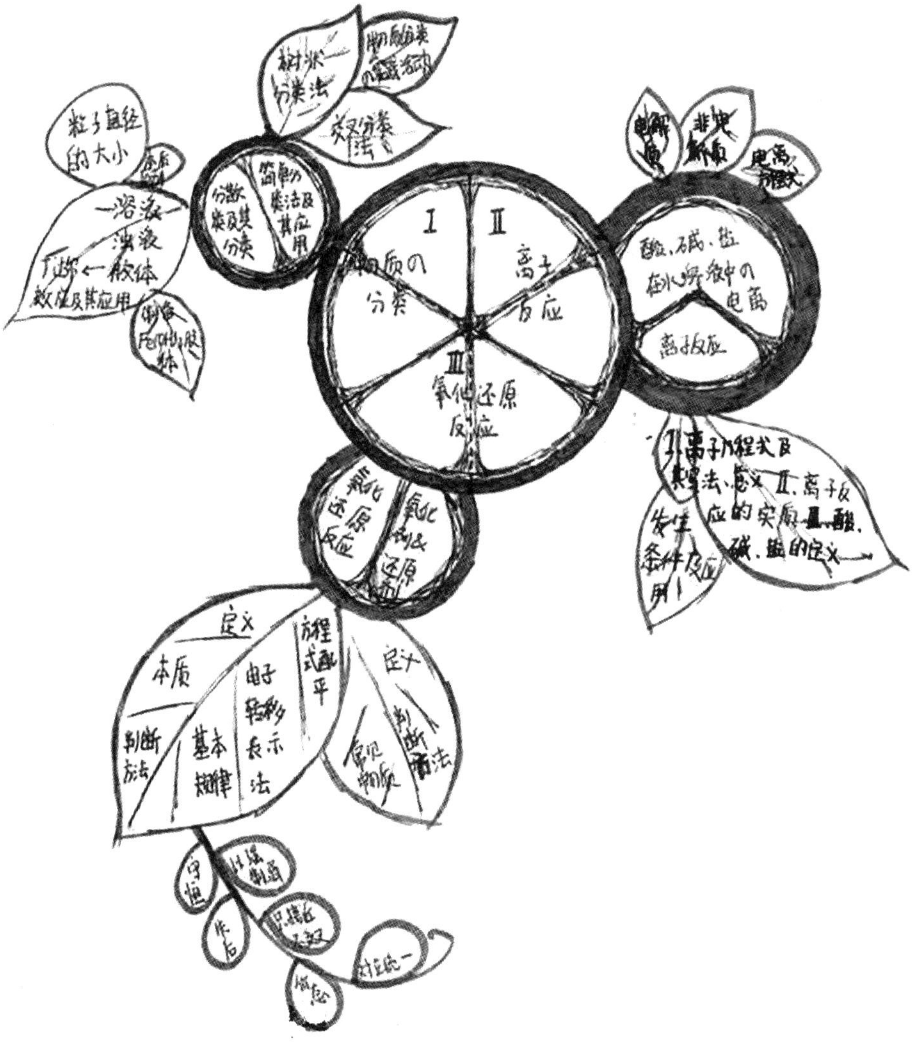

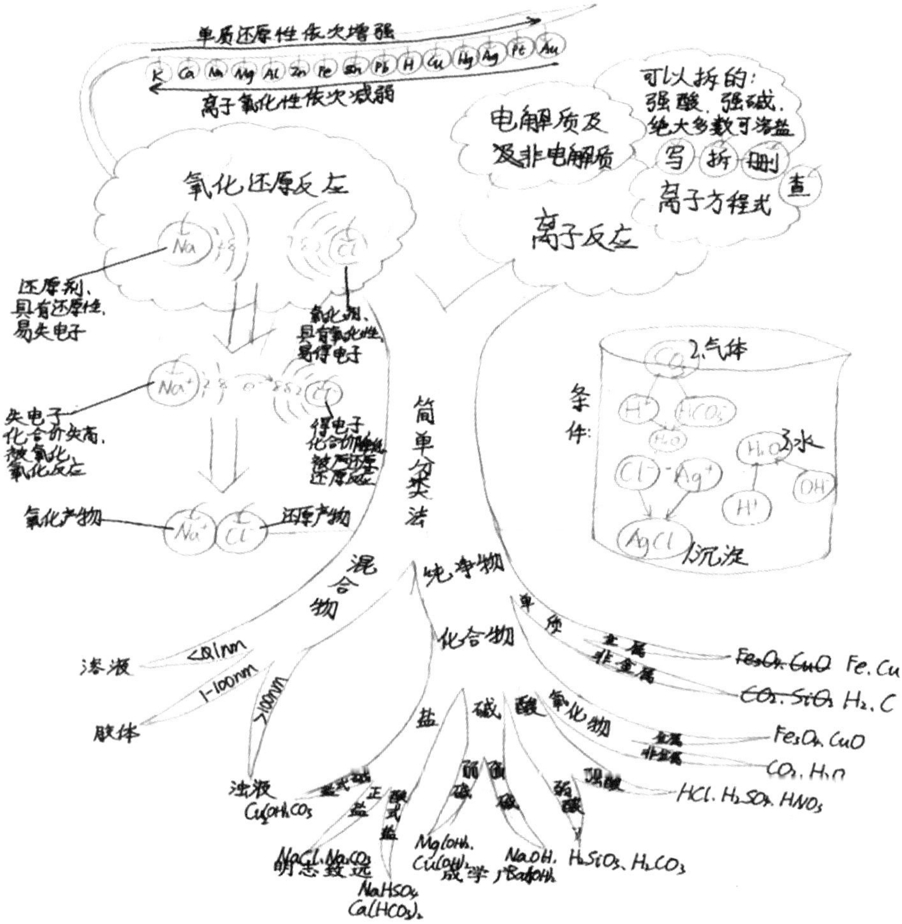

单质还原性依次增强
K Ca Na Mg Al Zn Fe Sn Pb H Cu Hg Ag Pt Au
离子氧化性依次减弱
氧化还原反应
Na
Cl
还原剂、具有还原性、易失电子
氧化剂、具有氧化性、易得电子
Na^+
Cl
失电子、化合价失高、被氧化、氧化反应
得电子、化合价降低、被还原、还原反应
氧化产物
还原产物
电解质及
及非电解质
可以拆的：
强酸、强碱、
绝大多数可溶盐
写 拆 删 查
离子方程式
离子反应
条件：
1.气体
CO_2
H^+
HCO_3^-
H_2O
2.水
H_2O
Cl^-
Ag^+
H^+
OH^-
AgCl
3.沉淀
简单分类法
混合物
溶液 <1nm
胶体 1-100nm
浊液 >100nm
纯净物
单质
金属 Fe、Cu
非金属 H_2、C
化合物
氧化物
金属 Fe_3O_4、CuO
非金属 CO_2、H_2O
酸
强酸 HCl、H_2SO_4、HNO_3
弱酸 H_2SiO_3、H_2CO_3
碱
难溶碱 $Mg(OH)_2$、$Cu(OH)_2$
可溶碱 NaOH、$Ba(OH)_2$
盐
碱式盐 $Cu_2(OH)_2CO_3$
正盐 NaCl、Na_2CO_3
酸式盐 $NaHSO_4$、$Ca(HCO_3)_2$
明志致远
成学

二、师生交流完善后的知识网络

- 化学物质及其变化
  - 物质的分类
    - 分类方法
      - 交叉分类法
      - 树状分类法
    - 纯净物
      - 单质：F_2、Cu、Cl_2、O_2 等
      - 化合物
        - 酸：H_2SO_4、HNO_3、CH_3COOH 等
        - 碱：NaOH、$Ba(OH)_2$、$NH_3 \cdot H_2O$ 等
        - 盐：NaCl、$NaHCO_3$、NH_4Cl 等
        - 氧化物：Na_2O、CaO、Fe_2O_3、Al_2O_3、CO_2、SO_2 等
    - 混合物
      - 溶液：分散质粒子直径小于 1 nm 的分散系
      - 浊液：分散质粒子直径大于 100 nm 的分散系
      - 胶体
        - 概念：分散质粒子直径介于 1～100 nm 的分散系
        - 性质
          - 丁达尔效应
          - 布朗运动
          - 电泳
          - 聚沉
          - 介稳性
        - 应用：电泳除尘、明矾净水、盐卤制豆腐和三角洲的形成等
  - 化学反应
    - 根据反应物和生成物的类别以及反应前后物质种类的多少
      - 化合反应：$A+B \xlongequal{} AB$
      - 分解反应：$AB \xlongequal{} A+B$
      - 置换反应：$A+BC \xlongequal{} AC+B$
      - 复分解反应：$AB+CD \xlongequal{} AD+CB$
    - 根据是否有离子参加
      - 离子反应
        - 概念：离子之间的反应
        - 条件：有沉淀、气体、弱电解质生成，具备其一即可(复分解型)
        - 离子反应方程式
          - 概念：用实际参加反应的离子符号来表示离子反应的式子
          - 书写方法
            - 写：写出反应的化学方程式
            - 拆：把易溶于水、易电离的物质拆写成离子形式
            - 删：将不参加反应的离子从方程式两端删去
            - 查：查方程式两端原子个数和电荷数是否相等
          - 意义：不仅表示一定物质间的某个反应，而且表示同一类型的离子反应
      - 分子反应
    - 根据反应中是否有电子转移
      - 氧化还原反应
        - 概念：凡是有元素化合价升降的化学反应
        - 实质：电子转移(得失或偏移)
        - 特征：反应前后元素的化合价变化
        - 反应物（→ 生成物）
          - 氧化剂—有氧化性—得电子—化合价降低—还原反应—还原产物
          - 还原剂—有还原性—失电子—化合价升高—氧化反应—氧化产物
      - 非氧化还原反应

1. 易错考点判一判

(1)(2014·四川卷)向 $NaHCO_3$ 溶液中加入稀盐酸：$CO_3^{2-}+2H^+ \xlongequal{} CO_2\uparrow+H_2O$。（　　）

(2)由同种元素组成的物质一定是纯净物。（　　）

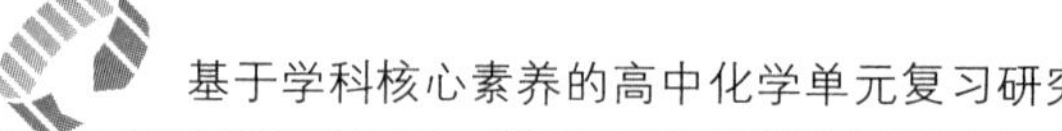

(3)胆矾$[CuSO_4 \cdot 5H_2O]$、明矾$[KAl(SO_4)_2 \cdot 12H_2O]$属于混合物。 (　　)

(4)向沸水中滴加 $FeCl_3$ 溶液制备 $Fe(OH)_3$ 胶体：$Fe^{3+}+3H_2O \xlongequal{\triangle} Fe(OH)_3\downarrow+3H^+$。 (　　)

(5)某元素从化合态变为游离态，该元素一定被还原。 (　　)

(6)铜和食盐水都能导电，都属于电解质。 (　　)

(7)$H^+ + OH^- = H_2O$ 可表示所有强酸和强碱的中和反应。 (　　)

(8)(2017·江苏卷)向氢氧化钡溶液中加入稀硫酸：$Ba^{2+}+OH^-+H^++SO_4^{2-} = BaSO_4\downarrow+H_2O$。 (　　)

(9)(2016·四川卷)某无色溶液中可能大量存在 H^+、Cl^-、MnO_4^-。 (　　)

2.疑惑问题看一看

(1)$Fe(OH)_3$胶体的制备方法是什么？

(2)怎样掌握氧化还原反应基本概念中的关系？

专题一　物质的分类

【典例 1】（双选）下列各物质的分类、名称(或俗名)、化学式都正确的是 (　　)

	分　类	名称(或俗名)	化学式
A	碱性氧化物	氧化铁	FeO
B	酸性氧化物	碳酸气	CO_2
C	酸	硫　酸	H_2S
D	盐	纯　碱	Na_2CO_3

【专题点拨】

1. 物质的分类依据很多，按照不同的分类标准对同一物质进行分类，可以得出不同的类别。

根据物质所含元素种类，可以把纯净物分为单质和化合物；根据化合物的组成和性质，又可以将其分为酸、碱、盐、氧化物等。

2. 电解质和非电解质的判断。根据化合物在水溶液或熔融状态下是否导电，可把化合物分为电解质和非电解质。

能导电的物质不一定是电解质，电解质只有电离出自由移动的阴、阳离子才能导电。电解质和非电解质均是化合物。

3. 三种常见分散系的比较

分散系	溶　液	胶　体	浊　液
分散质微粒直径大小	<1 nm	$1\sim100$ nm	>100 nm
分散质微粒成分	离子或小分子	大分子或分子集合体	大量分子集合体
外观特征	均匀、透明	均匀、透明或半透明	不均匀、不透明
稳定性	稳定，静置无沉淀	较稳定	不稳定，静置有沉淀
分散质能否透过滤纸	能	能	不能
分类	饱和溶液、不饱和溶液	固溶胶、液溶胶、气溶胶	悬浊液、乳浊液
实例	食盐水、蔗糖溶液	$Fe(OH)_3$ 胶体	泥浆

【针对训练 1】　现有下列物质：(1)Cu、(2)液溴、(3)Na_2O、(4)NO_2、(5)干冰、(6)甲烷、(7)氨水、(8)盐酸、(9)HCl 气体、(10)硫酸、(11)熔融 NaOH、(12)蔗糖、(13)NaCl 溶液、(14)AgCl、(15)胆矾、(16)石墨。

属于电解质的是________________________________，

属于非电解质的是______________________________，

能导电的是__________________________________。

专题二　离子方程式的书写及正误判断

【典例 2】　书写下列离子方程式：

(1)铁与盐酸反应。

(2)铜片插入硝酸银溶液中。

(3)用稀盐酸除去铁锈(Fe_2O_3)。

(4)少量二氧化碳通入澄清石灰水中。

(5)碳酸钡与稀硝酸反应。

(6)碳酸氢钠与硫酸反应。

【专题点拨】

1.离子方程式的书写步骤

一写:写出反应的化学方程式。

二拆:把易溶于水且易电离的物质写成离子形式,把难溶的物质、气体和水用化学式表示。

三删:删去方程式两边不参加反应的离子。

四查:检查方程式两边各元素的原子个数和电荷是否守恒。

2.常见离子方程式的书写错误

(1)不配平。一般表现为等式两边原子个数不守恒或电荷不守恒。如 $Fe^{3+}+Cu \xlongequal{} Cu^{2+}+Fe^{2+}$;$Na+H_2O \xlongequal{} Na^{+}+OH^{-}+H_2\uparrow$。

(2)拆写错误。如大理石和稀盐酸反应:$CO_3^{2-}+2H^{+} \xlongequal{} CO_2\uparrow+H_2O$;醋酸铵溶液与烧碱溶液共热:$CH_3COONH_4+OH^{-} \xlongequal{} CH_3COO^{-}+NH_3\uparrow+H_2O$。

(3)与反应事实不相符合。如铁片溶于稀盐酸:$2Fe+6H^{+} \xlongequal{} 2Fe^{3+}+3H_2\uparrow$。

(4)漏写一种产物。如 $CuSO_4$ 溶液与 $Ba(OH)_2$ 溶液混合:$Ba^{2+}+SO_4^{2-} \xlongequal{} BaSO_4\downarrow$;$Ba(OH)_2$ 溶液中滴加稀硫酸:$H^{+}+OH^{-} \xlongequal{} H_2O$。

(5)随便约简或不约简。如 $Ba(OH)_2$ 溶液中不断滴加稀硫酸:$Ba^{2+}+H^{+}+OH^{-}+SO_4^{2-} \xlongequal{} BaSO_4\downarrow+H_2O$。

【针对训练2】 (双选)下列离子反应方程式中,正确的是 ( )

A.向硫酸铜蓝色溶液中加入 $BaCl_2$ 溶液:$Ba^{2+}+SO_4^{2-} \xlongequal{} BaSO_4\downarrow$

B.碳酸氢钙溶液跟盐酸反应:$Ca(HCO_3)_2+2H^{+} \xlongequal{} Ca^{2+}+2H_2O+2CO_2\uparrow$

C.锌与盐酸反应:$Zn+2H^{+}+2Cl^{-} \xlongequal{} Zn^{2+}+2Cl^{-}+H_2\uparrow$

D.氢氧化镁与盐酸反应:$H^{+}+OH^{-} \xlongequal{} H_2O$

E.氢氧化钙溶液与碳酸钠溶液反应:$Ca^{2+}+CO_3^{2-} \xlongequal{} CaCO_3\downarrow$

F. 硫酸镁溶液与氢氧化钡溶液反应：$Ba^{2+} + SO_4^{2-} \xlongequal{} BaSO_4\downarrow$

专题三　离子共存

【典例 3】 下列各组中的离子，能在溶液中大量共存的是　（　　）

A. Mg^{2+}、H^+、Cl^-、OH^-　　B. Na^+、Ba^{2+}、CO_3^{2-}、NO_3^-

C. Na^+、H^+、Cl^-、CO_3^{2-}　　D. K^+、Cu^{2+}、NO_3^-、SO_4^{2-}

E. CO_3^{2-}、HCO_3^-、OH^-、K^+　　F. K^+、HCO_3^-、CO_3^{2-}、H^+

【专题点拨】

1. 离子不能共存的条件

同一溶液中若离子间符合下列任意一个条件就会发生离子反应，它们之间便不能在溶液中大量共存。

(1)生成难溶物或微溶物。例如，Ba^{2+} 与 CO_3^{2-}、SO_4^{2-}，Ag^+ 与 Cl^-，Ca^{2+} 与 SO_4^{2-}、OH^-、CO_3^{2-}，Fe^{2+}、Fe^{3+}、Mg^{2+} 与 OH^- 等不能大量共存。

(2)生成气体或挥发性物质。例如，NH_4^+ 与 OH^-，H^+ 与 CO_3^{2-}、HCO_3^-、S^{2-}、HS^-、SO_3^{2-}、HSO_3^- 等不能大量共存。

(3)生成难电离物质。例如，H^+ 与 CH_3COO^-、CO_3^{2-}、S^{2-}、SO_3^{2-} 等因生成弱酸不能大量共存，OH^- 与 NH_4^+ 因生成弱碱不能大量共存，H^+ 与 OH^- 因生成水不能大量共存。

(4)因发生氧化还原反应不能大量共存。例如，MnO_4^-(H^+)、NO_3^-(H^+)与 Fe^{2+}、SO_3^{2-}、S^{2-}、I^- 反应。

2. 附加隐含条件的应用

(1)溶液无色透明时，则溶液中一定没有有色离子，如 Cu^{2+}、Fe^{3+}、Fe^{2+}、MnO_4^-。

(2)强碱性溶液中肯定不存在与 OH^- 反应的离子，如 H^+、Fe^{3+}、Fe^{2+}、HCO_3^-、NH_4^+、Al^{3+}、Cu^{2+}、Mg^{2+}。

(3)强酸性溶液中肯定不存在与 H^+ 反应的离子，如 OH^-、HCO_3^-、CO_3^{2-}、S^{2-}、CH_3COO^-。

具体判断时先看能否发生复分解反应，即生成沉淀、气体、水等，再看能否发生氧化还原反应。

【针对训练 3】 (2017·山东卷改编)在下列溶液中，各组离子一定能够大量共存的是　（　　）

A. 使酚酞试液变红的溶液：Na^+、Cl^-、SO_4^{2-}、Fe^{3+}

B. 使紫色石蕊试液变红的溶液：Fe^{2+}、Mg^{2+}、MnO_4^-、Cl^-

C. pH<7 的溶液：K^+、Ba^{2+}、Cl^-、Br^-

D. 碳酸氢钠溶液中：K^+、SO_4^{2-}、Cl^-、H^+

E. 无色溶液中：Cl^-、Na^+、Fe^{3+}、SO_4^{2-}

F. 强碱性溶液中：K^+、Al^{3+}、Cl^-、SO_4^{2-}

【针对训练 4】 某同学现要对一份废液中所含的离子作出一些判定。已知溶液中可能含有 SO_4^{2-}、Na^+、CO_3^{2-}、HCO_3^-、H^+、NO_3^-、Cu^{2+}、Cl^- 等离子中的若干种。经观察知：溶液无色、澄清。然后他又做了如下的实验：①取少量溶液，用 pH 试纸检验，得 pH=1，可知该溶液有强酸性；②重新取原溶液，用稀盐酸和 $BaCl_2$ 检验该溶液，有白色沉淀生成；③将②所得的浊液静置，取上层清液，往清液中加入少量的 $AgNO_3$ 溶液和稀硝酸，结果又有白色沉淀生成。

(1)可得出结论：原溶液中一定有__________，一定没有______________，可能有____________。

(2)写出步骤②的离子反应方程式：____。

写出步骤③的离子反应方程式：____。

专题四　氧化还原能力强弱判断

【典例 4】 已知下列反应：

①$Co_2O_3+6HCl(浓)=\!=\!=2CoCl_2+Cl_2\uparrow+3H_2O$

②$2FeCl_3+2KI=\!=\!=2FeCl_2+I_2+2KCl$

③$Cl_2+2FeCl_2=\!=\!=2FeCl_3$

则下列物质氧化性由强到弱的顺序是　　(　　)

A. $I_2>FeCl_3>Cl_2>Co_2O_3$　　B. $Co_2O_3>Cl_2>FeCl_3>I_2$

C. $Cl_2>Co_2O_3>I_2>FeCl_3$　　D. $Cl_2>I_2>Co_2O_3>FeCl_3$

【专题点拨】

1. 根据方程式判断

氧化剂＋还原剂═══还原产物＋氧化产物

氧化性：氧化剂>氧化产物

还原性：还原剂>还原产物

2. 根据物质活动性顺序(常见元素)判断

金属活动性越强的元素，金属单质的还原性越强，对应阳离子的氧化性越弱。

还原性：K >Ca >Na> Mg >Al> Zn> Fe> Sn> Pb>(H)>Cu> Hg >Ag> Pt> Au

氧化性：$K^+<Ca^{2+}<Na^+<Mg^{2+}<Al^{3+}<Zn^{2+}<Fe^{2+}<(H^+)<Cu^{2+}<Ag^+$

非金属活动性越强的元素，非金属单质的氧化性越强，对应离子的还原性

越弱。

氧化性：$Cl_2 > Br_2 > I_2 > S$

还原性：$S^{2-} > I^- > Br^- > Cl^-$

3.根据反应条件判断

当不同的氧化剂作用于同一还原剂时，如氧化产物价态相同，可根据反应条件的难易来进行判断，反应条件越高，氧化性越弱。

4.根据氧化产物的价态高低判断

当变价的还原剂在相似的条件下作用于不同的氧化剂时，可根据氧化产物价态的高低来判断氧化剂氧化性的强弱。

例如，$2Fe+3Cl_2 \xlongequal{\triangle} 2FeCl_3$，$Fe+S \xlongequal{\triangle} FeS$，则氧化性 Cl_2 大于 S。

【针对训练 5】 已知 Co_2O_3 在酸性溶液中易被还原成 Co^{2+}，Co_2O_3、Cl_2、$FeCl_3$、I_2 的氧化性依次减弱。下列反应的化学方程式错误的是 ( )

A. $3Cl_2+6FeI_2 = 2FeCl_3+4FeI_3$

B. $Cl_2+FeI_2 = FeCl_2+I_2$

C. $Co_2O_3+6HCl = 2CoCl_2+Cl_2\uparrow+3H_2O$

D. $2Fe^{3+}+2I^- = 2Fe^{2+}+I_2$

专题五 氧化还原反应的基本规律

【典例 5】 (1)在 Fe、Fe^{2+}、Na^+、K、S、Cl^- 等物质或粒子中，只具有氧化性的是__________，既具有氧化性又具有还原性的是__________。

(2)为防治碘缺乏病，通常在食盐中添加少量的碘酸钾(KIO_3)。碘酸钾和碘化钾在溶液中能发生下列反应：$KIO_3+5KI+3H_2SO_4 = 3I_2+3K_2SO_4+3H_2O$。

①该反应中，氧化剂是________，氧化产物是________。

②当有 1 mol I_2 生成时，有________ mol 还原剂被氧化。

③当有 1 mol 氧化剂参与反应时，转移电子的数目为________。

【典例 6】 在一定条件下，RO_3^{n-} 和 I^- 可发生如下反应：$RO_3^{n-}+6I^-+6H^+ = R^-+3I_2+3H_2O$，则 RO_3^{n-} 中 R 元素的化合价为 ( )

A. +1　　B. +3　　C. +5　　D. +7

【专题点拨】

1.守恒规律

(1)质量守恒定律：参加化学反应的各物质的质量总和，等于反应后生成物的各物质的质量总和。

(2)电荷守恒：在电解质溶液或离子化合物中，阴、阳离子所带正、负电荷总数相等，即 $mc(M^{m+})+nc(N^{n+})=xc(X^{x-})+yc(Y^{y-})$。

(3)电子守恒：在一个氧化还原反应中，氧化剂得电子总数等于还原剂失电子总数。

2. 强弱规律

在一个氧化还原反应中，物质的氧化性与还原性强弱：氧化剂大于氧化产物，还原剂大于还原产物。

3. 价态规律

元素处于最高价态，只有氧化性；元素处于最低价态，只有还原性；元素处于中间价态，既有氧化性又有还原性。

4. 先后规律

一种氧化剂同时和几种还原剂相遇时，优先与强的还原剂发生反应；同理，一种还原剂遇到多种氧化剂时，优先与强的氧化剂发生反应。

【针对训练6】 二氧化氯(ClO_2)是一种在水处理等方面有广泛应用的高效安全消毒剂，而且与 Cl_2 相比不会产生对人体有潜在危害的有机氯代物。制备 ClO_2 有下列两种方法：

方法一：$2NaClO_3 + 4HCl = 2ClO_2\uparrow + Cl_2\uparrow + 2NaCl + 2H_2O$

方法二：$2NaClO_3 + H_2O_2 + H_2SO_4 = 2ClO_2\uparrow + O_2\uparrow + Na_2SO_4 + 2H_2O$

(1)方法一的离子方程式为______________________________。

(2)方法二中被氧化的物质是__________，若反应中有 0.1 mol 电子转移，则产生的 ClO_2 气体在标准状况下的体积为__________ L。

在下面的化学式上用单线桥标出电子转移的方向和数目。

$2NaClO_3 + H_2O_2 + H_2SO_4 = 2ClO_2\uparrow + O_2\uparrow + Na_2SO_4 + 2H_2O$

1. 下列物质的分类，合理的是 ( )

A. 酸性氧化物：CO_2、CO、SO_2、NO_2

B. 碱性氧化物：Na_2O、CaO、Fe_2O_3、CuO

C. 碱：$NaOH$、Na_2CO_3、$Ba(OH)_2$、$NH_3\cdot H_2O$

D. 铵盐：NH_4Cl、NH_4NO_3、$(NH_4)_2SO_4$、$CO(NH_2)_2$

2. 下列说法正确的是 ( )

A. 阳离子只有氧化性，阴离子只有还原性

B. 失电子难的原子获得电子的能力一定强

C. 得到电子越多的氧化剂，其氧化性就越强

D. 要实现 Fe^{2+} 到 Fe^{3+} 的转化，必须加入氧化剂

3. (双选)在含有 $NaCl$、Na_2CO_3、$NaOH$ 的水溶液中，加入过量的稀盐酸，溶液中离子数目减少的是 ( )

A. Na^+　　B. CO_3^{2-}　　C. OH^-　　D. Cl^-

4. 下列反应中,不能用离子方程式 $CO_3^{2-}+2H^+ \xlongequal{} CO_2\uparrow+H_2O$表示的是　(　　)

A. $Na_2CO_3+2HCl \xlongequal{} 2NaCl+CO_2\uparrow+H_2O$

B. $NaHCO_3+HCl \xlongequal{} NaCl+CO_2\uparrow+H_2O$

C. $K_2CO_3+H_2SO_4 \xlongequal{} K_2SO_4+CO_2\uparrow+H_2O$

D. $K_2CO_3+2HNO_3 \xlongequal{} 2KNO_3+CO_2\uparrow+H_2O$

5. 下列反应中,必须加入还原剂才能进行的是　(　　)

A. $Fe^{3+}\rightarrow Fe^{2+}$　　B. $Zn\rightarrow Zn^{2+}$

C. $H_2\rightarrow H_2O$　　D. $CuO\rightarrow CuCl_2$

6. 下列关于分散系的叙述,错误的是　(　　)

A. 分散系的分类：
溶液 (10^{-9}) 胶体 (10^{-7}) 浊液 → 分散质微粒直径(m)

B. 用平行光照射 $FeCl_3$溶液和 $Fe(OH)_3$胶体,可以加以区分

C. 把 $FeCl_3$饱和溶液滴入蒸馏水中,以制取 $Fe(OH)_3$胶体

D. 下图显示的是树林中的晨曦,该反应与丁达尔效应有关

7. 赤铜矿的成分是 Cu_2O,辉铜矿的成分是 Cu_2S。两种化合物中,O 和 S 的化合价都是-2价。将赤铜矿与辉铜矿混合加热,有以下反应:$Cu_2S+2Cu_2O \xlongequal{\triangle} 6Cu+SO_2\uparrow$。对于该反应的下列说法,正确的是　(　　)

A. 该反应中的氧化剂只有 Cu_2O

B. Cu_2O 在反应中既是氧化剂又是还原剂

C. Cu 既是氧化产物又是还原产物

D. 氧化产物与还原产物的物质的量之比为 1∶6

8. 下列状态的物质,既能导电又属于电解质的是　(　　)

A. 氯化镁晶体　　B. 氯化钠溶液

C. 液态氯化氢　　D. 熔融氢氧化钾

9. 分类法是化学学习中的一种重要方法,下列分类图正确的是　(　　)

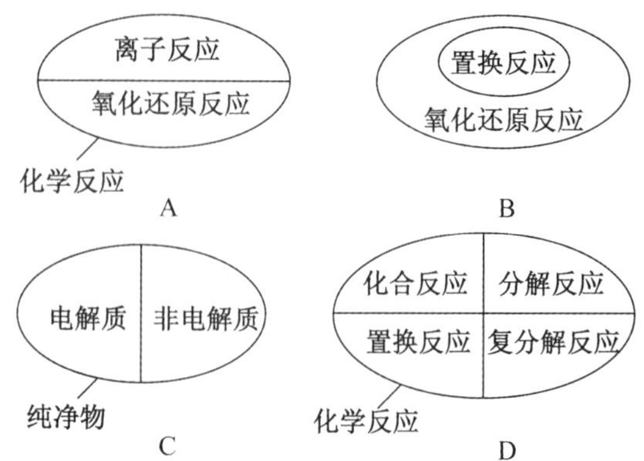

10. 某溶液中含有 Ba^{2+}、Cu^{2+}、Ag^{+}，现用 NaOH 溶液、盐酸和 Na_2SO_4 溶液将这三种离子逐一沉淀分离。其流程图如下(各步反应恰好完全进行)：

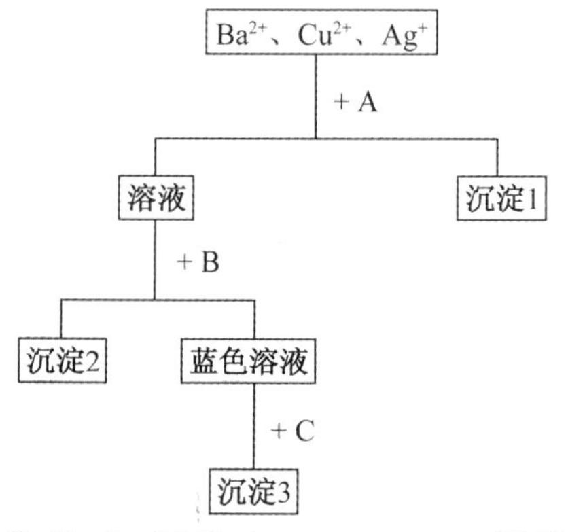

(1) 写出沉淀的化学式：沉淀 1 __________，沉淀 2 __________，沉淀 3 __________。

(2) 写出下列反应的离子方程式：

①混合液＋A：______________________________。

②溶液＋B：______________________________。

第三节　金属及其化合物单元复习案例

复习目标

1. 了解常见金属的活动性顺序。
2. 了解常见金属(如 Na、Al、Fe 等)及其重要化合物的主要性质及应用。
3. 了解合金的概念及重要应用。

知识网络

一、学生自主构建的思维导图

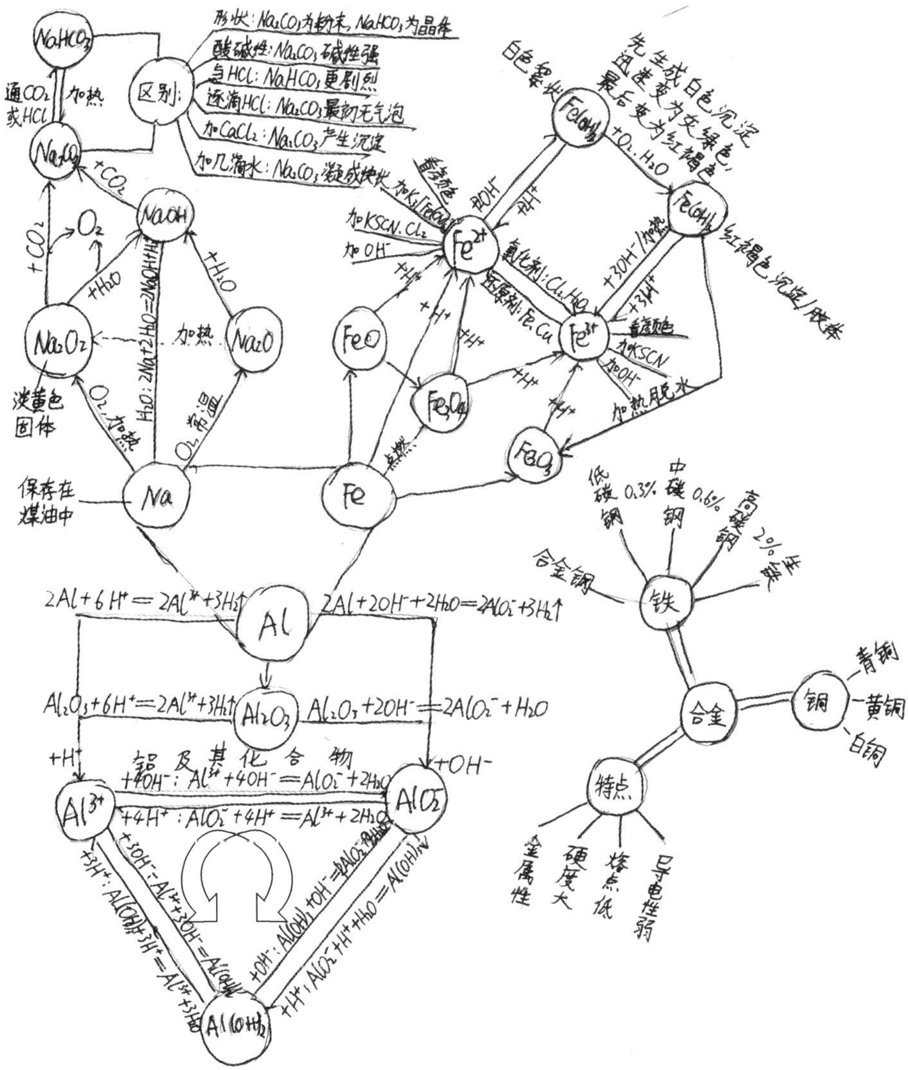

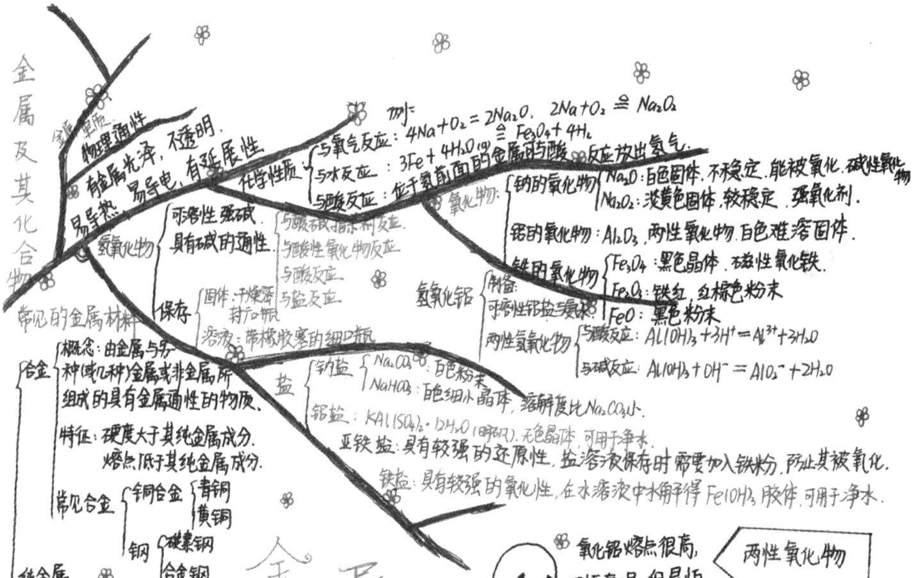

金属及其化合物

金属单质

物理通性：有金属光泽，不透明，易导热、易导电、有延展性

化学性质：
- 与氧气反应：例：$4Na+O_2=2Na_2O$，$2Na+O_2\overset{\triangle}{=}Na_2O_2$
- 与水反应：$3Fe+4H_2O(g)\overset{\triangle}{=}Fe_3O_4+4H_2$
- 与酸反应：位于氢前面的金属可与酸反应放出氢气。

氧化物：
- 钠的氧化物：
  - Na_2O：白色固体，不稳定，能被氧化，碱性氧化物
  - Na_2O_2：淡黄色固体，较稳定，强氧化剂。
- 铝的氧化物：Al_2O_3，两性氧化物，白色难溶固体。
- 铁的氧化物：
  - Fe_3O_4：黑色晶体，磁性氧化铁。
  - Fe_2O_3：铁红，红棕色粉末
  - FeO：黑色粉末

氢氧化物：
- 可溶性强碱，具有碱的通性：与酸碱指示剂反应，与酸性氧化物反应，与酸反应，与盐反应
- 保存：固体：干燥密封瓶；溶液：带橡胶塞的细口瓶
- 氢氧化铝：
  - 制备：可溶性铝盐与氨水
  - 两性氢氧化物：
    - 与酸反应：$Al(OH)_3+3H^+=Al^{3+}+3H_2O$
    - 与碱反应：$Al(OH)_3+OH^-=AlO_2^-+2H_2O$

盐：
- 钠盐：
  - Na_2CO_3：白色粉末
  - $NaHCO_3$：白色细小晶体，溶解度比 Na_2CO_3 小。
- 铝盐：$KAl(SO_4)_2\cdot12H_2O$（明矾），无色晶体，可用于净水。
- 亚铁盐：具有较强的还原性，盐溶液保存时需要加入铁粉，防止其被氧化。
- 铁盐：具有较强的氧化性，在水溶液中水解得 $Fe(OH)_3$ 胶体，可用于净水。

常见的金属材料

合金：
- 概念：由金属与另一种（或几种）金属或非金属所组成的具有金属通性的物质。
- 特征：硬度大于其纯金属成分，熔点低于其纯金属成分。
- 常见合金：
  - 铜合金：青铜、黄铜
  - 钢：碳素钢、合金钢

纯金属

金属

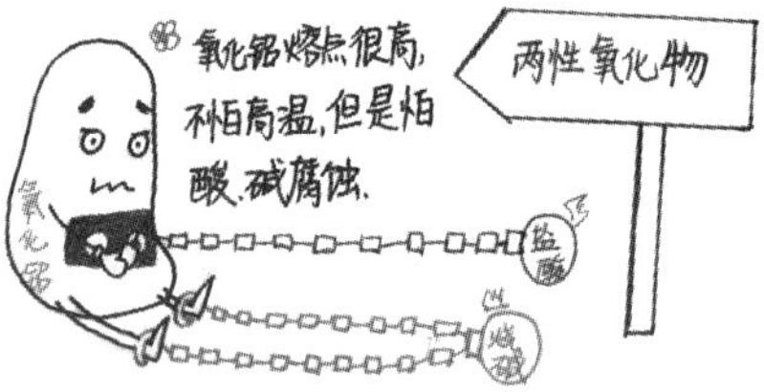

钠与水反应

	现象	原因
浮	钠浮在水面上	钠的密度比水小
熔	钠熔成光亮的小球	钠的熔点低，反应放热
游	钠球四处游动	钠与水反应产生气体，钠球受力不均匀
响	发出"嘶嘶"的响声	钠与水反应剧烈
红	滴有酚酞的溶液变红	钠与水反应生成碱性物质 NaOH

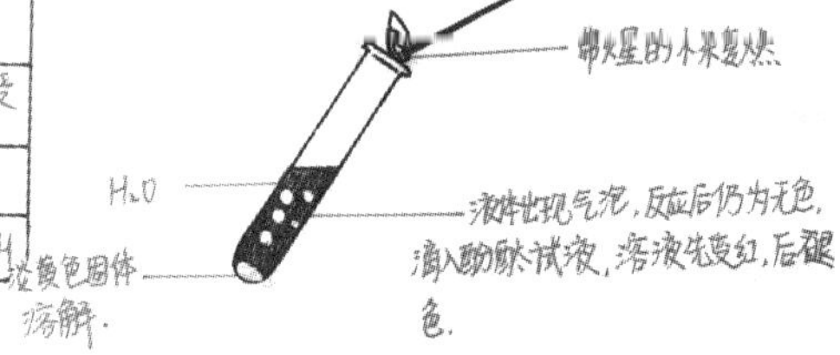

氧化铝熔点很高，不怕高温，但是怕酸、碱腐蚀。

两性氧化物

氧化铝　盐酸　烧碱

带火星的木条复燃

H_2O

淡黄色固体溶解

液体出现气泡，反应后仍为无色，滴入酚酞试液，溶液先变红，后褪色。

强碱　盐　强酸　铜盐　银盐　铝

铝是活泼金属，能与强酸、强碱和某些盐溶液发生反应，铝制品要避免与这些物质接触。

简单拧在一起的金属不是合金。

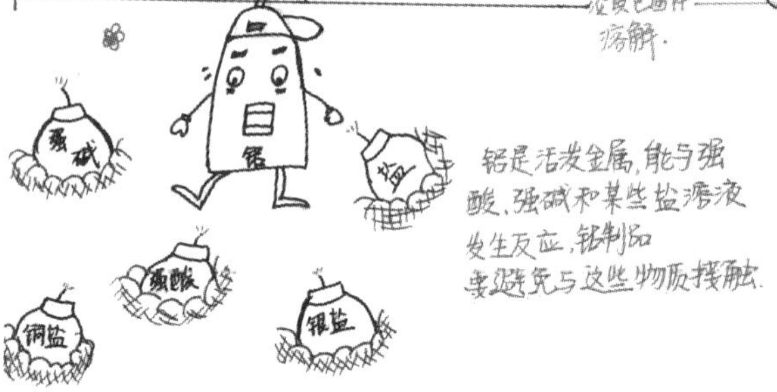

二、师生交流完善后的知识网络

1.金属及其化合物的性质

- 金属及其化合物
  - 金属单质
    - 物理通性：有金属光泽、不透明、易导热、易导电、有延展性
    - 化学性质
      - 与氧气反应
        - 钠与氧气反应：$4Na+O_2 = 2Na_2O$，$2Na+O_2 \xlongequal{\triangle} Na_2O_2$
        - 铁与氧气反应：$3Fe+2O_2 \xlongequal{点燃} Fe_3O_4$
        - 铝与氧气反应：$4Al+3O_2 = 2Al_2O_3$
      - 与水反应
        - 钠与水反应：$2Na+2H_2O = 2Na^+ +2OH^- + H_2\uparrow$
        - 铁与水反应：$3Fe+4H_2O(g) \xlongequal{\triangle} Fe_3O_4+4H_2$
      - 与酸反应：位于氢前面的金属可与酸反应放出氢气
      - 铝与碱溶液的反应：$2Al+2OH^- +2H_2O = 2AlO_2^- +3H_2\uparrow$
  - 金属化合物
    - 氧化物
      - 钠的氧化物
        - 氧化钠：Na_2O，白色固体，不稳定，能被氧化，碱性氧化物
        - 过氧化钠：Na_2O_2，淡黄色固体，较稳定，不是碱性氧化物，强氧化剂
      - 铝的氧化物：Al_2O_3，两性氧化物，白色难溶固体，熔点很高
      - 铁的氧化物
        - Fe_3O_4（磁性氧化铁）：黑色晶体
        - Fe_2O_3（铁红）：红棕色粉末
        - FeO：黑色粉末
    - 氢氧化物
      - 可溶性强碱，具有碱的通性
        - 与酸碱指示剂作用
        - 与酸性氧化物反应
        - 与酸反应
        - 与盐反应
      - 保存
        - 固体：干燥密封的广口瓶中
        - 溶液：带橡胶塞的细口瓶中
      - 氢氧化铝
        - 制备：可溶性铝盐与氨水反应：$Al^{3+}+3NH_3\cdot H_2O = Al(OH)_3\downarrow+3NH_4^+$
        - 两性氢氧化物
          - 与酸反应：$Al(OH)_3+3H^+ = Al^{3+}+3H_2O$
          - 与碱反应：$Al(OH)_3+OH^- = AlO_2^- +2H_2O$
      - 铁的氢氧化物
        - $Fe(OH)_2$：白色固体，具有较强的还原性
        - $Fe(OH)_3$：红褐色固体
    - 盐
      - 钠盐
        - Na_2CO_3（纯碱或苏打）：白色粉末
        - $NaHCO_3$（小苏打）：白色细小晶体，溶解度比 Na_2CO_3 小
      - 铝盐：$KAl(SO_4)_2\cdot 12H_2O$（明矾），无色晶体，可用于净水
      - 亚铁盐：具有较强的还原性，盐溶液保存时需要加入铁粉，防止其被氧化
      - 铁盐：具有较强的氧化性，在水溶液中水解得 $Fe(OH)_3$ 胶体，可用于净水
  - 常见的金属材料
    - 合金
      - 概念：由金属与另一种（或几种）金属或非金属所组成的具有金属通性的物质，一般由各组分熔合成均匀的液体，再经冷凝而得
      - 特征：硬度大于其纯金属成分，熔点低于其纯金属成分
      - 常见合金
        - 铜合金
          - 青铜
          - 黄铜
        - 钢
          - 碳素钢
          - 合金钢
    - 纯金属

2.钠及其化合物的相互转化

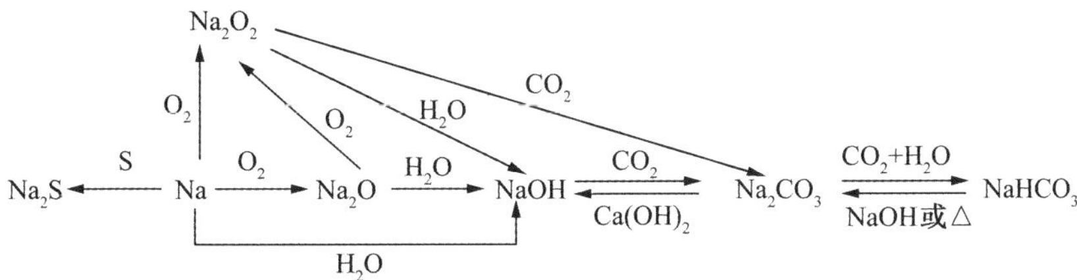

3.铝及其化合物的相互转化

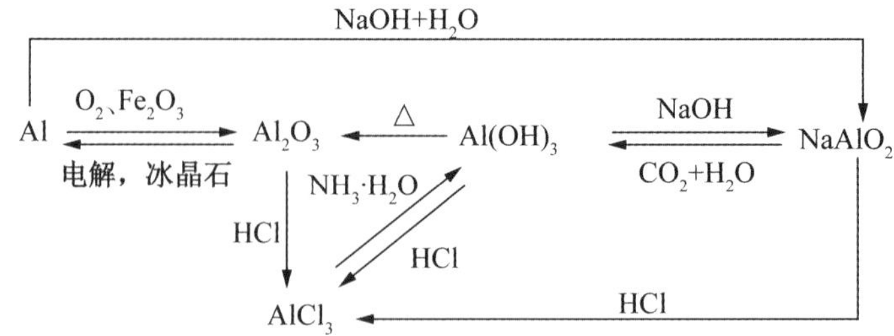

4.铁及其化合物的相互转化

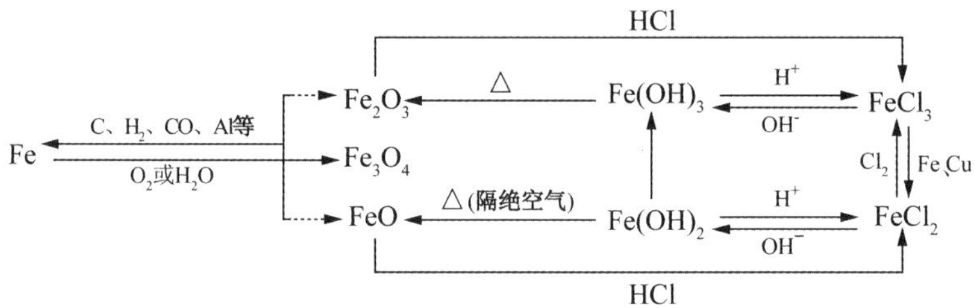

1.常见图表填一填

(1)将一定质量的 NaOH 和 Na_2CO_3 混合并配制成溶液，向溶液中滴加 0.1 mol·L^{-1}的稀盐酸。下图能正确表示加入盐酸的体积和生成 CO_2 的物质的量的关系，请回答以下问题：

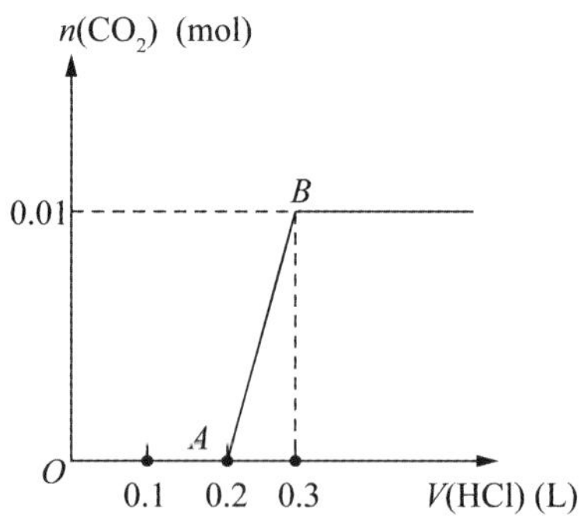

①OA 段发生的化学反应方程式为____。

②AB 段发生的化学反应方程式为________________________________

____。

（2）镁和铝分别与等浓度、等体积的过量稀硫酸反应，产生气体的体积（V）与时间（t）的关系如下图所示。

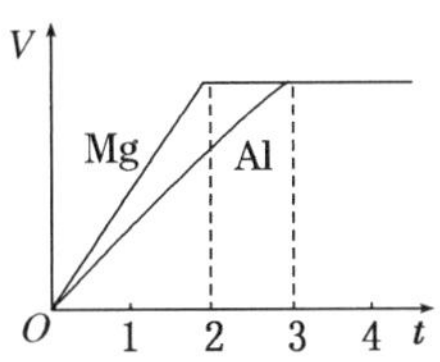

则反应中镁和铝的物质的量之比为________，质量之比为__________。

2.易错考点判一判

（1）（2012·上海高考改编）过氧化钠不会因为空气中的氧气而变质。（　　）

（2）（2012·广东高考）Na_2O_2用作呼吸面具的供氧剂不涉及氧化还原反应。（　　）

（3）（2012·北京高考）切开的金属钠暴露在空气中，光亮表面逐渐变暗的原因是 $2Na+O_2 = Na_2O_2$。（　　）

（4）氧化钠与过氧化钠都属于碱性氧化物。（　　）

（5）（2009·海南高考）除去 $NaHCO_3$溶液中混有的少量 Na_2CO_3，可采取的方法是通入二氧化碳气体。（　　）

（6）（2012·重庆高考）$NaHCO_3$的热稳定性大于 Na_2CO_3。（　　）

（7）（2014·福建高考）氢氧化铝既能与盐酸反应，又能与氢氧化钠反应。（　　）

（8）（2012·大纲全国卷）硫酸铝溶液中加入过量氨水的离子方程式：$Al^{3+}+3OH^- = Al(OH)_3\downarrow$。（　　）

（9）（2017·江苏卷）钠与水反应：$Na+2H_2O = Na^+ + 2OH^- + H_2\uparrow$。（　　）

（10）（2016·天津卷）用氢氧化钠溶液除去镁粉中的杂质铝：$2Al+2OH^-+2H_2O = 2AlO_2^- + 3H_2\uparrow$。（　　）

3.疑惑问题看一看

（1）钠能置换出 $CuSO_4$溶液中的铜吗？

（2）向滴加酚酞的水中加入过量 Na_2O_2粉末，充分振荡，有何现象？

(3)$NaHCO_3$和Na_2CO_3哪种物质更稳定？等物质的量的二者分别与足量的盐酸反应，哪种物质消耗盐酸多？等质量的二者分别与足量的盐酸反应，哪种物质生成的CO_2多？

(4)相同质量的铝与盐酸、NaOH溶液反应，消耗HCl与NaOH的物质的量相同吗？生成H_2的量相同吗？

专题一 Na_2O_2与CO_2、H_2O的反应

【典例1】 过氧化钠可作为氧气的来源。常温常压下二氧化碳和过氧化钠反应后，若固体质量增加了28 g，则反应中有关物质的物理量正确的是(N_A表示阿伏伽德罗常数)（　　）

	二氧化碳	碳酸钠	转移的电子
A	1 mol		$2N_A$
B	22.4 L	1 mol	
C		106 g	1 mol
D		106 g	$2N_A$

【专题点拨】

Na_2O_2与CO_2、H_2O发生反应：$2Na_2O_2+2CO_2 = 2Na_2CO_3+O_2$，$2Na_2O_2+2H_2O = 4NaOH+O_2\uparrow$。其中存在如下重要关系：

1.物质的量关系

无论是CO_2或H_2O的单一物质还是二者的混合物，当通过足量Na_2O_2与CO_2、H_2O反应时，参加反应的物质的量关系为2 mol CO_2($2H_2O$)～1 mol O_2～2 mol e。

2.气体体积关系

CO_2和水蒸气的混合气体或单一气体通过足量Na_2O_2时，气体的体积变为原来的1/2且等于生成O_2的体积。

3.反应先后关系

一定量的 Na_2O_2 与一定量的 CO_2 和 $H_2O(g)$ 的混合物反应，可视作 Na_2O_2 先与 CO_2 反应，待 CO_2 反应完后，再与 H_2O 发生反应。

4.固体质量关系

相当于固体(Na_2O_2)只吸收 CO_2 中的"CO"、H_2O中的"H_2"，可以看作发生如下相应的反应：$Na_2O_2+CO \xlongequal{} Na_2CO_3$，$Na_2O_2+H_2 \xlongequal{} 2NaOH$(实际上两个反应不能发生)。

【针对训练 1】 CO 和 H_2 的混合气体 3 g，和足量的 O_2 完全燃烧后，在 150 ℃时将混合气体通过足量的 Na_2O_2，则 Na_2O_2 增加的质量为　（　　）

A. 1.5 g　　B. 3 g　　C. 6 g　　D. 无法计算

专题二　Na_2CO_3、$NaHCO_3$ 的鉴别

【典例 2】 设计下列实验方案鉴别 Na_2CO_3 和 $NaHCO_3$ 两种白色粉末，不能达到预期目的的是　（　　）

A. 分别向等质量的白色粉末中加等体积、等浓度的稀盐酸，比较生成气体的快慢

B. 分别向等质量的白色粉末中加等体积适量的水，比较固体溶解量的多少

C. 分别将等质量的白色粉末配制成溶液，然后加入澄清石灰水，比较是否有沉淀生成

D. 分别将等质量的白色粉末用下图所示装置进行实验，比较澄清石灰水是否变浑浊

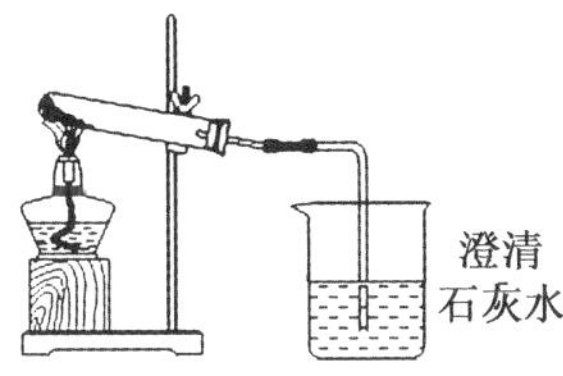

【专题点拨】

1. Na_2CO_3 与 $NaHCO_3$ 的鉴别

(1)加热法：产生使澄清石灰水变浑浊气体的是 $NaHCO_3$。

(2)沉淀法：加入 $CaCl_2$ 或 $BaCl_2$ 溶液，产生沉淀的是 Na_2CO_3。

(3)气体法：滴入盐酸后，立即产生气体的是 $NaHCO_3$。

2.与足量盐酸反应的比较

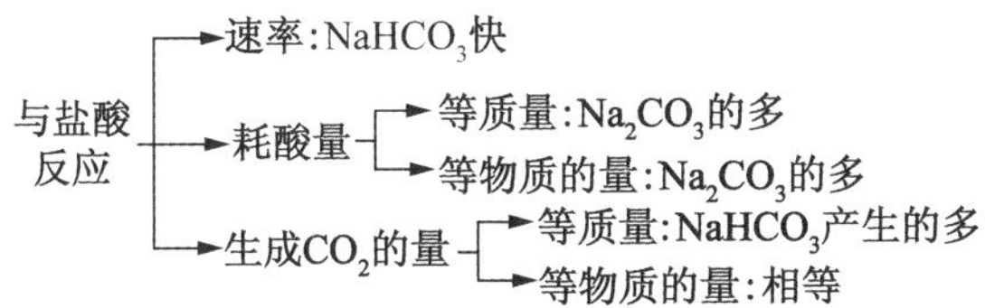

【针对训练2】 下列实验能成功的是 (　　)

①用 $BaCl_2$溶液鉴别 Na_2CO_3 和 $NaHCO_3$ 溶液

②用观察法区别 Na_2O 和 Na_2O_2

③用 $MgCl_2$溶液鉴别 Na_2CO_3溶液和 NaOH 溶液

④用稀盐酸鉴别 Na_2CO_3溶液和 $NaHCO_3$溶液

A. ①②④　　B. ①②　　C. ②③　　D. ①②③④

专题三　Na_2CO_3、$NaHCO_3$的相互转化及计算

【典例3】 （2011·北京高考）下列实验方案中，不能测定 Na_2CO_3 和 $NaHCO_3$混合物中 Na_2CO_3质量分数的是 (　　)

A. 取 a g 混合物充分加热，减重 b g

B. 取 a g 混合物与足量稀盐酸充分反应，加热、蒸干、灼烧，得 b g 固体

C. 取 a g 混合物与足量稀硫酸充分反应，逸出气体用碱石灰吸收，增重 b g

D. 取 a g 混合物与足量 $Ba(OH)_2$ 溶液充分反应，过滤、洗涤、烘干，得b g 固体

【专题点拨】

1. 相互转化关系

$$Na_2CO_3 \underset{\triangle或NaOH}{\overset{CO_2+H_2O}{\rightleftharpoons}} NaHCO_3$$

2. 差量法在 $NaHCO_3$分解计算中的应用

在化学反应中，根据质量守恒定律，反应物和生成物按一定的质量比发生反应。碳酸氢钠固体的分解反应产物中，二氧化碳是气体，水是液体。反应中固体物质反应前后的差值与反应物、生成物的质量成正比例关系。

$$2NaHCO_3 \xlongequal{\triangle} Na_2CO_3 + CO_2\uparrow + H_2O \quad \Delta m(固)$$

$$2\times84\ g \qquad 106\ g \qquad 44\ g \qquad 18\ g \quad 62\ g$$

其固体差量可用下列两种方法得出：$(2NaHCO_3 - Na_2CO_3)$或$(CO_2 + H_2O)$，即$(2\times84\ g-106\ g)$或$(44\ g+18\ g)$。

【针对训练3】 为了检验某种含有 $NaHCO_3$杂质的 Na_2CO_3样品的纯度，现将 w_1 g 样品加热，其质量变为 w_2 g，则该样品的纯度(质量分数)是 (　　)

A. $\frac{84w_2-53w_1}{31w_1}$　　B. $\frac{84w_1-w_2}{31w_1}$

C. $\frac{73w_2-42w_1}{31w_1}$　　D. $\frac{115w_2-84w_1}{31w_1}$

专题四　铝及其化合物的性质及图像

【典例4】 将一定质量的 Mg 和 Al 混合物投入 500 mL 稀硫酸中，固体全

部溶解并产生气体。待反应完全后，向所得溶液中加入 NaOH 溶液，生成沉淀的物质的量与加入 NaOH 溶液的体积关系如下图所示，则下列说法正确的是（　　）

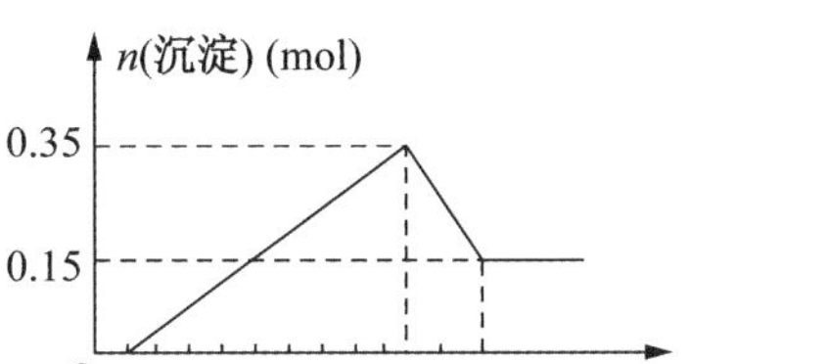

A. Mg 和 Al 的总质量为 8 g

B. 硫酸的物质的量浓度为 5 mol·L^{-1}

C. 生成的 H_2在标准状况下的体积为 11.2 L

D. NaOH 溶液的物质的量浓度为 5 mol·L^{-1}

【专题点拨】

1.“铝三角”转化关系

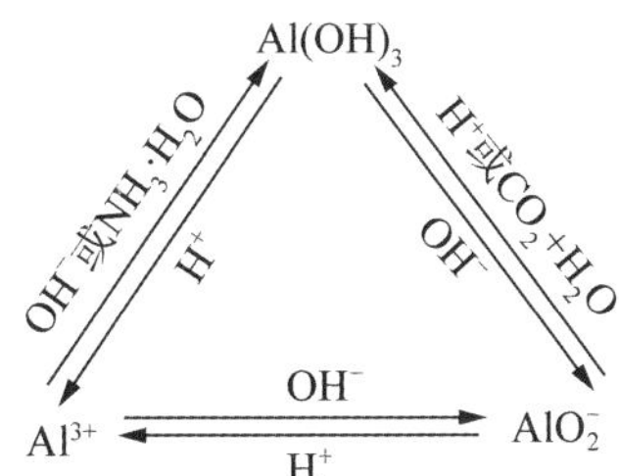

2. 铝及其重要化合物的性质

(1)铝与强碱溶液、非氧化性酸反应产生 H_2。

(2)$Al(OH)_3$具有两性，能溶于强酸和强碱溶液，但不溶于弱酸（如碳酸）和弱碱溶液（如氨水），即往 $AlCl_3$ 溶液中加入过量氨水得到的是 $Al(OH)_3$，而不是 AlO_2^-。

(3)Al^{3+}不能与 OH^- 等离子大量共存，AlO_2^- 不能与 H^+ 等离子大量共存。

(4)实验室制备 $Al(OH)_3$。用氨水与可溶性铝盐反应，离子方程式为：$Al^{3+}+3NH_3\cdot H_2O=Al(OH)_3+3NH_4^+$。

3. 有关图像

(1)强碱溶液逐滴加入铝盐（Al^{3+}）溶液中至过量。

①现象：先有白色沉淀，然后沉淀逐渐溶解。

②图像：

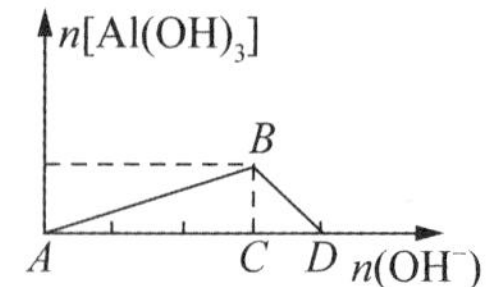

③离子方程式：

$A \rightarrow B$：$Al^{3+} + 3OH^- = Al(OH)_3 \downarrow$

$B \rightarrow D$：$Al(OH)_3 + OH^- = AlO_2^- + 2H_2O$

(2)把铝盐(Al^{3+})逐滴加入强碱溶液中至过量。

①现象：先无明显现象，然后逐渐产生大量的白色沉淀。

②图像：

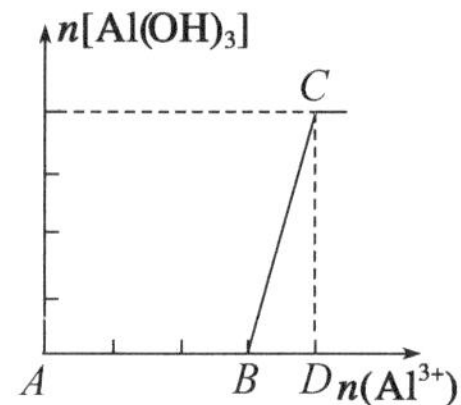

③离子方程式：

$A \rightarrow B$：$Al^{3+} + 4OH^- = AlO_2^- + 2H_2O$

$B \rightarrow C$：$Al^{3+} + 3AlO_2^- + 6H_2O = 4Al(OH)_3 \downarrow$

(3)在 $NaAlO_2$ 溶液中逐滴加入强酸溶液至过量。

①现象：先生成白色沉淀，随后沉淀逐渐溶解。

②图像：

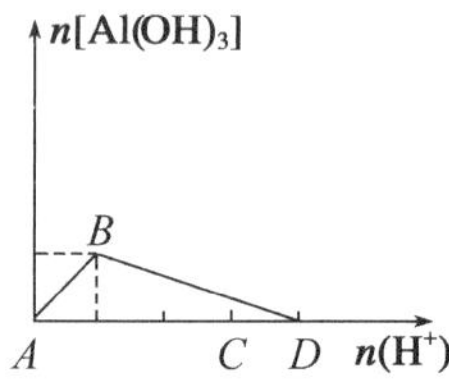

③离子方程式：

$A \rightarrow B$：$AlO_2^- + H^+ + H_2O = Al(OH)_3 \downarrow$

$B \rightarrow D$：$Al(OH)_3 + 3H^+ = Al^{3+} + 3H_2O$

(4)在强酸溶液中逐滴加入 AlO_2^- 至过量。

①现象：反应一段时间后逐渐产生白色沉淀。

②图像：

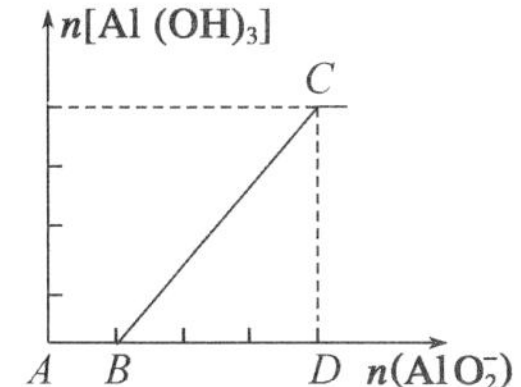

③离子方程式：

$A \to B$：$4H^{+} + AlO_2^{-} = Al^{3+} + 2H_2O$

$B \to C$：$Al^{3+} + 3AlO_2^{-} + 6H_2O = 4Al(OH)_3 \downarrow$

(5)向含 Mg^{2+} 和 Al^{3+} 的混合溶液中，滴入强碱溶液至过量。

①现象：沉淀渐多→最多→减少→不变。

②图像：

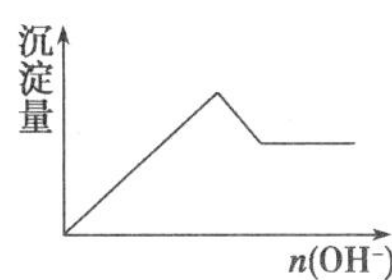

③离子方程式：

$Al^{3+} + 3OH^{-} = Al(OH)_3 \downarrow$

$Mg^{2+} + 2OH^{-} = Mg(OH)_2 \downarrow$

$Al(OH)_3 + OH^{-} = AlO_2^{-} + 2H_2O$

解答有关 $Al(OH)_3$ 的图像和计算问题时要注意，首先要看清横、纵坐标的含义，其次要对图像进行全面的分析，尤其需要关注的是特殊点(起点、折点、顶点、终点)的含义。当溶液中有多种离子时，要考虑离子之间的反应顺序，如向含有 H^{+}、Mg^{2+}、Al^{3+} 的混合溶液中逐滴加入 NaOH 溶液，NaOH 先与 H^{+} 反应，再与 Mg^{2+}、Al^{3+} 生成沉淀，最后溶解 $Al(OH)_3$ 沉淀。

【针对训练 4】 向 $AlCl_3$ 和 HCl 的混合溶液中，逐滴加入 NaOH 溶液，则消耗 NaOH 溶液体积(x 轴)和生成沉淀(y 轴)之间的函数关系可用图像来表示。下列关系图正确的是　(　　)

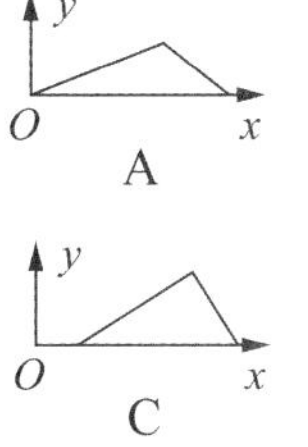

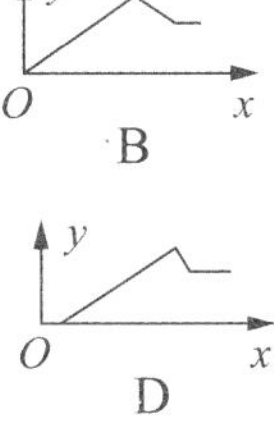

过关检测

1. 下列关于金属钠的叙述,错误的是 ( )

A. 钠的还原性很强,只能以化合态存在于自然界

B. 钠质地柔软,可用小刀切割,保存在煤油中

C. 钠着火后可用大量水或泡沫灭火器扑灭

D. 钠的焰色反应为黄色,可用作雾天指示灯

2. 除去 $NaHCO_3$ 溶液中混有的少量 Na_2CO_3,可采取的方法是 ( )

A. 通入二氧化碳气体　　B. 加入氢氧化钡溶液

C. 加入澄清石灰水　　D. 加入稀盐酸

3. 下列有关金属铝及其化合物的叙述,正确的是 ( )

A. 铝在常温下不能与氧气反应

B. 铝不能与氯气反应

C. 铝既能溶于强酸,又能溶于强碱

D. 氧化铝只能与酸反应,不能与碱反应

4. 下列各反应中,生成物不随反应条件或反应物的用量变化而变化的是 ( )

A. Na 和 O_2　　B. NaOH 和 CO_2

C. $NaHCO_3$ 和 NaOH　　D. Na_2CO_3 与 HCl

5. 将等物质的量的镁和铝均匀混合,取等质量的该混合物四份,分别加到足量的下列溶液中,充分反应后,放出氢气最多的是 ( )

A. 3 $mol \cdot L^{-1}$ 的盐酸溶液　　B. 4 $mol \cdot L^{-1}$ 的 HNO_3 溶液

C. 5 $mol \cdot L^{-1}$ 的 NaOH 溶液　　D. 18.4 $mol \cdot L^{-1}$ 的 H_2SO_4 溶液

6. 下列各项操作中,不发生"先产生沉淀,然后沉淀又溶解"现象的是 ( )

①向饱和碳酸钠溶液中通入过量的 CO_2

②向 $NaAlO_2$ 溶液中逐滴加入过量的稀盐酸

③向 $AlCl_3$ 溶液中逐滴加入过量稀氢氧化钠溶液

④向 $AlCl_3$ 溶液中逐滴加入过量的氨水

A. ①②　　B. ①③　　C. ①④　　D. ②③

7. 使 5.6 L CO_2 气体迅速通过 Na_2O_2 固体后得到 4.48 L(标准状况下)气体,这 4.48 L 气体的质量是 ( )

A. 6.4 g　　B. 8.2 g　　C. 6.2 g　　D. 8.8 g

8. 用含少量镁粉的铝粉制取纯净的氢氧化铝,下述操作步骤中最恰当的组合是 ( )

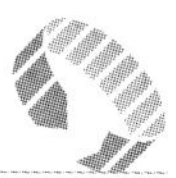

①加盐酸溶解　②加烧碱溶液溶解　③过滤　④通入过量 CO_2 生成 $Al(OH)_3$ 沉淀　⑤加入盐酸生成 $Al(OH)_3$ 沉淀　⑥加入过量烧碱溶液

A. ①⑥⑤③　　B. ②③④③　　C. ②③⑤③　　D. ①③⑤③

9. 金属钠与水的反应是中学化学中的一个重要反应。如图甲、乙所示方法，分别用来完成下列实验。

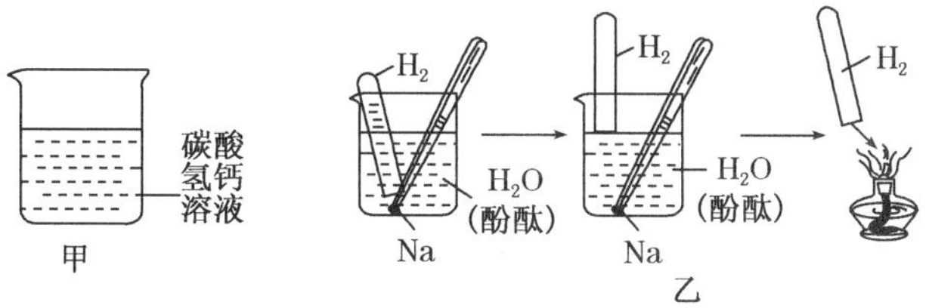

碳酸氢钙溶液
甲
H_2　H_2O（酚酞）　Na　H_2　H_2O（酚酞）　Na　H_2
乙

(1)现按图甲所示的方法，在室温时，向盛有 $Ca(HCO_3)_2$ 溶液的烧杯中加入一块金属钠。

下列现象描述正确的是________（填字母）。

A. 钠浮在液面上，并四处游动，最后消失

B. 钠熔化成一个光亮的小球

C. 反应开始后，溶液由无色变红色

D. 恢复至室温时，烧杯底部有固体物质析出

(2)请补充并完成甲实验中"从试剂瓶中取出钠→向烧杯中投入钠"的有关操作：用镊子从试剂瓶中取出一小块钠→________________________→用镊子夹取切好的金属钠投入盛有 $Ca(HCO_3)_2$ 溶液的烧杯中。

(3)某学生用镊子夹住一块钠，按图乙所示方法来收集产生的气体，但钠很快脱落，实验没有成功。正确的操作应为________________________。

10. 某铝合金（硬铝）中含有镁、铜、硅，为了测定该合金中铝的含量，有人设计了如下实验：

(1)取样品 a g，称取时使用的仪器名称为________。

(2)将样品溶于足量稀盐酸中（已知硅不与盐酸反应），过滤，滤液中主要含有________，滤渣中含有________，在溶解过滤时使用的主要仪器有________________。

(3)往滤液中加入过量 NaOH 溶液，过滤。写出该步操作中有关的化学方程式：________________________。

(4)在第(3)步的滤液中通入足量 CO_2，过滤，将沉淀用蒸馏水洗涤数次后，烘干并灼烧至质量不再减少为止，冷却后称量，质量为 b g。有关反应的化学方程式为________________________。

(5)计算该样品中铝的质量分数的表达式为________________。

第四节　非金属及其化合物单元复习案例

复习目标

1. 学习氯、氮、硫、硅等非金属单质及其化合物的主要性质和用途。

2. 通过非金属知识的学习线索和多种活动，掌握学习物质及其化学性质的一般方法，提高自主学习的能力。

知识网络

一、学生自主构建的思维导图

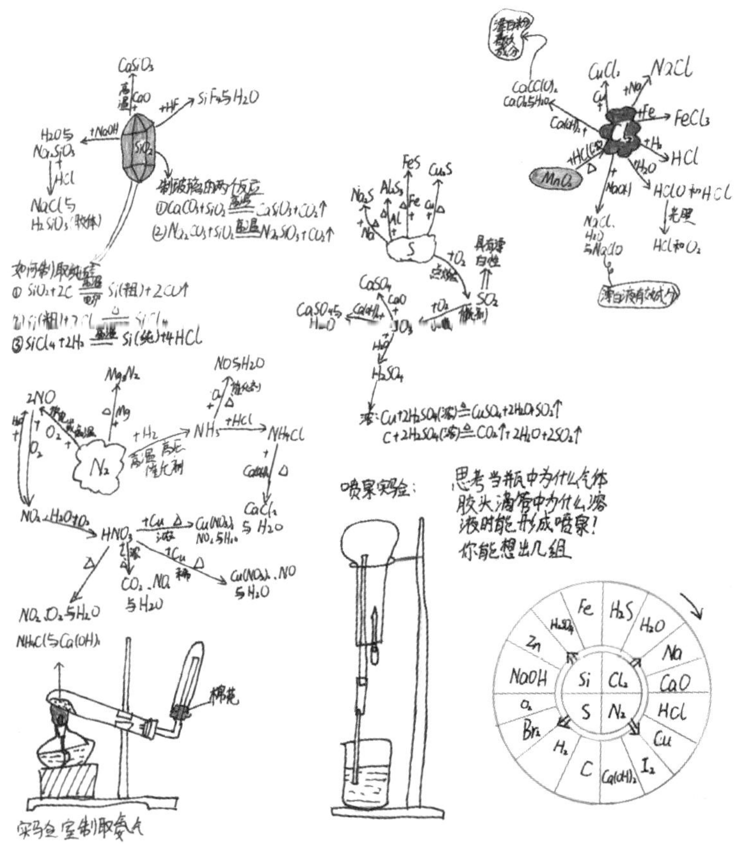

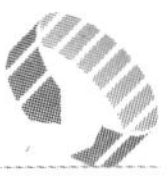

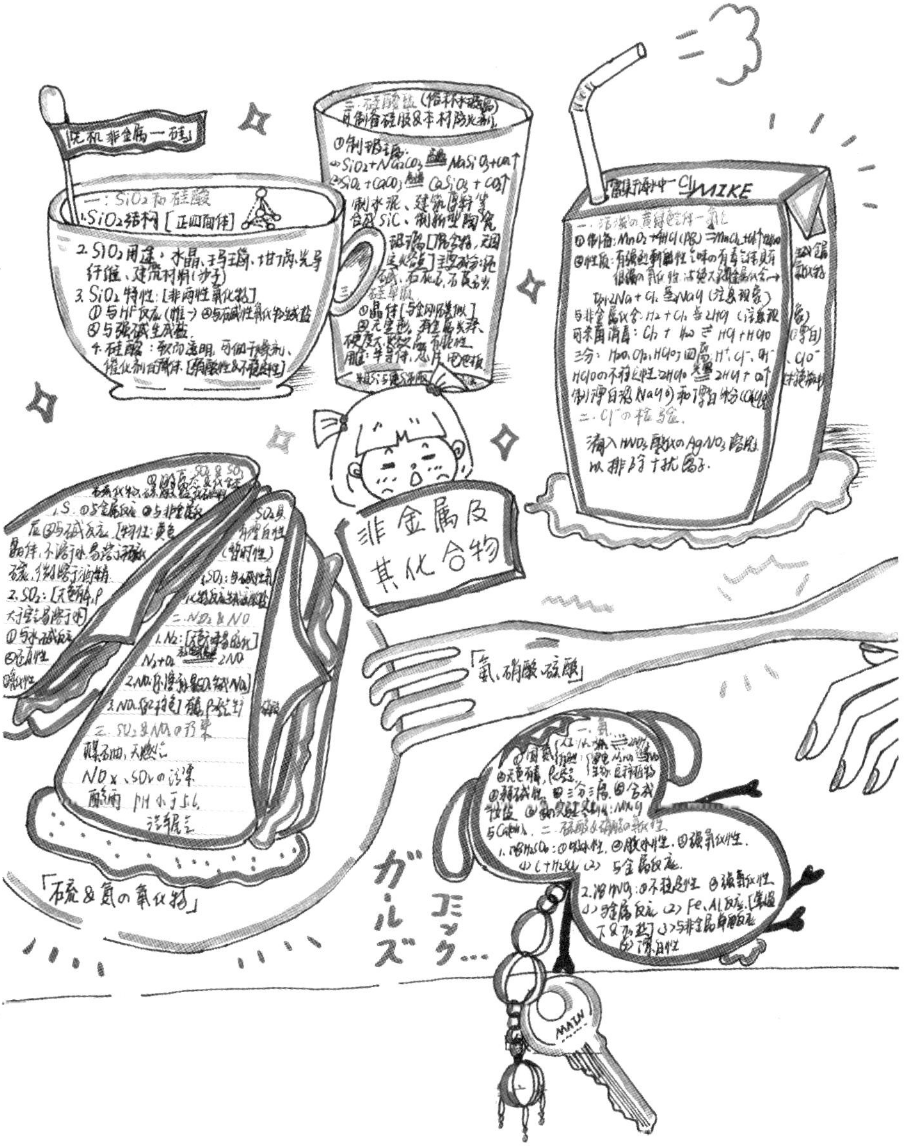

无机非金属——硅

非金属及其化合物

「硫&氮の氧化物」

「氨、硝酸、硫酸」

二、师生交流完善后的知识网络

1.非金属及其化合物的性质

- 非金属及其化合物
  - 硅及其化合物
    - 硅
      - 存在:化合态
      - 性质:亲氧性和亲氟性,导电性介于导体和绝缘体之间,高温下能与 O_2、Cl_2 反应
      - 用途:用作半导体材料和光电池材料,制作合金,如变压器的铁芯
    - 二氧化硅
      - 结构:硅原子和氧原子形成四面体,向空间发展成网状结构
      - 物理性质:熔点高,硬度大,难溶于水和其他溶剂
      - 化学性质:常温稳定,能与 NaOH、HF 反应,高温下与 C 反应制粗硅
      - 用途:光导纤维、建筑材料、装饰品,工业上冶炼硅
    - 硅酸
      - 弱酸:酸性比碳酸弱
      - 制备:利用强酸制弱酸的原理,用可溶性的硅酸盐和较强的酸制取
      - 用途:制作干燥剂
    - 硅酸盐
      - 组成:由硅、氧和金属组成的化合物,可用氧化物形式表示,但不是氧化物
      - 硅酸盐工业:玻璃、陶瓷、水泥
  - 氯气
    - 物理性质:黄绿色、有强烈刺激性气味的有毒气体,密度比空气大,易液化,能溶于水
    - 化学性质
      - 与金属反应:如与 Fe、Cu 变价金属反应生成高价态的氯化物
      - 与非金属反应:如与 H_2 反应生成 HCl
      - 与水反应制得氯水
      - 与碱反应:制漂白液和漂白粉
    - 实验室制法
      - 原理:$4HCl(浓)+MnO_2 \overset{\triangle}{=\!=\!=} MnCl_2+Cl_2\uparrow+2H_2O$
      - 装置:固、液加热制气体
      - 收集:排空气法或排饱和食盐水法
      - 尾气处理:多余的气体用碱液吸收
    - 氯离子检验:加入硝酸酸化的硝酸银溶液出现白色沉淀
  - 硫及其化合物
    - 硫:淡黄色固体,不溶于水,微溶于酒精,易溶于 CS_2,是弱的氧化剂
    - 二氧化硫
      - 物理性质:无色、有刺激性气味的有毒气体,密度比空气大,易液化,易溶于水
      - 化学性质:酸性氧化物的通性、较弱的氧化性、较强的还原性、漂白性
    - 三氧化硫:标准状况下是固体,具有酸性氧化物的通性
    - 硫酸
      - 稀硫酸:具有酸的通性
      - 浓硫酸
        - 物理性质:无色黏稠的油状液体,难挥发,可与水互溶,98%的浓硫酸密度为 $1.84\ g\cdot cm^{-3}$
        - 特性:吸水性、脱水性、强氧化性
  - 氮的化合物
    - 氨
      - 物理性质:极易溶于水且溶解得快(喷泉实验),有刺激性气味的气体,易液化(作制冷剂)
      - 化学性质:与水反应,与酸反应,催化氧化反应
      - 实验室制法
        - 原理:$2NH_4Cl+Ca(OH)_2 \overset{\triangle}{=\!=\!=} CaCl_2+2H_2O+2NH_3\uparrow$
        - 实验室制法:固体和固体加热制气体
        - 干燥和收集:碱石灰,向下排空气法
        - 尾气处理:防倒吸
    - 铵盐:受热易分解,与碱反应时放出氨气
    - 氮的氧化物:NO 是无色、不溶于水的气体;NO_2 是红棕色、有刺激性气味的有毒气体
    - 硝酸
      - 物理性质:纯净的硝酸是无色、易挥发、有刺激性气味的液体,与水互溶
      - 化学性质:不稳定性、强酸性和强氧化性
      - 用途:制炸药、染料、塑料的原料

2.硅及其化合物之间的转化关系

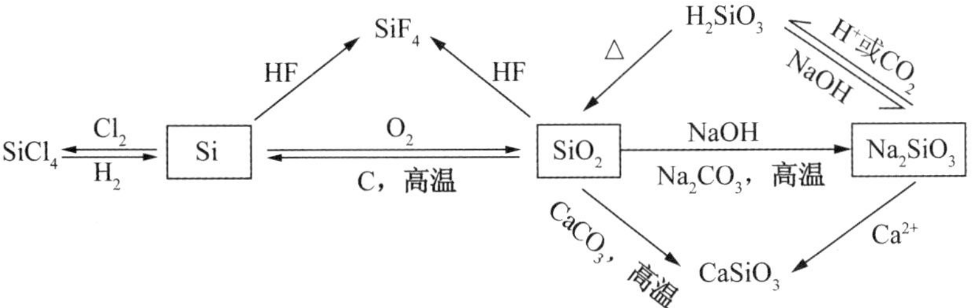

3.氯及其化合物之间的转化关系

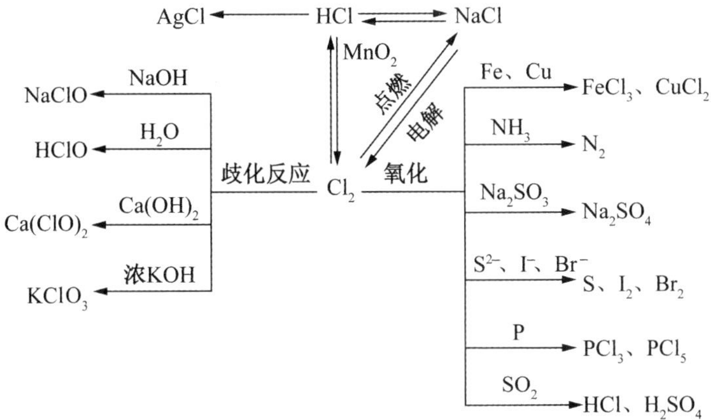

4.硫及其化合物之间的转化关系

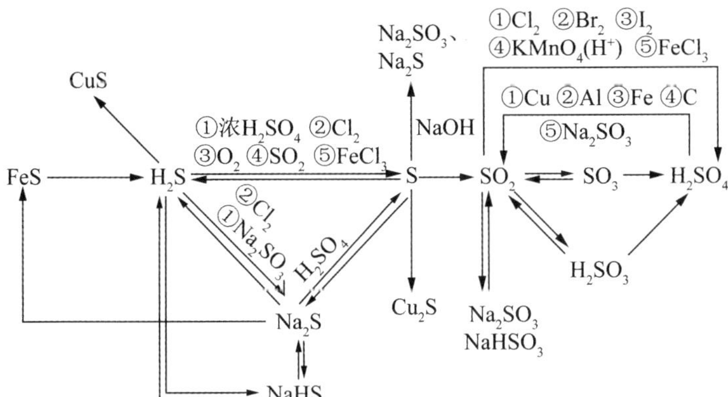

5.氮及其化合物之间的转化关系

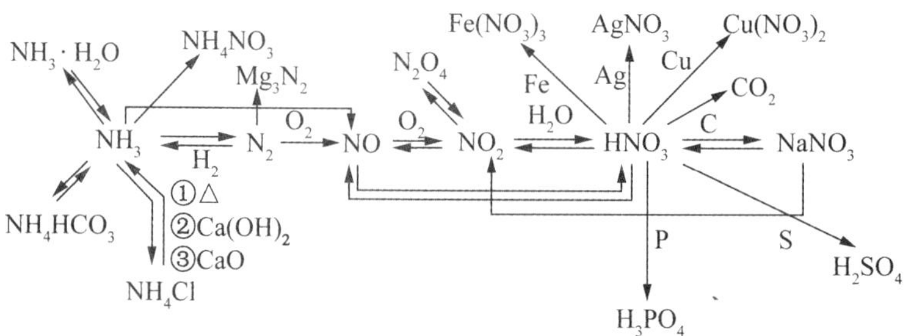

1.常用知识填一填

(1)碳、硅单质的比较。

	碳	硅
存在形态	______和______	____________
物理性质	金刚石:熔点____、硬度____ 石墨:硬度____、电的良导体	灰黑色固体,有金属光泽,熔点____,硬度____,有脆性
用途	金刚石用作切割刀具,石墨用作电极、铅笔芯	半导体材料、太阳能电池和合金材料

(2)硅酸的溶解度很小,酸性比碳酸________。具有不稳定性:__________。硅胶可用作________的载体和袋装食品、瓶装药品等的干燥剂。

(3)硅酸钠是白色、可溶于水的粉末状固体,其水溶液俗称______,有黏性,水溶液显碱性。它能与酸性较硅酸强的酸反应,与 CO_2 水溶液反应的化学方程式为____________________________________。

(4)氯气与 H_2 反应,点燃时产生________火焰,化学方程式为__________________;溶于水的氯气部分与水反应,离子方程式为________________;氯气通入 NaOH 溶液中反应的离子方程式为________________。

(5)漂白粉的主要成分是__________,其中有效成分是__________,其漂白原理用化学方程式可表示为______________________________。

(6)二氧化硫是无色、有__________气味、______毒、密度比空气______、______溶于水的气体。具有酸性氧化物的性质,与少量 NaOH 溶液反应,化学方程式为________________________。与足量 NaOH 溶液反应,化学方程式为

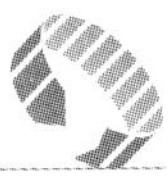

______________;具有还原性,能被 Cl_2、Br_2、I_2、H_2O_2、$KMnO_4$ 等氧化剂氧化;具有氧化性,与 H_2S 反应,化学方程式为______________;具有漂白性,使品红溶液______(原理:SO_2+有色物质⟶无色物质+SO_2)。

2.易错考点判一判

(1)(2012·新课标全国卷)单质硅是将太阳能转变为电能的常用材料。 (　　)

(2)(2012·山东高考)盛放 NaOH 溶液时,使用带玻璃塞的磨口瓶。 (　　)

(3)(2010·江苏高考)水玻璃可用于生产黏合剂和防火剂。 (　　)

(4)(2013·广东理综)高温下用焦炭还原 SiO_2 制取粗硅。 (　　)

(5)(2012·广东理综)SiO_2 有导电性,所以 SiO_2 可用于制备光导纤维。 (　　)

(6)(2012·海南高考)硅酸钠溶液应保存在带玻璃塞的试剂瓶中。 (　　)

(7)(2010·福建高考)$Si \rightarrow SiO_2 \rightarrow H_2SiO_3$ 均能一步转化。 (　　)

(8)(2010·山东高考)SiO_2 是酸性氧化物,能与 NaOH 溶液反应。 (　　)

(9)(2011·江苏高考)SiO_2 不与任何酸反应,可用石英制造耐酸容器。 (　　)

(10)(2012·北京理综)下图所示装置中,①中盛有湿润的红色纸条,②中盛有饱和氯水。①中红色纸条褪色。 (　　)

(11)(2012·北京理综)下图所示装置中,①中盛有酚酞试液,②中盛有浓盐酸。①中无明显变化。 (　　)

(12)(2013·四川理综)次氯酸钠溶液可用于环境的消毒杀菌。 (　　)

(13)(2011·安徽理综)根据较强酸可以制取较弱酸的规律,推出 CO_2 通入 NaClO 溶液中能生成 HClO。 (　　)

(14)(2017·江苏卷)SiO_2 硬度大,可用于制造光导纤维。 (　　)

(15)(2016·全国卷Ⅲ)HF 与 SiO_2 反应,氢氟酸在玻璃器皿上刻蚀标记。 (　　)

(16)(2016·全国卷Ⅲ)浓盐酸与 MnO_2 反应得到的气体产物,先通过浓硫酸,后通过饱和食盐水,制备纯净 Cl_2。 ( )

3.疑惑问题看一看

(1)实验室利用 $4HCl(浓)+MnO_2 \overset{\triangle}{=\!=\!=} MnCl_2+Cl_2\uparrow+2H_2O$ 制备 Cl_2。①含有 4 mol HCl 的浓盐酸与足量 MnO_2 反应。②足量的浓盐酸与 1 mol MnO_2 反应。两者产生的 Cl_2 一样多吗?为什么?

(2)漂白粉、漂粉精为什么要密封包装,避光、隔潮存放?

专题一 硅及其化合物

【典例 1】 下列有关硅及其化合物的说法,正确的是 ( )

A. 晶体硅具有金属光泽,可以导电,属于金属材料

B. 常温下,硅的化学性质稳定,所以自然界中的硅大部分以游离态存在

C. SiO_2 是一种酸性氧化物,能够与水反应生成相应的酸

D. 除去 SiO_2 中混有的 $CaCO_3$ 可加入适量的稀盐酸

【针对训练 1】 如何除去下列各粉末状混合物中的杂质(括号内物质为杂质)?请按下面提供的试剂和操作,将序号填在下表内。

试剂:A. 盐酸 B. 烧碱溶液 C. 氧气 D. 水 E. 二氧化碳 F. 不需要其他试剂

操作:①加热燃烧 ②加热熔融 ③高温灼烧 ④过滤 ⑤蒸馏 ⑥结晶

混合物	试 剂	操 作
(1) $SiO_2(CaCO_3)$		
(2) $SiO_2(Si)$		
(3) $NaCl(SiO_2)$		
(4) $SiO_2(H_2SiO_3)$		
(5) $Fe_2O_3(SiO_2)$		

专题二　氯气的性质与实验室制法

【典例 2】 某校化学实验兴趣小组为了证明在实验室制备 Cl_2 的过程中有水蒸气和 HCl 挥发出来,同时证明氯气的某些性质,甲同学设计了如下图所示的实验装置(支撑用的铁架台省略)。请据图完成下列问题。

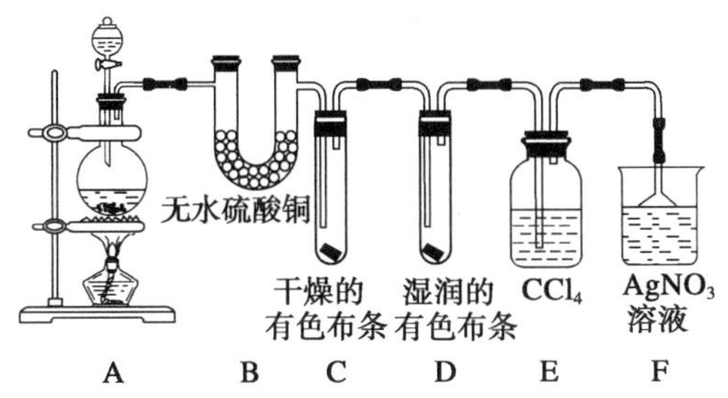

(1)装置 B 的作用为________________________;
装置 E 的作用为________________________。

(2)装置 C 的作用为________________________;
装置 D 的作用为________________________。

(3)装置 F 中 $AgNO_3$ 溶液的作用是____________________;
倒置漏斗的作用是________________________。

(4)乙同学认为甲同学的实验有缺陷,不能确保最终通入 $AgNO_3$ 溶液中的气体只有一种。为了确保实验结论的可靠性,证明最终通入 $AgNO_3$ 溶液的气体只有一种,乙同学提出在某两个装置之间加一个装置。你认为该装置应加在________与________之间(填装置各部分字母),装置中应放入____________。

【专题点拨】 规范书写装置中试剂的作用

装置中试剂的用途一般包括直接作用和根本目的两部分内容,根据各部分装置的用途不同,可采用下列模板回答:

发生装置:生成……　产生……　制取……

除杂装置:除去(吸收)……　防止……干扰(影响),除去……中的杂质,以免影响测量结果

性质实验装置:与……反应⇒验证……　说明……　比较……⇒检验……

收集装置:尾气吸收装置⇒吸收……　防止……的污染(影响)

【针对训练 2】 (2012·山东高考)无水 $AlCl_3$(183 ℃升华)遇潮湿空气即产生大量白雾,实验室可用下列装置制备。

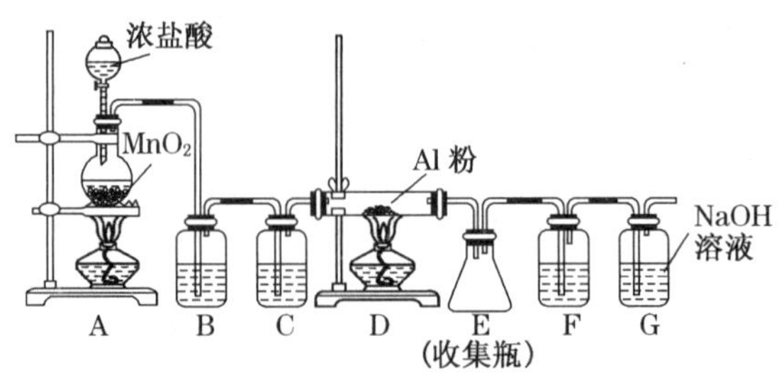

装置 B 中盛放饱和 NaCl 溶液，该装置的主要作用是____________________，F 中试剂的作用是____________________。若用一件仪器装填适当试剂后也可起到 F 和 G 的作用，则所装填的试剂为____________。

专题三　氯水的成分和性质

【典例 3】 某学习小组设计以下 5 个实验探究氯水的成分，请根据下表回答问题：

实验序号	实验方法	实验现象	结　论
①	将氯水滴入 $AgNO_3$ 溶液中	生成白色沉淀	
②	将氯水滴入含有酚酞试液的 NaOH 溶液中		
③		KI 淀粉试纸变蓝色	氯水中含有 Cl_2
④	将足量的氯水滴入 Na_2CO_3 溶液中		氯水中含有 H^+
⑤	将 SO_2 气体通入氯水中	浅黄绿色逐渐消失	

(1)实验①得出的结论是______________________________。

(2)指出实验②和实验④中的“实验现象”：

②______________________________。

④______________________________。

(3)实验③中“实验方法”的具体操作过程是______________________________。

(4)实验⑤中的结论是____________________，对应的化学反应方程式为______________________________。

【专题点拨】 氯水的多重性质

氯水的各种成分决定了它具有多重性质：

(1) Cl_2 的氧化性：与还原性物质反应，如：

$2FeCl_2+Cl_2 \xlongequal{} 2FeCl_3$（除去 $FeCl_3$ 溶液中的 $FeCl_2$）

$SO_2+Cl_2+2H_2O \xlongequal{} 2HCl+H_2SO_4$（$SO_2$ 和 Cl_2 1∶1 混合后通入水中不再具有漂白性）

$Na_2SO_3+Cl_2+H_2O \xlongequal{} 2HCl+Na_2SO_4$（除去水中多余的氯气）

(2) 盐酸酸性和 Cl^- 的性质：向 $NaHCO_3$ 溶液中加入氯水，有气泡产生就是利用了盐酸的酸性。加入 $AgNO_3$ 溶液可以检验出氯水中的 Cl^-，现象是有白色沉淀生成。

(3) HClO 的氧化性：在解释漂白性、杀菌消毒时，使用的是 HClO 的强氧化性。向氯水中滴加紫色石蕊试液，先变红（H^+ 作用的结果），后褪色（HClO 作用的结果）。

【针对训练 3】 如下图所示，A 处通入干燥 Cl_2。关闭 B 阀时，C 处的红色布条看不到明显现象；打开 B 阀后，C 处的红色布条逐渐褪色。则 D 瓶中装的是（　　）

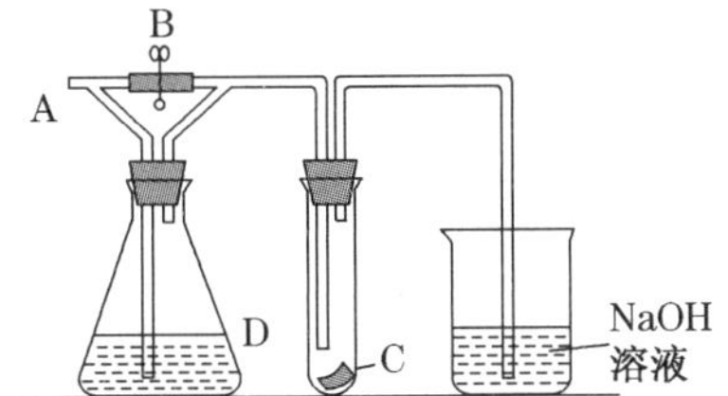

A. 浓硫酸　　B. NaOH 溶液　　C. 浓盐酸　　D. 饱和 NaCl 溶液

专题四　常用于漂白的物质比较

【典例 4】 下列说法正确的是（　　）

A. 因为 SO_2 具有漂白性，所以它能使品红溶液、溴水、酸性 $KMnO_4$ 溶液、石蕊试液褪色

B. 能使品红溶液褪色的物质不一定是 SO_2

C. SO_2、漂白粉、活性炭、Na_2O_2 都能使红墨水褪色，且原理相同

D. 等物质的量的 SO_2 和 Cl_2 混合后通入装有湿润的有色布条的集气瓶中，漂白效果更好

【专题点拨】

用于漂白的物质	实际参与漂白的物质	漂白原理	变化类别	漂白特点	能漂白的物质
活性炭	活性炭	吸附漂白	物理变化	物理漂白不可逆	一般用于溶液漂白
氯气	次氯酸	利用次氯酸的强氧化性进行漂白	化学变化	氧化还原漂白，不可逆	可以漂白所有有机色质
次氯酸					
次氯酸盐					
过氧化钠	过氧化氢	过氧化氢的强氧化性	化学变化	氧化还原漂白,不可逆	可以漂白所有有机色质
过氧化氢					
二氧化硫	二氧化硫	二氧化硫与有色物质化合生成不稳定的无色物质	化学变化	非氧化还原漂白，可逆	具有选择性，如品红、棉、麻、草等

【针对训练 4】

(1)把 SO_2 气体通入品红溶液中,现象为________________,加热溶液煮沸后,现象为____________;若把 Cl_2 通入品红溶液中,现象为__________,加热溶液煮沸后,现象为____________。

(2)将 Cl_2 通入紫色石蕊试液中,现象为____________;将 SO_2 通入紫色石蕊试液中,现象为____________。

(3)将 SO_2 通入含 NaOH 的酚酞试液中,现象为____________,原因是____________________。

专题五　常见离子的检验

【典例 5】 有 M、N 两种溶液,经测定两溶液中含有下列 12 种离子:Al^{3+}、Cl^-、Na^+、K^+、NO_3^-、OH^-、Fe^{2+}、AlO_2^-、CO_3^{2-}、NH_4^+、SO_4^{2-}、H^+。

(1)补充完整下列表格。

实验内容以及现象	结　论
①取少量 N 溶液,滴加足量的硝酸钡溶液,无沉淀产生	
②	确定 M 溶液中含有 Na^+,不含 K^+
③用 pH 试纸检测 M 溶液,M 溶液显碱性	M 溶液中含有 OH^-

(2)根据(1)中的实验回答：

NO_3^- 存在于__________溶液中，理由是____。

(3)Cl^-存在于__________溶液中，理由是____。

(4)根据(1)中的实验确定，M 溶液中含有的离子为____________________。

【专题点拨】 离子检验实验操作的答题模板

操作⇒现象⇒结论

取样，加入……⇒有……生成⇒……的是……

例如：检验某溶液中含有 Fe^{2+} 而不含有 Fe^{3+} 的方法是取适量溶液于洁净的试管中，滴加几滴 KSCN 溶液，不显血红色，再向溶液中滴加几滴H_2O_2(或新制氯水)，溶液变为血红色，说明溶液中含有 Fe^{2+} 而不含有 Fe^{3+}。

【针对训练 5】 关于某无色溶液中所含离子的鉴别，下列判断正确的是　　(　　)

A. 加入 $AgNO_3$溶液，生成白色沉淀，加稀盐酸沉淀不溶解时，可确定有 Cl^- 存在

B. 通入 Cl_2后，溶液变为深黄色，加入淀粉溶液后溶液变蓝，可确定有 I^- 存在

C. 加入 $Ba(NO_3)_2$溶液，生成白色沉淀，加稀盐酸后沉淀不溶解时，可确定有 SO_4^{2-}存在

D. 加入稀盐酸，生成的气体能使澄清石灰水变浑浊，可确定有 CO_3^{2-}存在

规律总结：

(1)Cl^-检验：取待测液少许于试管中，加入硝酸酸化的硝酸银溶液，有白色沉淀产生，说明原试样中含有 Cl^-。注意：根据 Cl^- 与 Ag^+ 反应生成不溶于酸的 AgCl 沉淀来检验 Cl^-存在，加酸是防止 CO_3^{2-} 等离子的干扰。

(2)SO_4^{2-} 检验：取待测液少许于试管中，加入足量的稀盐酸，无明显现象，再加入氯化钡溶液，有白色沉淀产生，说明原试样中含有 SO_4^{2-}。注意：SO_4^{2-} 检验一定要防止 SO_3^{2-}、Ag^+ 的干扰，所用试剂不能是硝酸和硝酸钡。

(3)NH_4^+ 检验：取待测液少许于试管中，加入浓氢氧化钠溶液，加热，产生能够使湿润的红色石蕊试纸变蓝的气体，说明原试样中含有 NH_4^+。

(4)SO_3^{2-} 检验：取待测液少许于试管中，加入氯化钡溶液，有白色沉淀产生，再继续加入盐酸，有刺激性气味的气体产生，该气体能使品红溶液褪色，说明原试样中含有 SO_3^{2-}。注意：防止 CO_3^{2-}、HSO_3^- 的干扰。

过关检测

1. 2016 年 6 月 20 日，德国法兰克福国际超级计算机大会(ISC)公布了新一期世界计算机 500 强榜单，我国的超级计算机"神威·太湖之光"击败霸占榜首 3 年的我国"天河 2 号"登顶。"神威·太湖之光"运算速度达到每秒 93 千万亿次浮点运算。最受关注的是，"神威·太湖之光"实现了核心处理器(芯片为国产 SW26010)的全国产化。制作计算机芯片的主要材料是硅，下列有关硅及其化合物的说法正确的是 ( )

A. 水晶项链是硅酸盐制品　　B. 硅单质广泛用于光纤通信

C. 利用盐酸刻蚀石英制作艺术品　　D. 硅酸钠可用于制备木材防火剂

2. 下列关于氯气的叙述中，错误的是 ( )

A. 氯气是一种黄绿色、有刺激性气味的气体

B. 氯气、液氯、氯水是同一种物质

C. 氯气能溶于水

D. 氯气是一种有毒的气体

3. 下列离子方程式的书写，正确的是 ( )

A. 水玻璃中通入过量的二氧化碳：$Na_2SiO_3 + CO_2 + H_2O \xlongequal{} 2Na^+ + CO_3^{2-} + H_2SiO_3\downarrow$

B. 澄清石灰水中通入过量的二氧化碳：$Ca(OH)_2 + 2CO_2 \xlongequal{} Ca^{2+} + 2HCO_3^-$

C. 二氧化硅溶于氢氟酸溶液中：$SiO_2 + 4H^+ + 4F^- \xlongequal{} SiF_4\uparrow + 2H_2O$

D. 二氧化硅溶于烧碱溶液中：$SiO_2 + 2OH^- \xlongequal{} SiO_3^{2-} + H_2O$

4. 下列有关硅的叙述，正确的是 ( )

A. 工业上通常以 SiO_2 为原料，用氧化剂与其反应制备单质硅

B. 硅是构成矿物和岩石的主要元素，在地壳中的含量在所有元素中居第一位

C. 硅的化学性质不活泼，在自然界中以游离态存在

D. 硅在电子工业中是重要的半导体材料

5. 在探究新制饱和氯水成分的实验中，下列根据实验现象得出的结论，错误的是 ( )

A. 氯水的颜色呈浅黄绿色，说明氯水中含有 Cl_2

B. 向氯水中滴加硝酸酸化的 $AgNO_3$ 溶液，产生白色沉淀，说明氯水中含

有 Cl^-

C. 向氯水中加入 $NaHCO_3$ 粉末，有气泡产生，说明氯水中含有 H^+

D. 向 $FeCl_2$ 溶液中滴加氯水，溶液颜色变成棕黄色，说明氯水中含有 HClO

6.（2017·全国卷）下列除杂方案错误的是　　(　　)

选项	被提纯的物质	杂　质	除杂试剂	除杂方法
A	$CO(g)$	$CO_2(g)$	NaOH 溶液、浓硫酸	洗气
B	$NH_4Cl(aq)$	$Fe^{3+}(aq)$	NaOH 溶液	过滤
C	$Cl_2(g)$	$HCl(g)$	饱和食盐水、浓硫酸	洗气
D	$Na_2CO_3(s)$	$NaHCO_3(s)$	—	灼烧

7. 将 0.2 mol MnO_2 与 50 mL 12 mol·L^{-1} 的盐酸混合后加热，反应完全后，向剩余的溶液中加入足量 $AgNO_3$ 溶液，生成 AgCl 沉淀的物质的量(不考虑盐酸的挥发)　　(　　)

A. 等于 0.3 mol　　B. 小于 0.3 mol

C. 大于 0.3 mol，小于 0.6 mol　　D. 等于 0.6 mol

8.（双选）由一种阳离子与两种酸根离子组成的盐称为"混盐"。混盐 $CaOCl_2$ 在酸性溶液中可以产生 Cl_2。下列关于混盐 $CaOCl_2$ 的有关判断，正确的是(N_A 为阿伏伽德罗常数)　　(　　)

A. 该混盐在酸性溶液中产生 1 mol Cl_2 时转移的电子数为 $2N_A$

B. 该混盐具有与漂白粉相似的化学性质

C. 该混盐中氯元素的化合价为+1 价和-1 价

D. 该混盐具有较强的还原性

9. 在实验室中用二氧化锰跟浓盐酸反应制备干燥、纯净的氯气。进行此实验所用的仪器如下图所示。

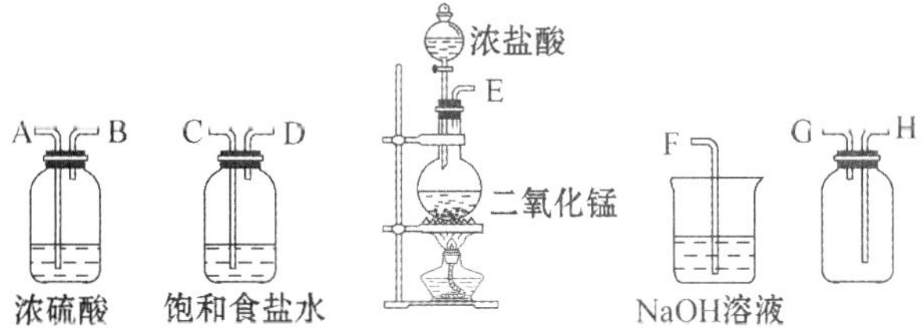

(1) 连接上述仪器的正确顺序(填各接口处的字母)：________接________；________接________；________接________；________接________。

(2) 装置中，饱和食盐水的作用是________________________；

NaOH 溶液的作用是____________________________________。

(3)化学实验中常用湿润的淀粉 KI 试纸检验是否有 Cl_2 产生。如果有 Cl_2 产生,可观察到____________________________________,反应的化学方程式为____________________________________。

(4)写出下列化学反应的方程式:

①气体发生装置中进行的反应:____________________________。

②NaOH 溶液中发生的反应:____________________________。

(5)$KMnO_4$ 的氧化性比 MnO_2 强得多,实验室也可以用 $KMnO_4$ 固体和浓盐酸反应制取氯气,反应方程式为 $2KMnO_4+16HCl$(浓)$\xlongequal{}2KCl+2MnCl_2+5Cl_2\uparrow+8H_2O$。

①请用双线桥法标出电子转移的方向和数目____________________。

②该反应中被氧化和未被氧化的 HCl 的物质的量之比是________。如果将20 mL 12 $mol\cdot L^{-1}$ 的浓盐酸与足量 $KMnO_4$ 充分反应,实际能收集到的氯气在标准状况下的体积将________。

A. ≥1.68 L B. >1.68 L C. ≤1.68 L D. <1.68 L

第五节 物质结构 元素周期律单元复习案例

复习目标

1.学习元素周期表的结构,能说出金属、非金属在周期表中的位置及性质的递变规律。

2.认识核素和同位素的含义。

3.理解原子结构和元素性质的关系,即原子结构相似的一族元素在性质上表现出相似性和递变性,并理解元素周期律。

4.学习化学键的含义,理解离子键和共价键的形成。

知识网络

一、学生自主构建的思维导图

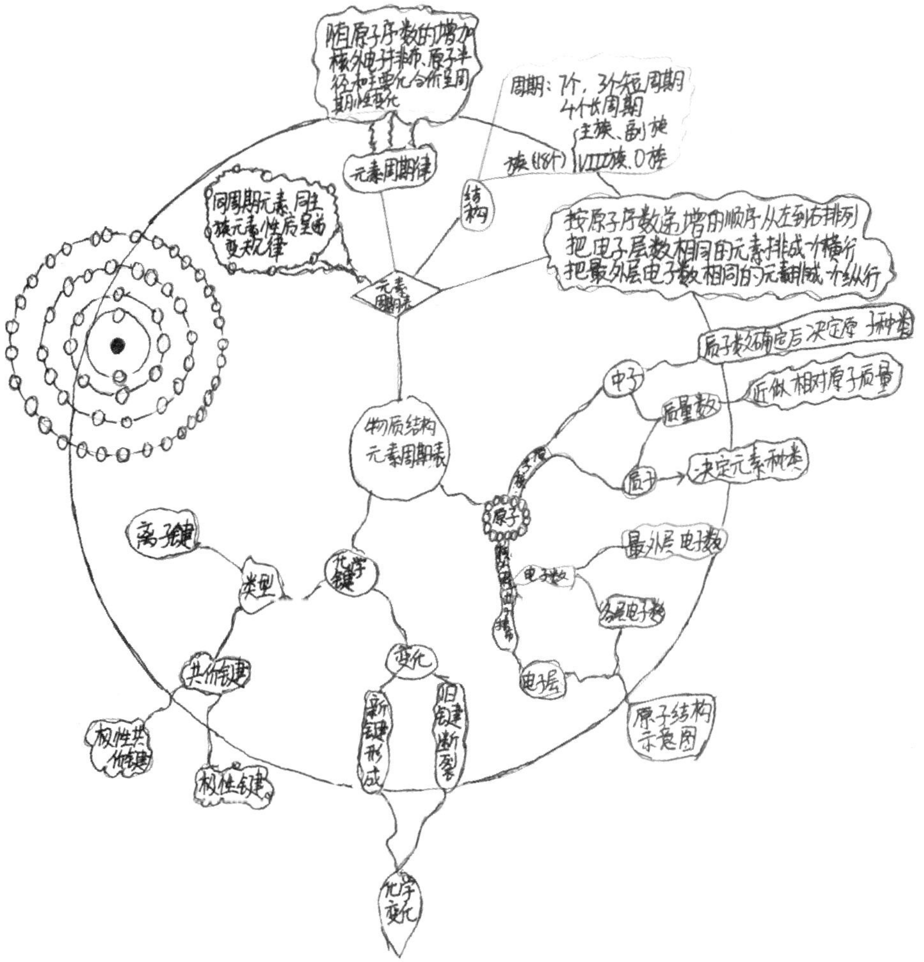

随原子序数的增加核外电子排布、原子半径和主要化合价呈周期性变化
元素周期律
周期：7个，3个短周期 4个长周期
族(18个) 主族、副族 VIII族、0族
结构
同周期元素、同主族元素性质呈递变规律
按原子序数递增的顺序从左到右排列 把电子层数相同的元素排成一个横行 把最外层电子数相同的元素排成一个纵行
元素周期表
中子
质子数确定后决定原子种类
质量数
近似相对原子质量
质子 → 决定元素种类
物质结构 元素周期表
原子
最外层电子数
电子数
各层电子数
电子层
原子结构示意图
离子键
类型
化学键
共价键
极性共价键
极性键
变化
新键形成
旧键断裂
化学变化

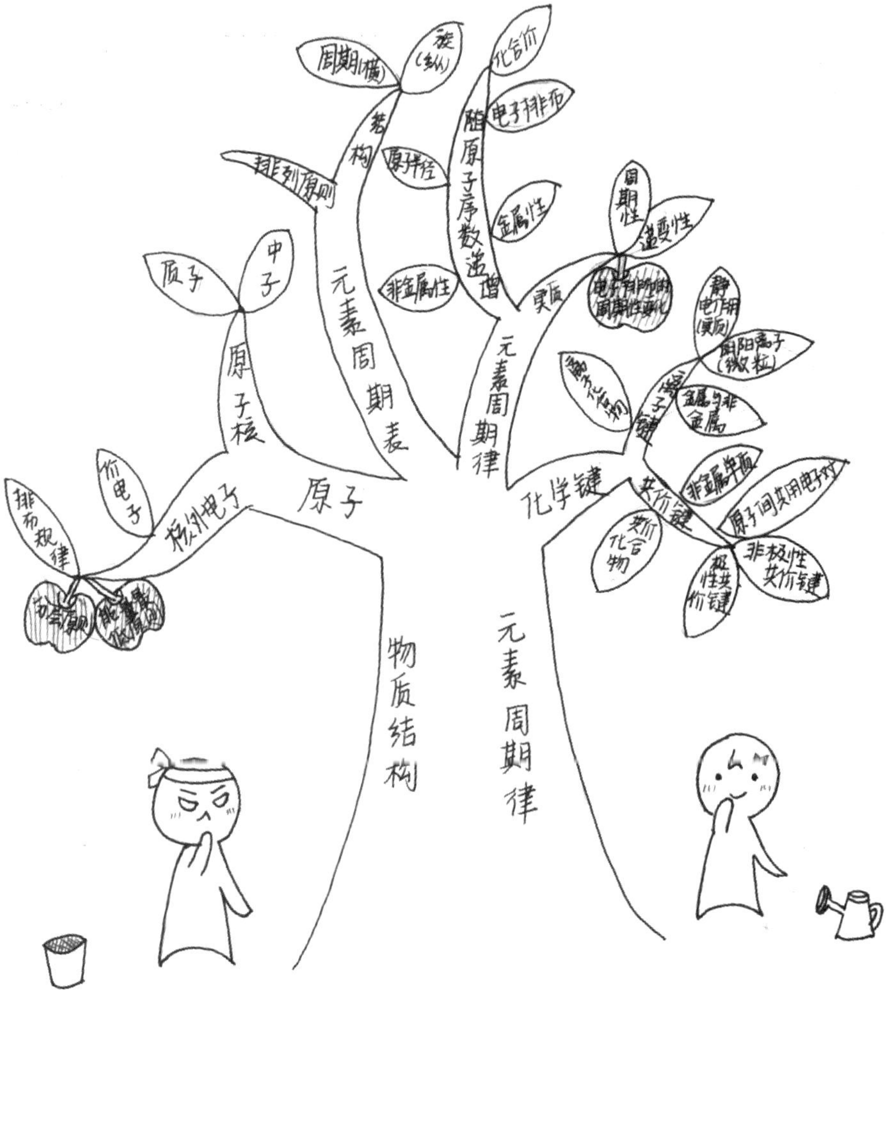

物质结构
原子
原子核
质子
中子
核外电子
价电子
排布规律
排列原则
元素周期表
结构
周期(横)
族(纵)
原子半径
非金属性
元素周期律
随原子序数递增
化合价
电子排布
金属性
实质
周期性
递变性
化学键
离子键
金属与非金属
共价键
共价化合物
非金属单质
原子间共用电子对
非极性共价键
极性共价键

二、师生交流完善后的知识网络

- 物质结构 元素周期律
  - 原子
    - 原子核
      - 质子（Z 个）：决定元素的种类，带正电
      - 中子（N 个）：与质子一起决定原子的种类和原子质量，不带电
    - 核外电子（Z 个）
      - 最外层电子数决定元素的化学性质
      - 排布规律
        - 能量最低原则：电子总是先排布在能量低的电子层里，然后由低到高
        - 依次排布、分层排布原则
          - 每层最多容纳的电子数为 $2n^2$
          - 最外层不超过 8 个（K 层为最外层时不超过 2 个）
          - 次外层不超过 18 个，倒数第三层不超过 32 个
  - 元素周期表
    - 排列原则
      - 按原子序数递增的顺序从左到右排列
      - 将电子层数相同的元素排成一个横行，称为“周期”
      - 将最外层电子数相同的元素（个别元素除外）排成一个纵行，称为“族”
    - 结构
      - 周期：7 个横行
        - 短周期：第一、二、三周期（元素种类：2、8、8）
        - 长周期：第四、五、六、七周期（元素种类：18、18、32、32）
      - 族：16 个，18 个纵行
        - 主族 7 个
          - ⅠA、ⅡA 族位于第 1、2 纵行
          - ⅢA、ⅣA、ⅤA、ⅥA、ⅦA 族位于第 13～17 纵行
        - 副族 7 个
          - ⅠB、ⅡB 族位于第 11、12 纵行
          - ⅢB、ⅣB、ⅤB、ⅥB、ⅦB 族位于第 3～7 纵行
        - 第Ⅷ族：1 个，包括 3 个纵行，位于第 8、9、10 三个纵行
        - 0 族：第 18 纵行的稀有气体元素
  - 元素周期律
    - 随着原子序数的递增
      - 原子的核外电子排布呈周期性变化（最外层电子数为 1～8）
      - 原子半径呈周期性变化（同周期从左到右逐渐变小，稀有气体不参与比较）
      - 元素主要化合价呈周期性变化：正化合价从 +1 到 +7，负化合价从 −4 到 −1（O 无最高正化合价，F 无正化合价）元素的金属性和非金属性呈周期性变化
    - 元素周期律的实质：元素原子核外电子排布呈周期性变化
  - 化学键
    - 离子键
      - 概念：阴、阳离子间强烈的相互作用；成键实质：静电作用（吸引和排斥）
      - 成键微粒：阴、阳离子；成键原因：电子得失；成键范围：只存在离子化合物中
      - 成键条件：活泼金属与活泼非金属相互作用，带正电荷的阳离子与带负电的阴离子相互作用
    - 共价键
      - 概念：原子间通过共用电子对所形成的相互作用；成键实质：共用电子对
      - 成键微粒：原子；成键原因：原子间共用电子对
      - 成键范围：非金属单质、共价化合物、部分离子化合物
      - 成键条件：非金属原子间相互作用，非金属与不活泼的金属元素间相互作用

1.常见图表填一填

下面的虚线框中每一列、每一行分别相当于元素周期表的每一族和每一周期，但它的列数和行数都多于元素周期表。请在下面的虚线框中用实线画出元素周期表第一至第六周期的轮廓，并画出金属与非金属的分界线和第Ⅷ族的轮廓。

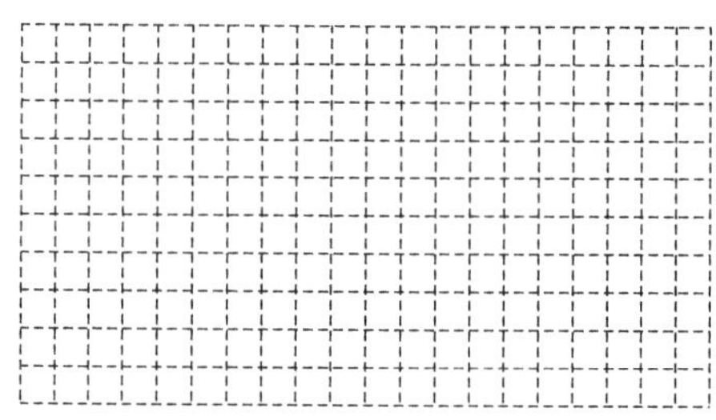

2.易错考点判一判

(1)同主族元素含氧酸的酸性随核电荷数的增加而减弱。 (　　)

(2)每一周期都是碱金属开始，稀有气体结束。 (　　)

(3)Li 在空气中加热生成 Li_2O_2。 (　　)

(4)所有物质中都含化学键。 (　　)

(5)^{14}C 可用于文物的年代鉴定，^{14}C 与 ^{12}C 之间的转化是化学变化。 (　　)

(6)所有原子都是由质子、中子和核外电子构成的。 (　　)

(7)^{17}O 表示质量数是 17 的一种氧元素。 (　　)

(8)所有非金属元素都有|最高正价|+|最低负价|=8。 (　　)

(9)两个非金属原子间形成的化学键一定是共价键。 (　　)

(10)离子键就是阴、阳离子间的静电吸引。 (　　)

(11)活泼的金属和活泼的非金属一定形成离子键，非金属元素间一定形成共价键。 (　　)

3.疑惑问题看一看

(1)最外层电子数为 2 的元素一定是第ⅡA 族的元素吗？还有哪些元素的最外层电子数为 2？最外层电子数为 7 的元素一定是第ⅦA 族的元素吗？

(2)核聚变因释放能量大、无污染，成为当前研究的一个热门课题，其反应原理为：${}_{1}^{2}H+{}_{1}^{3}H \longrightarrow {}_{2}^{4}He+{}_{0}^{1}n$。因为有新微粒生成，所以该变化是化学变化，这种说法是否正确？为什么？

专题一　原子的构成和几个概念比较

【典例 1】　正误判断

83　Bi
铋
$6s^26p^3$
209.0

(1)元素周期表中铋元素的数据如右图所示，则：

①Bi 元素的质量数是 209。　(　　)

②Bi 元素的相对原子质量是 209.0。　(　　)

(2)通过化学变化可以实现 ${}^{16}O$ 与 ${}^{18}O$ 间的相互转化。　(　　)

(3) ${}^{16}O$ 与 ${}^{18}O$ 的核外电子排布方式不同。　(　　)

(4)质子数相同的微粒一定属于同一种元素。　(　　)

(5)有质子的微粒一定有中子，有质子的微粒一定有电子。　(　　)

【针对训练 1】　(1)写出表示含有 8 个质子、10 个中子、10 个电子的离子的符号：__________。

(2) ${}^{1}H$、${}^{2}H$、${}^{3}H$ 三种微粒都属于__________，因为它们是具有相同__________的同一类原子。

(3)在 ${}_{1}^{1}H$、${}_{1}^{2}H$、${}_{1}^{3}H$、${}_{6}^{12}C$、${}_{6}^{13}C$、${}_{6}^{14}C$、${}_{7}^{14}N$、${}_{7}^{15}N$ 中，核素、元素的种数分别为________种、________种。

(4) ${}_{6}^{12}C$、${}_{6}^{13}C$、${}_{6}^{14}C$ 的关系为__________，是具有______________的同一元素的不同原子，其化学性质几乎完全相同。

专题二　核外电子排布

【典例 2】　某同学在画某种元素的一种单核微粒的结构示意图(见右图)时，忘记在圆圈内标出其质子数，请你根据下面的提示作出自己的判断。

+?　2　8　8

(1)该微粒是中性微粒，这种微粒的符号是__________。

(2)该微粒的盐溶液能使溴水褪色，并出现浑浊，这种微粒的符号是__________。

(3)该微粒的氧化性很弱，得到 1 个电子后变为原子，原子的还原性很强，这种微粒的符号是__________。

(4)该微粒的还原性很弱，失去1个电子后变为原子，原子的氧化性很强，这种微粒的符号是__________。

【专题点拨】

(1)核外电子排布相同的微粒，化学性质不一定相同。例如，F^-、O^{2-}、N^{3-}、Na^+、Mg^{2+}、Al^{3+}的核外电子排布相同，而化学性质差异较大。例如，10电子微粒：

①分子：Ne、HF、H_2O、NH_3、CH_4。

②阳离子：Mg^{2+}、Na^+、Al^{3+}、NH_4^+、H_3O^+。

③阴离子：N^{3-}、O^{2-}、F^-、OH^-、NH_2^-。

18电子微粒：

①分子：Ar、HCl、H_2S、PH_3、SiH_4、C_2H_6、F_2、CH_3OH、H_2O_2、N_2H_4。

②阳离子：K^+、Ca^{2+}。

③阴离子：S^{2-}、Cl^-、O_2^{2-}、HS^-。

(2)原子：质子数＝核外电子数；阳离子：质子数＝核外电子数＋离子所带电荷数；阴离子：质子数＝核外电子数－离子所带电荷数。

【针对训练2】 (双选)下列说法正确的是 (　　)

A. 某粒子核外电子排布为2、8、8结构，则该粒子一定是氩原子

B. Na原子和Na^+性质相同

C. F^-、Na^+、Mg^{2+}、Al^{3+}是与Ne原子具有相同电子层结构的离子

D. NH_4^+与H_3O^+具有相同的质子数和电子数

专题三　元素金属性、非金属性强弱的判断

【典例3】 下列叙述中，主族元素A金属的活泼性一定比B金属强的是 (　　)

A. A原子的最外层电子数比B原子的最外层电子数少

B. A原子的电子层数比B原子的电子层数多

C. 1 mol A从酸中置换出H^+生成的H_2比1 mol B从酸中置换出H^+生成的H_2多

D. 常温时，A能从水中置换出氢，而B不能

E. A的最高价氢氧化物的碱性大于B的最高价氢氧化物的碱性

F. A和B在周期表中的位置：A在B的左下角

G. A和B处于同一周期，且A在B的左边

H. A阳离子的氧化性大于B阳离子的氧化性

【专题点拨】 元素金属性和非金属性强弱的判定

1. 金属性强弱的判定

(1)结构比较法：最外层电子数越少，电子层数越多，元素的金属性越强。

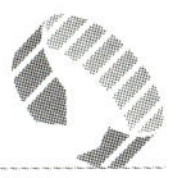

(2)位置比较法：

同周期：从左到右，元素的金属性减弱
同主族：从上到下，元素的金属性增强
左下右上位：左下方元素的金属性较强

(3)实验比较法：

①金属与水(或非氧化性酸)反应产生氢气越剧烈，对应元素的金属性就越强。

②金属的还原性越强(或金属阳离子的氧化性越弱)，对应元素的金属性就越强。

③金属的最高价氧化物的水化物的碱性越强，一般对应元素的金属性就越强。

④若一种金属能把另一种金属从其盐溶液中置换出来，则前者的金属性强于后者的金属性。

此外，还有原电池原理判断法等，这将在以后的章节中学习。

2. 非金属性强弱的判定

(1)结构比较法：最外层电子数越多，电子层数越少，非金属性越强。

(2)位置比较法：

同周期：从左到右，非金属性增强
同主族：从上到下，非金属性减弱
左下右上位：左下方元素非金属性较弱

(3)实验比较法：

①单质与氢气反应越容易、生成的气态氢化物越稳定、氢化物的还原性越弱，对应元素的非金属性越强。

②非金属单质的氧化性越强(或非金属阴离子的还原性越弱)，元素的非金属性越强。

③非金属的最高价氧化物的水化物的酸性越强，元素的非金属性越强。

④若非金属单质 X 能将非金属阴离子 Y^{m-} 从其盐溶液中置换出来，则 X 的非金属性比 Y 的强(注意，这里的盐溶液是指 Y^{m-} 型的盐，不是任何形式的盐)。

【针对训练 3】 下列事实能说明氯元素原子得电子能力比硫元素原子强的是__________。

①HCl 的溶解度比 H_2S 大　②HCl 的酸性比 H_2S 强　③HCl 的稳定性比 H_2S 大　④HCl 的还原性比 H_2S 弱　⑤$HClO_4$ 的酸性比 H_2SO_4 强　⑥Cl_2 与铁反应生成 $FeCl_3$，而 S 与铁反应生成 FeS　⑦Cl_2 能与 H_2S 反应生成 S　⑧在周期表中 Cl 处于 S 同周期的右侧　⑨还原性：$Cl^- < S^{2-}$

专题四　化学键

【典例4】 原子序数由小到大排列的四种短周期元素X、Y、Z、W，其中X、Z、W与氢元素可组成共价化合物XH_3、H_2Z和HW；Y与氧元素可组成离子化合物Y_2O和Y_2O_2。

(1)Y_2O_2的化学式为________，其中含有的化学键是__________________。

(2)X、Z、W三种元素的最高价氧化物对应的水化物酸性最强的是(填写化学式)__________。

(3)XH_3、H_2Z和HW三种化合物，其中一种与另外两种都能反应的是(填写化学式)__________，生成物属于________(填"离子"或"共价")化合物。

【专题点拨】 化学键的类型和物质间的关系

(1)含离子键的化合物一定是离子化合物，只含共价键的化合物是共价化合物，离子键只存在于离子化合物中，共价键可存在于非金属单质中、共价化合物中、离子化合物中。

(2)一般情况下：活泼金属元素和活泼非金属元素形成离子键，非金属元素原子间形成共价键。特例：$AlCl_3$含共价键，铵盐都含离子键。

(3)离子化合物在熔融时一定破坏离子键，共价化合物在熔融时一般共价键不被破坏。

【针对训练4】 判断正误

(1)(2012·新课标全国卷)H与O可形成既含极性共价键又含非极性共价键的化合物。（　　）

(2)(2012·山东高考)非金属元素组成的化合物中只含共价键。（　　）

(3)(2010·江苏高考)化合物HCl与NaCl含有相同类型的化学键。（　　）

(4)(2012·安徽高考)$NaHCO_3$、HCOONa均含有离子键和共价键。（　　）

(5)(2012·天津高考)不同元素的原子构成的分子只含极性共价键。（　　）

(6)(2011·安徽高考)元素S可与元素C形成共价化合物CS_2。（　　）

(7)(2011·浙江高考)C、N、O、H四种元素形成的化合物一定既有离子键又有共价键。（　　）

(8)(2010·山东高考)形成离子键的阴、阳离子间只存在静电吸引力。（　　）

(9)(2012·山东高考)HCl溶液和NaCl溶液均通过离子导电，所以HCl和NaCl均是离子化合物。（　　）

专题五 元素周期表和周期律的综合运用

【典例 5】 (2017·新课标Ⅰ)短周期主族元素 W、X、Y、Z 的原子序数依次增大,W 的简单氢化物可用作制冷剂,Y 的原子半径是所有短周期主族元素中最大的。由 X、Y 和 Z 三种元素形成的一种盐溶于水后,加入稀盐酸,有黄色沉淀析出,同时有刺激性气体产生。下列说法不正确的是 ( )

A. X 的简单氢化物的热稳定性比 W 的强

B. Y 的简单离子与 X 的具有相同的电子层结构

C. Y 与 Z 形成的化合物的水溶液可使蓝色石蕊试纸变红

D. Z 与 X 属于同一主族,与 Y 属于同一周期

【专题点拨】

元素性质应用的思维模式:由结构定位置,由位置想规律,由规律作判断。

特别说明,以上方法仅适用于主族元素。

【针对训练 5】 (2013·山东理综)W、X、Y、Z 四种短周期元素在元素周期表中的相对位置如右图所示,W 的气态氢化物可与其最高价含氧酸反应生成离子化合物,由此可知 ( )

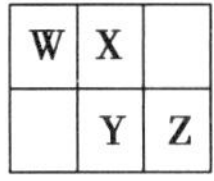

W	X	
	Y	Z

A. X、Y、Z 中最简单氢化物稳定性最弱的是 Y

B. Z 元素氧化物对应水化物的酸性一定强于 Y

C. X 元素形成的单核阴离子还原性大于 Y

D. Z 元素单质在化学反应中只表现氧化性

规律总结:

1. 常见元素及其化合物的特性

(1)形成化合物种类最多的元素、单质是自然界中硬度最大的物质的元素、气态氢化物中氢的质量分数最高的元素:C。

(2)空气中含量最多的元素、气态氢化物的水溶液呈碱性的元素:N。

(3)地壳中含量最多的元素、氢化物在通常情况下呈液态的元素:O。

(4)相同条件下,单质密度最小的元素:H;金属元素:Li。

(5)单质在常温下呈液态的非金属元素:Br;金属元素:Hg。

(6)最高价氧化物及其水化物既能与强酸反应,又能与强碱反应的常见元素:Al。

(7)元素的气态氢化物和它的最高价氧化物对应的水化物能反应生成盐的元素:N。

(8)元素的单质在常温下能与水反应放出气体的短周期元素:Li、Na、F。

(9)元素的气态氢化物能和它的氧化物在常温下反应生成该元素单质的元素:S。

(10)最高正价不等于主族族序数的元素:O、F。

2.周期表中特殊位置的元素(1～20 号元素)

(1)族序数等于周期数的元素：H、Be、Al。

(2)族序数等于周期数 2 倍的元素：C、S。

(3)族序数等于周期数 3 倍的元素：O。

(4)周期数是族序数 2 倍的元素：Li、Ca。

(5)周期数是族序数 3 倍的元素：Na。

(6)最高正价与最低负价代数和为零的短周期元素：C、Si。

(7)最高正价是最低负价绝对值 3 倍的短周期元素：S。

(8)除氢外，原子半径最小的元素：F。

1.(2014·江苏卷改编)下列有关化学用语表示，正确的是 (　　)

A. 1 mol Na_2O_2 固体中含离子总数为 $4N_A$

B. 质子数为 35、中子数为 45 的溴原子：$^{80}_{35}Br$

C. 硫离子的结构示意图：(+16) 2 8 6

D. 中子数为 146、质子数为 92 的铀(U)原子：^{146}U

2. ^{13}C-NMR(核磁共振)可用于含碳化合物的结构分析。下列有关 ^{13}C 的说法，正确的是 (　　)

A. ^{13}C 的质量数是 13，原子序数是 6，核内有 6 个中子

B. ^{13}C 与金刚石、石墨、C_{60} 等互为同素异形体

C. 碳元素的相对原子质量为 13

D. ^{13}C 是碳的一种核素，与 ^{12}C 互为同位素

3.下列叙述中，正确的是 (　　)

A. 两种微粒，若核外电子排布完全相同，则其化学性质一定相同

B. 凡单原子形成的离子，一定具有稀有气体元素原子的核外电子排布

C. 两原子，如果核外电子排布相同，则一定属于同种元素

D. 阴离子的核外电子排布一定与上一周期稀有气体元素原子的核外电子排布相同

4.下列关于元素周期表的说法，错误的是 (　　)

A. 除 0 族元素外，非金属元素全部都是主族元素

B. 第三周期非金属元素含氧酸的酸性从左到右依次增强

C. 同周期第ⅡA 族与第ⅢA 族元素的原子序数之差可能为 25

D. 同族上下相邻两种元素的原子序数之差可能为 32

5.(2012・山东高考)下列关于原子结构、元素性质的说法,正确的是(　　)

A. 非金属元素组成的化合物中只含共价键

B. 第ⅠA 族金属元素是同周期中金属性最强的元素

C. 同种元素的原子均有相同的质子数和中子数

D. 第ⅦA 族元素的阴离子还原性越强,其最高价氧化物对应水化物的酸性越强

6.(2014・天津卷)元素单质及其化合物有广泛用途,请根据周期表中第三周期元素相关知识回答问题:按原子序数递增的顺序(稀有气体除外),以下说法正确的是　　(　　)

A. 原子半径和离子半径均减小

B. 金属性减弱,非金属性增强

C. 氧化物对应的水化物碱性减弱,酸性增强

D. 单质的熔点降低

7. 元素 A 的阳离子 $_aA^{m+}$ 与元素 B 的阴离子 $_bB^{n-}$ 具有相同的电子层结构。以下关于 A、B 元素性质的比较中,正确的是　　(　　)

①原子序数:A＞B　②离子半径:$_aA^{m+}$＜$_bB^{n-}$　③原子半径:A＜B　④元素所在的周期序数:A＞B　⑤A 的最高正价与 B 的最低负价的绝对值相等　⑥$b=a+m-n$

A. ②③④　　B. ①②④　　C. ④⑤⑥　　D. ②⑤⑥

8.(2017・新课标Ⅲ)短周期元素 W、X、Y 和 Z 在周期表中的相对位置如下表所示,这四种元素原子的最外层电子数之和为 21。下列关系正确的是(　　)

		W	X	
Y				Z

A. 氢化物的沸点:W＜Z

B. 氧化物对应水化物的酸性:Y＞W

C. 化合物的熔点:Y_2X_3＜YZ_3

D. 简单离子的半径:Y＜X

9.短周期元素 X、Y、Z、W 的原子半径及主要化合价如下：

元　素	X	Y	Z	W
原子半径(10^{-12} m)	102	110	75	99
主要化合价	−2、+4、+6	+5、+3、−3	+5、+3、−3	−1、+5、+7

下列叙述正确的是　（　　）

A.气态氢化物的热稳定性：Y>Z

B.W 元素形成的含氧酸都是强酸

C.化合物 X_2W_2 中既含有离子键又含有共价键

D.W 的单质与 X 的氢化物反应，可生成 X 的单质

10.(2014・大纲版)A、B、D、E、F 为短周期元素，非金属元素 A 的最外层电子数与其周期数相同，B 的最外层电子数是其所在周期数的 2 倍。B 在 D 中充分燃烧能生成其最高价化合物 BD_2。E^+ 与 D^{2-} 具有相同的电子数。A 在 F 中燃烧，产物溶于水得到一种强酸。回答下列问题：

(1)A 在周期表中的位置是____________________。

(2)B、D、E 组成的一种盐中，E 的质量分数为 43%，其俗名为__________。

(3)由元素 A 和 B 组成的五核化合物，其分子式为__________，分子中所含化学键为_____________。

第六节　化学反应与能量单元复习案例

复习目标

1.建立化学反应中能量变化的观点，学习吸热反应和放热反应。

2.学会利用题目中所提供的信息和原电池原理来判断原电池的正、负极及书写简单电极反应式。

3.学习化学反应速率的定义、影响因素，掌握化学反应速率的计算。

4.学会化学平衡的判定，了解其影响因素。

知识网络

一、学生自主构建的思维导图

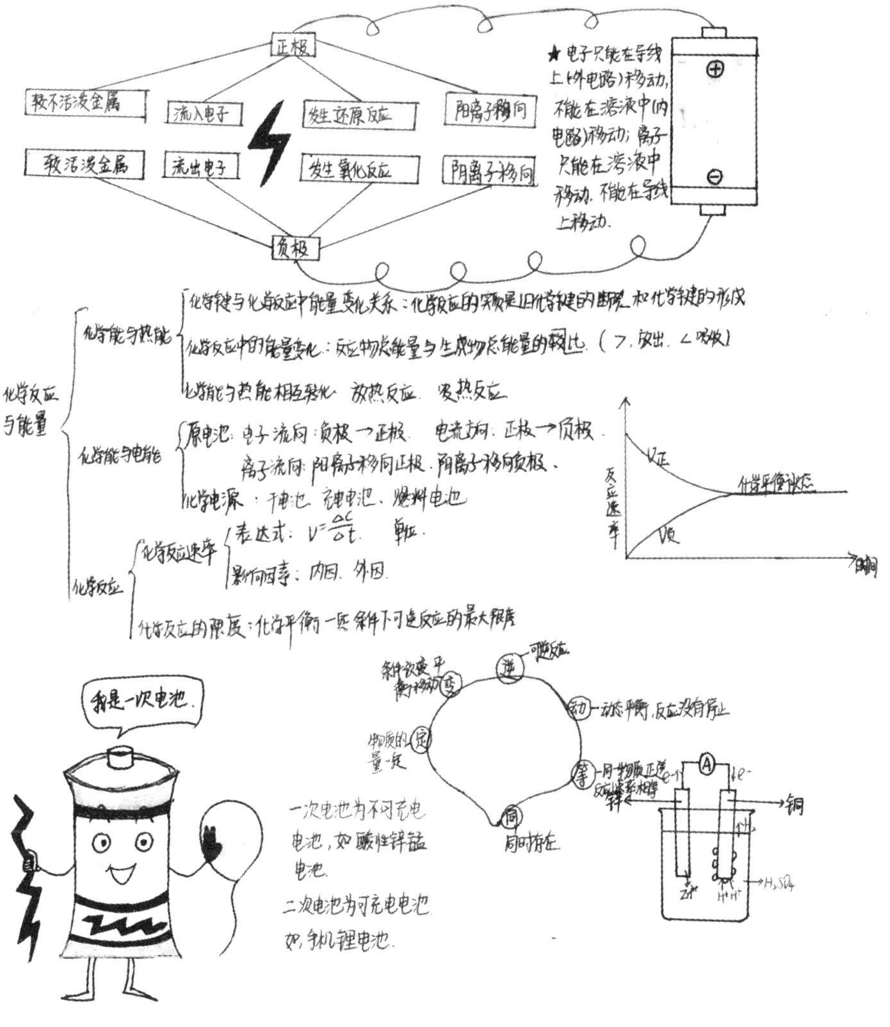

正极
较不活泼金属
流入电子
发生还原反应
阳离子移向

负极
较活泼金属
流出电子
发生氧化反应
阴离子移向

★电子只能在导线上(外电路)移动，不能在溶液中(内电路)移动；离子只能在溶液中移动，不能在导线上移动。

化学反应与能量
- 化学能与热能
  - 化学键与化学反应中能量变化关系：化学反应的实质是旧化学键的断裂和新化学键的形成
  - 化学反应中的能量变化：反应物总能量与生成物总能量的相对大小。（>，放出，<，吸收）
  - 化学能与热能相互转化：放热反应、吸热反应
- 化学能与电能
  - 原电池：电子流向：负极→正极　电流方向：正极→负极
    离子流向：阳离子移向正极，阴离子移向负极
  - 化学电源：干电池、充电电池、燃料电池
- 化学反应
  - 化学反应速率
    - 表达式：$v=\frac{\Delta c}{\Delta t}$　单位
    - 影响因素：内因、外因
  - 化学反应的限度：化学平衡　一定条件下可逆反应的最大限度

反应速率　$v_正$　$v_逆$　化学平衡状态　时间

逆—可逆反应
动—动态平衡，反应没有停止
等—同一物质正逆反应速率相等
同—同时存在
定—物质的量一定
变—条件改变平衡移动

我是一次电池

一次电池为不可充电电池，如酸性锌锰电池。
二次电池为可充电电池，如手机锂电池。

A　e⁻　锌　铜　Zn^{2+}　H^+　H^+　H_2SO_4

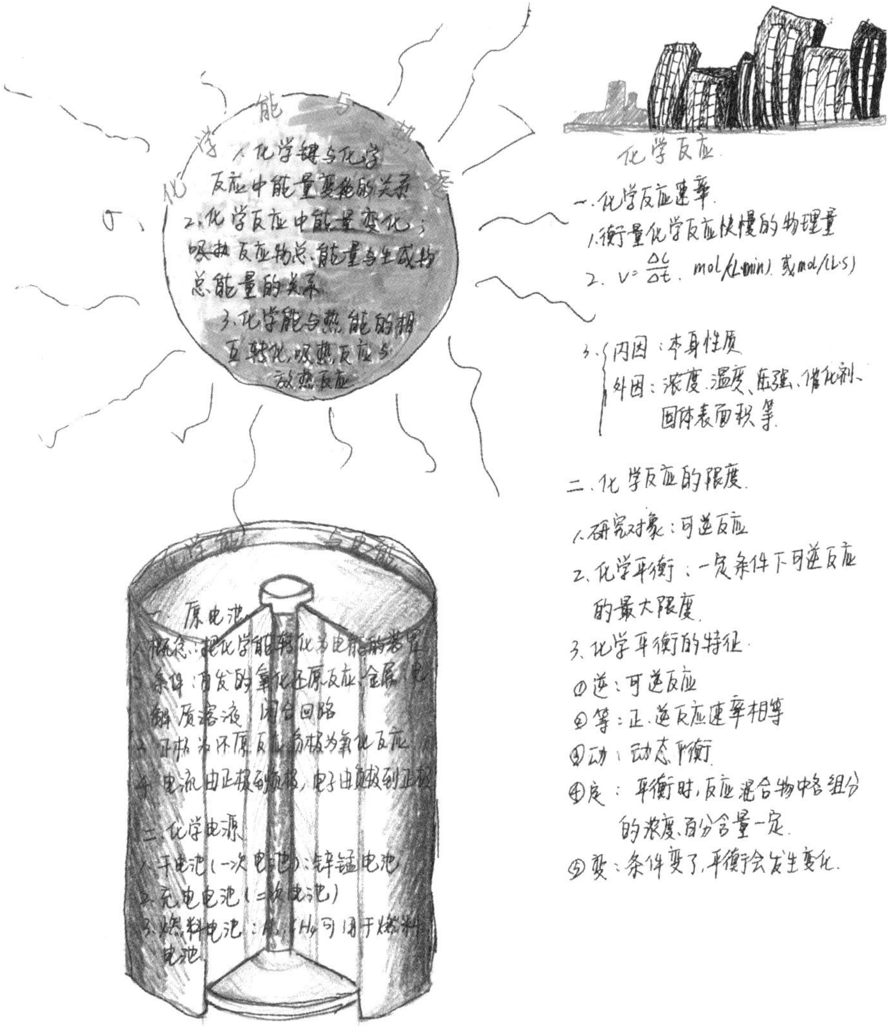

Ⅰ、化学能与热能

1.化学键与化学反应中能量变化的关系

2.化学反应中能量变化：吸热反应物总能量与生成物总能量的关系

3.化学能与热能的相互转化，吸热反应与放热反应

化学能与电能

一、原电池

概念：把化学能转化为电能的装置

条件：自发的氧化还原反应、金属、电解质溶液、闭合回路

正极为还原反应、负极为氧化反应

电流由正极到负极，电子由负极到正极

二、化学电源

1.干电池（一次电池）：锌锰电池

2.充电电池（二次电池）

3.燃料电池：CH_4、H_2可用于燃料电池

化学反应

一、化学反应速率

1.衡量化学反应快慢的物理量

2. $v=\frac{\Delta c}{\Delta t}$ mol/(L·min) 或mol/(L·s)

3. 内因：本身性质

外因：浓度、温度、压强、催化剂、固体表面积等

二、化学反应的限度

1.研究对象：可逆反应

2.化学平衡：一定条件下可逆反应的最大限度

3.化学平衡的特征

①逆：可逆反应

②等：正、逆反应速率相等

③动：动态平衡

④定：平衡时，反应混合物中各组分的浓度、百分含量一定

⑤变：条件变了，平衡会发生变化

二、师生交流完善后的知识网络

- 化学反应与能量
  - 化学能与热能
    - 化学键与化学反应中能量变化的关系
      - 化学反应的实质是旧化学键的断裂和新化学键的形成
      - 化学键的断裂吸收能量 E_1，化学键的形成放出能量 E_2
      - 若 $E_1 > E_2$，该反应是吸热反应；若 $E_1 < E_2$，该反应是放热反应
    - 化学反应中的能量变化
      - 反应物的总能量大于生成物的总能量，反应放出能量；反应物的总能量小于生成物的总能量，反应吸收能量
    - 化学能与热能的相互转化
      - 放热反应：燃烧反应，中和反应，金属与酸或水的反应，大多数的化合反应，铝热反应
      - 吸热反应：大多数的分解反应，铵盐与碱的反应，以 C、CO、H_2 为还原剂的反应（燃烧除外）
  - 化学能与电能
    - 原电池
      - 概念：把化学能转化为电能的装置
      - 构成条件：自发的氧化还原反应、活泼性不同的电极、电解质溶液、闭合回路
      - 电极反应：正极发生还原反应，负极发生氧化反应
      - 电子流向：负极 $\longrightarrow$ 正极（外电路）
      - 电流方向：正极 $\longrightarrow$ 负极（外电路）
      - 离子流向：阳离子移向正极，阴离子移向负极
    - 化学电源
      - 干电池（一次电池）：锌锰电池
      - 充电电池（二次电池）：铅蓄电池、镍镉电池、锂电池
      - 燃料电池：H_2、CH_4 等可用于燃料电池
  - 化学反应
    - 化学反应速率
      - 意义：衡量化学反应快慢的物理量，通常用单位时间内反应物浓度的减少或生成物浓度的增加来表示；表达式：$v=\frac{\Delta c}{\Delta t}$；单位：$mol \cdot L^{-1} \cdot min^{-1}$、$mol \cdot L^{-1} \cdot s^{-1}$、$mol \cdot L^{-1} \cdot h^{-1}$
      - 影响因素
        - 内因：反应物本身的性质，起决定作用
        - 外因
          - 浓度：增大反应物的浓度，反应速率会增大；减小反应物的浓度，反应速率会减小
          - 温度：升高体系温度，反应速率加快；降低体系温度，反应速率减慢
          - 压强：对于气体参加的化学反应，增大体系的压强，反应速率可能加快；减小体系的压强，反应速率可能减慢
          - 催化剂：使用催化剂可以加快反应速率
          - 其他因素：固体表面积、光、超声波、紫外线、溶剂等
    - 化学反应的限度
      - 研究对象：可逆反应（在同一条件下同时向正反应和逆反应方向进行的化学反应）
      - 化学平衡的概念：一定条件下可逆反应的最大限度
      - 化学平衡的特征
        - 逆：可逆反应
        - 等：正、逆反应速率相等
        - 动：动态平衡
        - 定：平衡时，反应混合物中各组分的浓度、百分含量一定
        - 变：条件变了，平衡会发生变化

基础自测

1. 常见图表填一填

(1)根据下图判断出Ⅰ、Ⅱ是放热反应还是吸热反应。

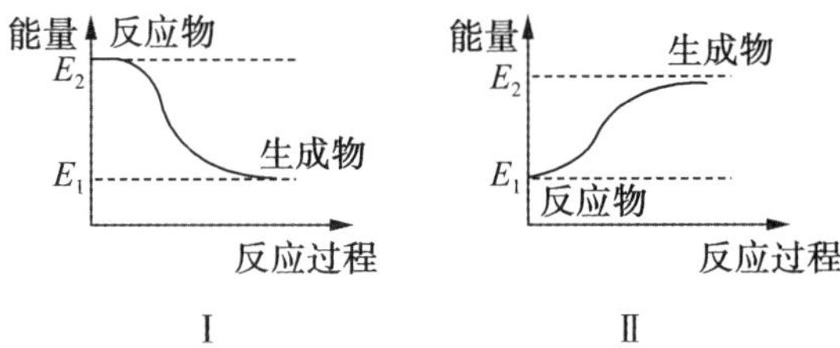

Ⅰ　　　　Ⅱ

图Ⅰ:____________。

图Ⅱ:____________。

(2)右图是 Cu-Zn 原电池示意图,请填空。

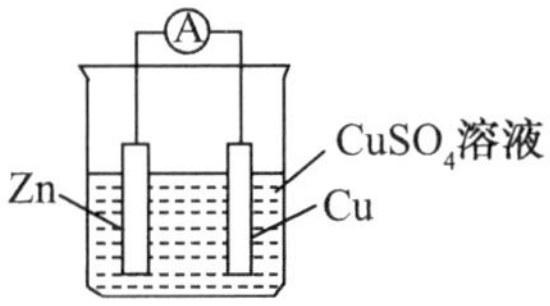

A
$CuSO_4$溶液
Zn
Cu

①电极:负极为______,正极为______。

②电极反应:

负极:____________________________;

正极:____________________________。

③原电池中的三个方向:

电子方向:电子从________流出,经外电路流入________;

电流方向:电流从________流出,经外电路流入________;

离子的迁移方向:电解质溶液中,阴离子向______迁移,阳离子向______迁移。

2. 易错考点判一判

(1)化学反应除了生成新的物质外,还伴随着能量的变化。　(　　)

(2)物质燃烧一定是放热反应。　(　　)

(3)放热的化学反应不需要加热就能发生。　(　　)

(4)在原电池中,阳离子向负极移动。　(　　)

(5)吸热反应发生过程中要不断地从外界获得能量,放热反应发生时不需要从外界获得能量。　(　　)

(6)原电池的两极中较活泼的金属一定为负极。　(　　)

(7)在原电池中,电子流出的一极是负极,被还原。　(　　)

(8)原电池可以把物质内部的能量全部转化为电能。　(　　)

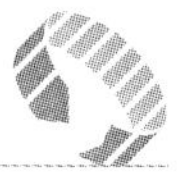

3. 疑惑问题看一看

(1)如何判断一个装置是不是原电池?

(2)为什么化学反应过程中都有能量变化?

专题一 吸热反应和放热反应

【典例 1】 下列说法正确的是 ( )

A. 需要加热才能发生的反应一定是吸热反应

B. 放热反应在常温下一定很容易发生

C. 反应是放热还是吸热必须看反应物和生成物所具有的总能量的相对大小

D. 冰融化和水汽化都要吸热,故都是吸热反应

【专题点拨】

1. 吸热反应和放热反应与外界条件无关

(1)反应是放热还是吸热主要取决于反应物和生成物所具有的总能量的相对大小。

(2)反应是否需要加热,只是引发反应的条件,与反应是放热还是吸热并无直接关系。许多放热反应也需要加热引发,如燃烧反应;也有部分吸热反应不需加热,在常温时就可以进行,如 $Ba(OH)_2 \cdot 8H_2O + 2NH_4Cl \xlongequal{} 2NH_3 \cdot H_2O + BaCl_2 + 8H_2O$。

2. 吸热反应、放热反应和吸热过程、放热过程不一样,有些物理变化也会吸、放热,但吸热反应、放热反应必须是化学变化。

【针对训练 1】 下列叙述正确的是 ( )

A. 若反应物的总能量大于生成物的总能量,则是放热反应

B. 形成离子键比形成共价键放出的热量多

C. 离子化合物熔化是吸热反应

D. 化学反应中的能量变化都表现为热量变化

【典例 2】 已知①1 mol H_2分子中化学键断裂时需要吸收 436 kJ 的能量，②1 mol Cl_2分子中化学键断裂时需要吸收 243 kJ 的能量，③由氢原子和氯原子形成 1 mol HCl 分子时释放 431 kJ 的能量。则 1 mol H_2和 1 mol Cl_2反应生成氯化氢气体时的能量变化为 （　　）

A. 放出能量 183 kJ　　B. 吸收能量 183 kJ

C. 吸收能量 248 kJ　　D. 吸收能量 862 kJ

【专题点拨】 化学键的断裂与化学反应中的能量变化

(1)化学反应的实质就是旧化学键的断裂和新化学键的形成。

(2)断裂旧化学键要吸收能量，形成新化学键要放出能量。吸收和放出的能量不一样就引起了能量变化。

【针对训练 2】 已知断开 1 mol H—H 键、1 mol N—H 键、1 mol N≡N 键分别需要吸收的能量为 436 kJ、391 kJ、946 kJ，求：

(1)1 mol N_2与足量 H_2反应生成 NH_3需________（填“吸收”或“放出”）能量________kJ。

(2)1 mol H_2与足量 N_2反应生成 NH_3需________（填“吸收”或“放出”）能量________kJ(认为反应进行到底)。

专题二　原电池

1. 原电池的构成条件

【典例 3】 下列装置中，能构成原电池产生电流的是 （　　）

A: Cu | Cu，稀硫酸　　B: Cu | Zn，稀硫酸　　C: Cu | Cu，酒精　　D: Zn | Zn，$ZnSO_4$溶液

【专题点拨】 原电池的构成条件

①电解质溶液；②活泼性不同的两电极，直接或间接接触；③形成闭合回路；④自发的氧化还原反应，一般是放热反应。

【针对训练 3】 某研究性学习小组欲探究原电池的形成条件，按如右图所示装置进行实验并得到下表实验结果：

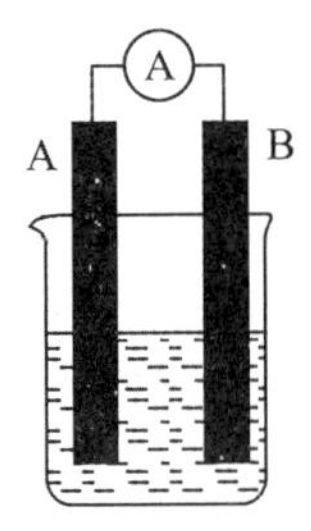

实验序号	A	B	烧杯中的液体	电流表指针是否偏转
1	Zn	Zn	乙醇	否
2	Zn	Cu	稀硫酸	是
3	Zn	Zn	稀硫酸	否
4	Zn	Cu	苯	否
5	Cu	C	稀硝酸	是
6	Mg	Al	氢氧化钠溶液	是

(1)实验 6 中,电子由 B 极流向 A 极,表明负极是__________(填"镁"或"铝")电极。

(2)分析上表有关信息,下列说法不正确的是　　(　　)

A. 相对活泼的金属一定作负极

B. 失去电子的电极是负极

C. 烧杯中的液体必须是电解质溶液

D. 原电池中,浸入同一电解质溶液中的两个电极,是活泼性不同的两种金属(或其中一种非金属)

2. 原电池正、负极的判断

【典例 4】 已知空气—锌电池的电极反应为:锌片,$2Zn+4OH^- -4e^- = 2ZnO+2H_2O$;碳棒,$O_2+2H_2O+4e^- = 4OH^-$。据此判断,锌片是　　(　　)

A. 正极并被还原　　B. 正极并被氧化

C. 负极并被还原　　D. 负极并被氧化

【专题点拨】 原电池正、负极的判断方法

(1)依据原电池两极的材料:一般较活泼的金属作负极(K、Ca、Na 太活泼,不能作电极);较不活泼金属或可导电的非金属(石墨)、氧化物(MnO_2)等作正极。

(2)根据电流方向或电子流向:外电路的电流由正极流向负极,电子则由负极经外电路流向原电池的正极。

(3)根据内电路离子的迁移方向:阳离子流向原电池正极,阴离子流向原电池负极。

(4)根据原电池中的反应类型:负极失电子,发生氧化反应,现象通常是电极本身消耗,质量减小;正极得电子,发生还原反应,现象是常伴随金属的析出或 H_2 的放出。

(5)特殊的原电池:一般原电池,较活泼的金属为负极,发生氧化反应,较不

活泼的金属为正极，发生还原反应，但也有例外。

【针对训练4】（2013·海南高考）Mg-AgCl电池是一种能被海水激活的一次性储备电池，电池反应方程式为：$2AgCl+Mg\xlongequal{}Mg^{2+}+2Ag+2Cl^-$。下列有关该电池的说法，正确的是（　　）

A. Mg为电池的正极

B. 负极反应为 $AgCl+e^-\xlongequal{}Ag+Cl^-$

C. 不能被KCl溶液激活

D. 可用于海上应急照明供电

3. 电极反应及电池反应式的书写

【典例5】 写出右图所示装置中的电极反应和电池反应。

(1)若电解质溶液是 $CuSO_4$：

负极：________________。

正极：________________。

电池反应：________________。

(2)若电解质溶液是 H_2SO_4：

负极：________________。

正极：________________。

电池反应：________________。

【专题点拨】 原电池的电极反应式的书写

电极反应式书写的一般方法：

(1)拆分法：

①写出原电池的总反应，如：$2Fe^{3+}+Cu\xlongequal{}2Fe^{2+}+Cu^{2+}$。

②把总反应按氧化反应和还原反应拆分为两个半反应，注明正、负极，并依据质量守恒、电荷守恒及电子得失守恒配平两个半反应：氧化反应在负极发生，还原反应在正极发生，反应物和生成物对号入座，注意酸、碱介质和水等参与反应。

正极：$2Fe^{3+}+2e^-\xlongequal{}2Fe^{2+}$

负极：$Cu-2e^-\xlongequal{}Cu^{2+}$

(2)加减法：

①写出总反应，如 $Li+LiMn_2O_4\xlongequal{}Li_2Mn_2O_4$。

②写出其中容易写出的一个半反应（正极或负极），如 $Li-e^-\xlongequal{}Li^+$（负极）。

③利用总反应与上述的一极反应相减，即得另一个电极的反应式，如 $LiMn_2O_4+Li^++e^-\xlongequal{}Li_2Mn_2O_4$（正极）。

【针对训练 5】 如右图所示组成一个原电池。

(1)当电解质溶液为稀硫酸时：

①Fe 电极是________(填“正”或“负”，下同)极。其电极反应式为________________________，该反应是________(填“氧化”或“还原”)反应。

②Cu 电极是____极，其电极反应式为________，该反应是________反应。

(2)当电解质溶液为浓硝酸时：

①Fe 电极是______极，该反应是______反应。

②Cu 电极是________极，其电极反应式为________________________，该反应是________反应。

4. 原电池的应用

(1)判断金属的活泼性：一般活泼金属作负极。

【典例 6】 用 A、B、C、D、E 五块金属片进行如下实验：①A、B 用导线相连后，同时浸入稀 H_2SO_4 溶液中，A 极为负极；②C、D 用导线相连后，同时浸入稀 H_2SO_4 溶液中，电流由 D→导线→C；③A、C 相连后，同时浸入稀 H_2SO_4 溶液中，C 极产生大量气泡；④B、D 相连后，同时浸入稀 H_2SO_4 溶液中，D 极发生氧化反应；⑤B 能把 E 的离子从盐溶液中置换出来。据此，判断五种金属的活动性顺序是　(　　)

A. A>B>C>D>E　　B. A>C>D>B>E

C. C>A>B>D>E　　D. B>D>C>A>E

【针对训练 6】 根据下列事实：①$A+B^{2+} \xlongequal{} A^{2+}+B$；②$D+2H_2O \xlongequal{} D(OH)_2\downarrow+H_2\uparrow$；③以 B、E 为电极与 E 的盐溶液组成原电池，电极反应为：$E^{2+}+2e^- \xlongequal{} E$，$B-2e^- \xlongequal{} B^{2+}$。由此可知，$A^{2+}$、$B^{2+}$、$D^{2+}$、$E^{2+}$ 的氧化性强弱关系是　(　　)

A. $D^{2+}>A^{2+}>B^{2+}>E^{2+}$　　B. $B^{2+}>A^{2+}>D^{2+}>E^{2+}$

C. $D^{2+}>E^{2+}>A^{2+}>B^{2+}$　　D. $E^{2+}>B^{2+}>A^{2+}>D^{2+}$

(2)加快某些反应的反应速率。

【典例 7】 纯锌跟稀 H_2SO_4 反应的反应速率很小，为了加快锌的溶解和放出 H_2 的速率，并且使产生 H_2 的量不变，当稀 H_2SO_4 过量时，可向其中加少量(　　)

A. $CuSO_4$ 溶液　　B. $ZnSO_4$　　C. 铜　　D. 镁条

【针对训练 7】 分别向等质量的两份锌粉 a、b 中加入过量的稀硫酸，同时向 a 中加入少量的 $CuSO_4$ 溶液。下列各图表示的是产生 H_2 的体积 V 与时间 t 的关系，其中正确的是　(　　)

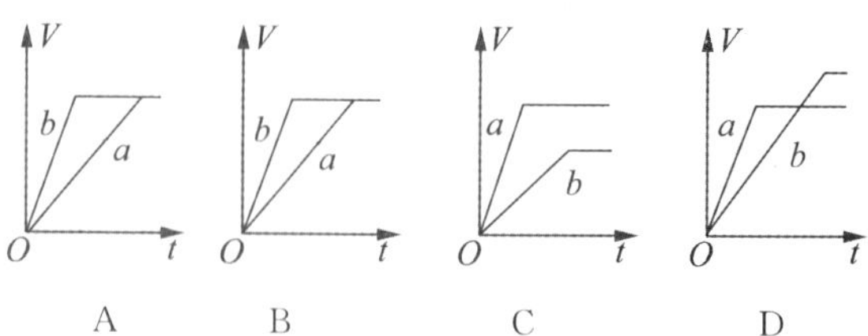

(3)设计原电池。

【典例 8】 依据氧化还原反应 $2Ag^{+}(aq)+Cu(s)\xlongequal{}Cu^{2+}(aq)+2Ag(s)$ 设计原电池,并画出装置图。

【专题点拨】 设计原电池的方法

紧扣构成原电池的两个条件:

(1)首先将已知氧化还原反应拆分为两个半反应。

(2)根据原电池的电极反应特点,结合两个半反应找出正、负极材料(负极就是失电子的物质,正极用比负极活动性差的金属即可,也可以用石墨)及电解质溶液。

【针对训练 8】 按要求画出原电池装置图。

根据 $2Fe^{3+}+Cu\xlongequal{}2Fe^{2+}+Cu^{2+}$ 设计原电池,并写出电极反应式。

5.燃料电池

【典例 9】 下图为氢氧燃料电池原理示意图,按照此图的提示,下列叙述不正确的是 ( )

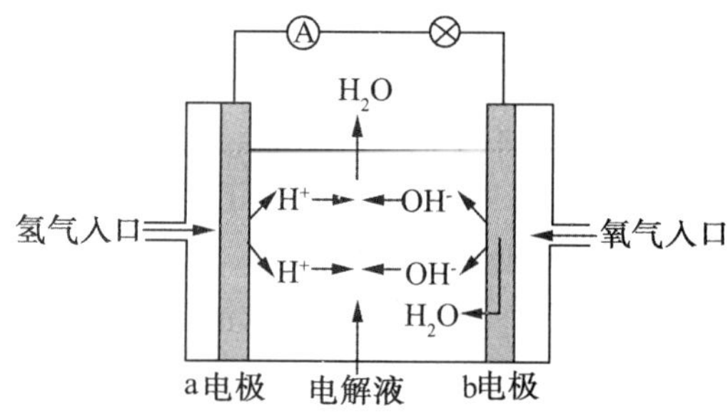

A. a 电极是负极

B. b 电极的电极反应为：$4OH^- - 4e^- = 2H_2O + O_2\uparrow$

C. 氢氧燃料电池是一种具有应用前景的绿色电源

D. 氢氧燃料电池是一种不需要将还原剂和氧化剂全部储藏在电池内的新型发电装置

【专题点拨】

氢氧燃料电池是目前最成熟的燃料电池，可分酸性和碱性两种。

	酸　性	碱　性
负极反应式	$2H_2 - 4e^- = 4H^+$	$2H_2 + 4OH^- - 4e^- = 4H_2O$
正极反应式	$O_2 + 4H^+ + 4e^- = 2H_2O$	$O_2 + 2H_2O + 4e^- = 4OH^-$
电池总反应式	$2H_2 + O_2 = 2H_2O$	

【针对训练 9】 氢氧燃料电池可以使用在航天飞机上，其反应原理示意图如右图所示。下列有关氢氧燃料电池的说法，正确的是（　　）

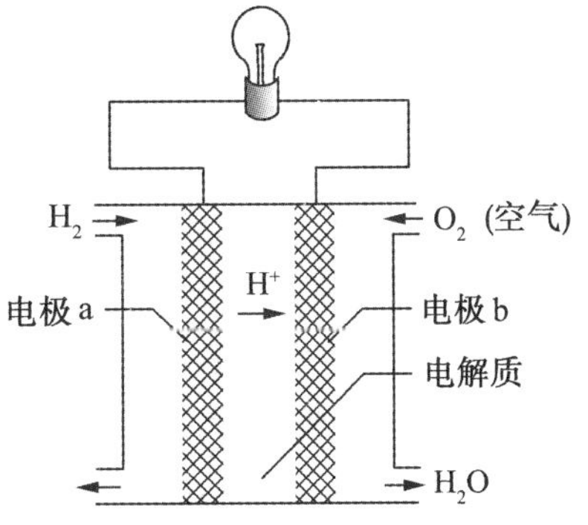

A. 该电池工作时电能转化为化学能

B. 该电池中电极 a 是正极

C. 外电路中电子由电极 b 通过导线流向电极 a

D. 该电池的总反应：$2H_2 + O_2 = 2H_2O$

1.（2013 · 北京高考）下列设备工作时，将化学能转化为热能的是（　　）

A	B	C	D
硅太阳能电池	锂离子电池	太阳能集热器	燃气灶

2.下列说法正确的是 (　　)

A.反应热就是反应中放出的能量

B.放热反应在常温下一定很容易发生

C.由C(石墨)══C(金刚石)要吸收1.9 kJ的能量可知,金刚石比石墨稳定

D.等量的硫蒸气和硫固体分别完全燃烧,前者放出的热量多

3.航天飞船可用肼(N_2H_4)作动力源。已知1 g液态肼和足量的液态过氧化氢反应生成N_2和水蒸气时放出20.05 kJ热量,化学方程式如下:$N_2H_4+2H_2O_2 = N_2\uparrow+4H_2O$。下列说法中,错误的是 (　　)

A.该反应中肼作还原剂

B.此情况下,液态肼燃烧生成1 mol N_2时放出的热量为641.6 kJ

C.肼(N_2H_4)分子中只存在极性共价键

D.该反应的反应物总能量高于生成物的总能量

4.已知一个原电池的反应离子方程式是$Zn+Cu^{2+} = Zn^{2+}+Cu$,则该反应的原电池的正确组成是 (　　)

	A	B	C	D
正极	Zn	Cu	Zn	Fe
负极	Cu	Zn	Ag	Zn
电解质溶液	$CuCl_2$	H_2SO_4	$CuSO_4$	$CuCl_2$

5.已知化学反应$A_2+B_2 = 2AB$的能量变化如下图所示,则下列说法正确的是 (　　)

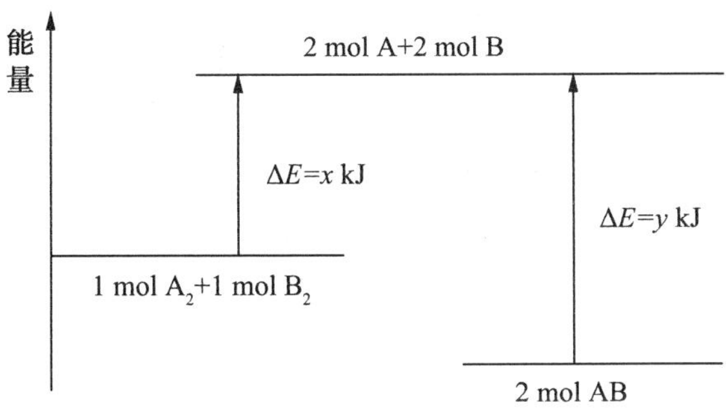

A. 该反应吸收能量

B. 断裂 1 mol A—A 键和 1 mol B—B 键可放出 x kJ 能量

C. 断裂 2 mol A—B 键需要吸收 y kJ 能量

D. 2 mol AB 的总能量高于 1 mol A_2 和 1 mol B_2 的总能量

6. ①②③④四种金属片两两相连浸入稀硫酸中都可组成原电池。①②相连时，外电路电流从②流向①；①③相连时，③为正极；②④相连时，②上有气泡逸出；③④相连时，③的质量减小。据此判断这四种金属活动性由大到小的顺序是　（　　）

A. ①③②④　　B. ①③④②　　C. ③④②①　　D. ③①②④

7. 下列各个装置中，能组成原电池的是　（　　）

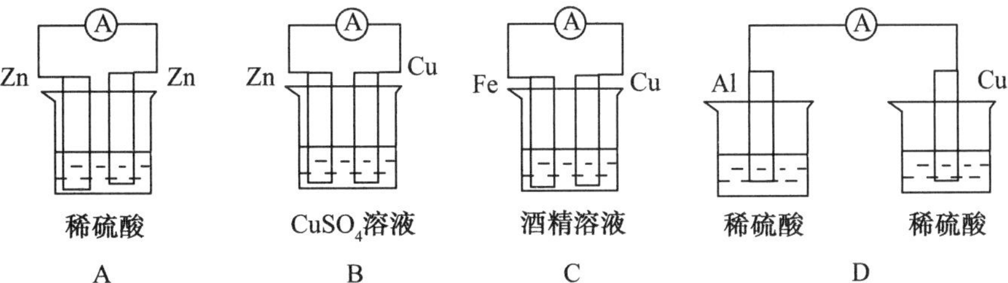

8. 某固体酸燃料电池以 $CsHSO_4$ 固体为电解质传递 H^+，其基本结构如下图所示，电池总反应可表示为 $2H_2+O_2 \equiv 2H_2O$。下列有关说法正确的是　（　　）

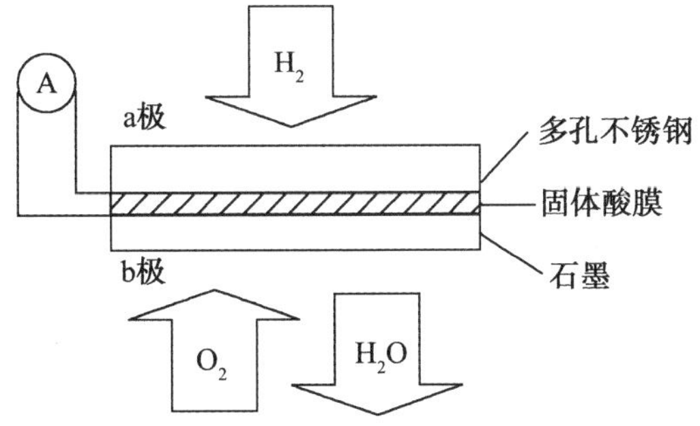

A. 电子通过外电路从 b 极流向 a 极

B. b 极上的电极反应式为 $O_2+2H_2O+4e^-$ ══ $4OH^-$

C. 每转移 0.1 mol 电子，消耗 1.12 L 的 H_2

D. H^+ 由 a 极通过固体酸电解质传递到 b 极

9. 氢气是未来最理想的能源之一，科学家最近研制出了利用太阳能产生激光，并在二氧化钛（TiO_2）表面作用使海水分解得到氢气的新技术：$2H_2O \xlongequal[TiO_2]{激光} 2H_2\uparrow+O_2\uparrow$。制得的氢气可用于燃料电池。试回答下列问题：

（1）海水分解生成的氢气用于燃料电池时，实现了________能转变为________能。水分解时，断裂的化学键为________键，分解海水的反应属于________（填“放热”或“吸热”）反应。

（2）某种氢氧燃料电池用固体金属氧化物陶瓷作电解质，两极上发生的电极反应分别为：A 极，$2H_2+2O^{2-}-4e^-$ ══ $2H_2O$；B 极，O_2+4e^- ══ $2O^{2-}$。则 A 极是电池的____极，电子从该极________（填“流入”或“流出”）。

（3）有人以化学反应 $2Zn+O_2+4H^+$ ══ $2Zn^{2+}+2H_2O$ 为基础设计出一种原电池，移入人体内作为心脏起搏器的能源。它靠人体内血液中溶有的一定浓度的 O_2、H^+ 进行工作，则原电池的负极材料是________，正极上发生反应的电极反应式为________________________。

10.（1）将铁片和铜片插入某种电解质溶液，铁片和铜片用导线相连，形成原电池装置。

①若电解质溶液是稀硫酸，则负极材料是________，发生__________反应；正极上的电极反应式是______________________________________，该电池的总反应方程式是______________________________________。

②若电解质溶液是浓硝酸，在导线中电子由____极流向____极（填“铁”或“铜”），负极上的电极反应式是______________________________________。

③该电池的总反应离子方程式是______________________________________。

（2）铁及铁的化合物应用广泛，如 $FeCl_3$ 可用作催化剂、印刷电路铜板腐蚀剂和外伤止血剂等。

①写出 $FeCl_3$ 溶液腐蚀印刷电路铜板的离子方程式：____________________
____。

②若将①中的反应设计成原电池，请画出原电池的装置图，标出正、负极，并写出电极反应式。

正极反应：____。

负极反应：____。

第七节　有机化合物单元复习案例

复习目标

1. 学习甲烷、乙烯、苯的主要性质及它们在化工生产中的作用。

2. 通过对上述典型有机物分子结构的认识，初步体会有机物分子结构的特点及对性质的影响。

3. 学习乙醇、乙酸、糖类、油脂、蛋白质的组成和主要性质。

知识网络

一、学生自主构建的思维导图

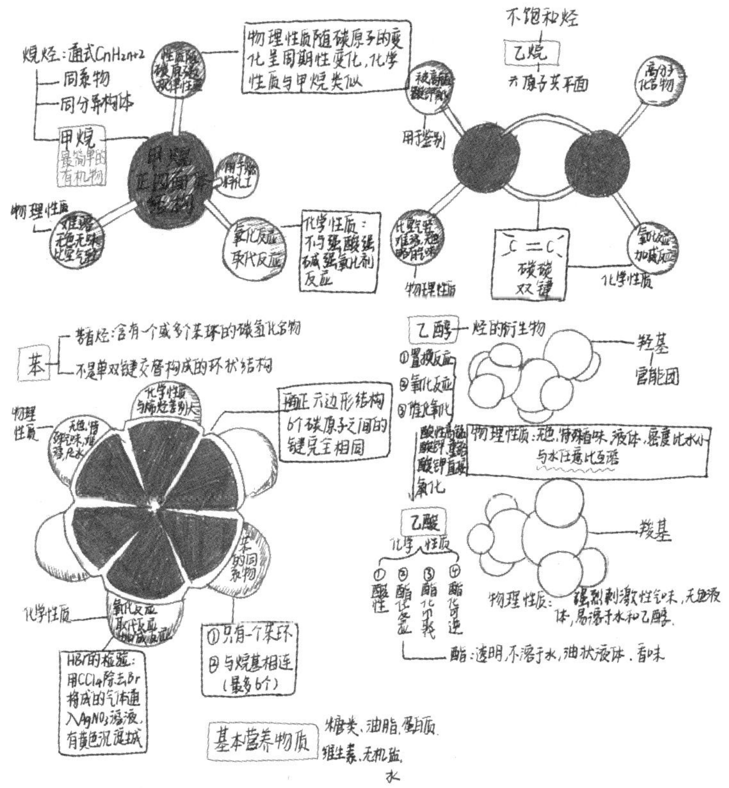

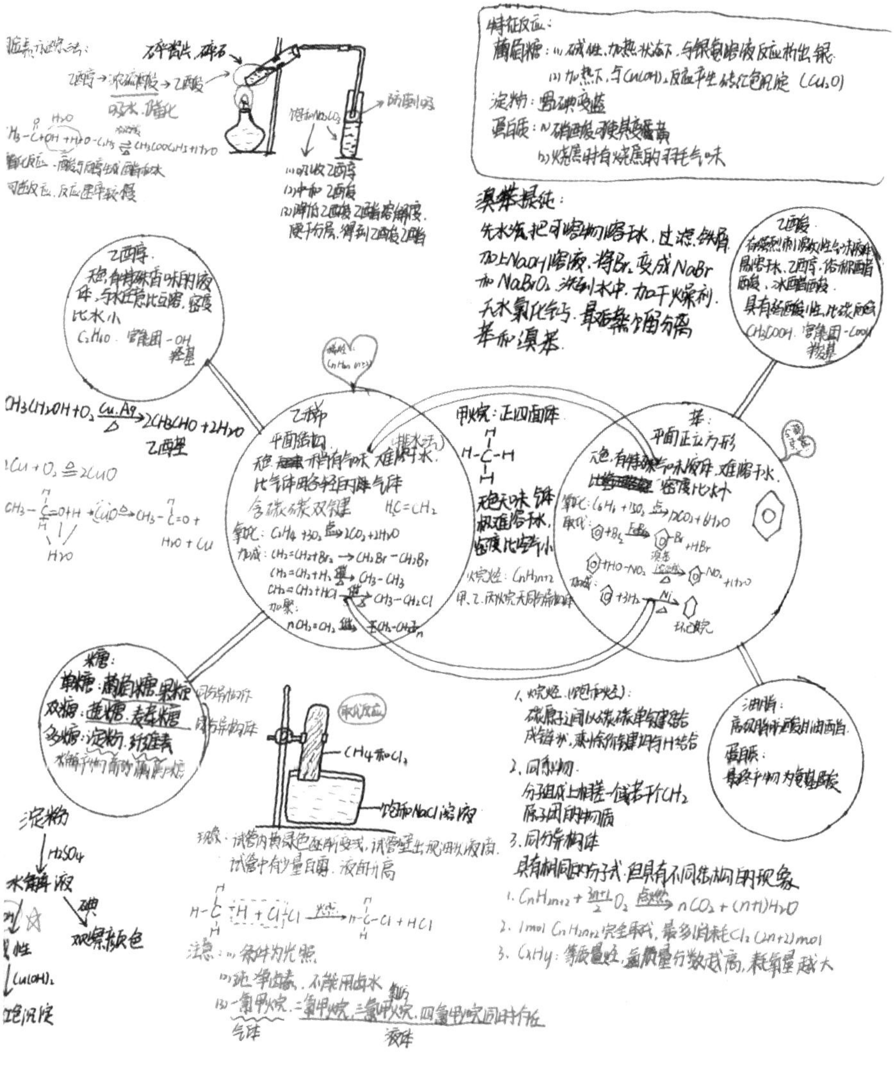

特征反应：

葡萄糖：(1) 碱性、加热状态下，与银氨溶液反应析出银

(2) 加热下，与 $Cu(OH)_2$ 反应产生砖红色沉淀（Cu_2O）

淀粉：遇碘变蓝

蛋白质：(1) 硝酸使其变黄

(2) 灼烧时有烧焦的羽毛气味

乙醇→浓硫酸→乙酸

吸水、催化

碎瓷片、碎石

饱和 Na_2CO_3

防倒吸

(1) 吸收乙醇

(2) 中和乙酸

(3) 降低乙酸乙酯溶解度，便于分层，得到乙酸乙酯

$CH_3COOH + HO-C_2H_5 \rightleftharpoons CH_3COOC_2H_5 + H_2O$

酯化反应、取代反应

可逆反应，反应速率较慢

溴苯提纯：

先水洗把可溶物溶于水，过滤，分离

加上 NaOH 溶液，将 Br_2 变成 NaBr

和 $NaBrO_3$ 洗到水中，加干燥剂

无水氯化钙，最后蒸馏分离

苯和溴苯。

乙醇：

无色，有特殊香味的液体，与水任意比互溶，密度比水小

C_2H_6O，官能团 $-OH$ 羟基

乙酸：

有强烈刺激性气味的液体，易溶于水、乙醇，俗称醋酸，冰醋酸

具有酸性，比碳酸强

CH_3COOH，官能团 $-COOH$ 羧基

$2CH_3CH_2OH + O_2 \xrightarrow[\Delta]{Cu, Ag} 2CH_3CHO + 2H_2O$

乙醛

$2Cu + O_2 \xrightarrow{\Delta} 2CuO$

$CH_3-CH_2-OH + CuO \xrightarrow{\Delta} CH_3-CHO + H_2O + Cu$

烯烃（C_nH_{2n}）

乙烯：

平面结构

无色、稍有气味、难溶于水，比空气略轻的气体

含碳碳双键 $H_2C=CH_2$

（排水法）

氧化：$C_2H_4 + 3O_2 \xrightarrow{点燃} 2CO_2 + 2H_2O$

加成：$CH_2=CH_2 + Br_2 \rightarrow CH_2Br-CH_2Br$

$CH_2=CH_2 + H_2 \xrightarrow{催化剂} CH_3-CH_3$

$CH_2=CH_2 + HCl \xrightarrow{催化剂} CH_3-CH_2Cl$

加聚：$nCH_2=CH_2 \xrightarrow{催化剂} [CH_2-CH_2]_n$

甲烷：正四面体

无色无味气体，极难溶于水，密度比空气小

烷烃：C_nH_{2n+2}

甲、乙、丙烷无同分异构体

苯：

平面正六边形

无色、有特殊气味的液体，难溶于水，密度比水小

氧化：$C_6H_6 + 15O_2 \xrightarrow{点燃} 12CO_2 + 6H_2O$（图中书写）

取代：苯 $+ Br_2 \xrightarrow{FeBr_3}$ 溴苯 $+ HBr$

苯 $+ HO-NO_2 \xrightarrow[\Delta]{浓硫酸}$ 硝基苯 $+ H_2O$

加成：苯 $+ 3H_2 \xrightarrow[\Delta]{Ni}$ 环己烷

糖：

单糖：葡萄糖、果糖

双糖：蔗糖、麦芽糖（同分异构体）

多糖：淀粉、纤维素（不是同分异构体）

水解产物均有葡萄糖

油脂：

高级脂肪酸甘油酯

蛋白质：

最终产物为氨基酸

淀粉

$\downarrow H_2SO_4$

水解溶液

碘：不变蓝色

碱性

$\downarrow Cu(OH)_2$

砖红色沉淀

（取代反应）

CH_4 和 Cl_2

饱和 NaCl 溶液

现象：试管内黄绿色气体颜色变浅，试管壁出现油状液滴，试管中有少量白雾，液面升高

$CH_4 + Cl_2 \xrightarrow{光照} CH_3Cl + HCl$

注意：(1) 条件为光照

(2) 纯净卤素，不能用卤水

(3) 一氯甲烷、二氯甲烷、三氯甲烷、四氯甲烷同时存在

一氯甲烷为气体，其余为液体

1. 烷烃（饱和烃）：

碳原子之间以碳碳单键结合成链状，剩余价键均与 H 结合

2. 同系物：

分子组成上相差一个或若干个 CH_2 原子团的物质

3. 同分异构体：

具有相同的分子式，但具有不同结构的现象

1. $C_nH_{2n+2} + \frac{3n+1}{2}O_2 \xrightarrow{点燃} nCO_2 + (n+1)H_2O$

2. 1 mol C_nH_{2n+2} 完全取代，最多消耗 Cl_2 $(2n+2)$ mol

3. C_xH_y：等质量烃，氢质量分数越高，耗氧量越大

二、师生交流完善后的知识网络

- 有机化合物
  - 烃
    - 甲烷
      - 分子结构：正四面体
      - 物理性质：难溶于水、无色、无味、比空气轻的气体
      - 化学性质：氧化反应(燃烧)、取代反应(条件：光照)
      - 用途：燃料、化工原料
    - 乙烯
      - 分子结构：平面结构(六个原子共平面)
      - 物理性质：无色、稍有气味、难溶于水、比空气略轻的气体
      - 化学性质
        - 氧化反应：燃烧，使酸性高锰酸钾褪色
        - 加成反应：与 Br_2、HCl、H_2、H_2O 反应，加聚反应
      - 用途：化工原料、植物生长调节剂、催熟剂
    - 苯
      - 分子结构：平面正六边形
      - 物理性质：无色、有特殊气味的液体，难溶于水，密度比水小
      - 化学性质
        - 氧化反应(燃烧)
        - 取代反应(卤代、硝化)
        - 加成反应
      - 用途：化工原料、溶剂，常用作萃取剂
  - 生活中两种常见的有机物
    - 乙醇
      - 分子组成：C_2H_5OH，官能团为—OH
      - 物理性质：无色、有特殊香味的液体，能与水以任意比例互溶，密度比水小
      - 化学性质
        - 取代反应(活泼金属、氢卤酸、酯化等)
        - 氧化反应：燃烧，催化氧化生成醛，与酸性高锰酸钾等反应
      - 用途：燃料、化工原料、医药、饮料
    - 乙酸
      - 分子组成：CH_3COOH，官能团为—COOH
      - 物理性质：有强烈刺激性气味的液体，易溶于水和乙醇，俗称“醋酸”“冰醋酸”
      - 化学性质
        - 弱酸性：酸性比碳酸强，有酸的通性
        - 酯化反应(酸脱羟基醇脱氢)
      - 用途：化工原料、食醋
  - 基本营养物质
    - 糖类
      - 单糖
        - 葡萄糖：化学式为 $C_6H_{12}O_6$，能发生银镜反应，加热与新制的氢氧化铜反应
        - 果糖：化学式为 $C_6H_{12}O_6$，与葡萄糖互为同分异构体
      - 双糖
        - 蔗糖：化学式为 $C_{12}H_{22}O_{11}$，在稀酸的催化下，可水解为葡萄糖和果糖
        - 麦芽糖：化学式为 $C_{12}H_{22}O_{11}$，在稀酸的催化下，可水解为葡萄糖
      - 多糖
        - 淀粉：化学式为 $(C_6H_{10}O_5)_n$，能发生水解反应，淀粉遇碘单质显蓝色
        - 纤维素：化学式为 $(C_6H_{10}O_5)_n$，能发生水解反应，与淀粉不互为同分异构体
    - 油脂
      - 概念：高级脂肪酸甘油酯，分子中含有酯基
      - 化学性质：在酸性条件下水解为甘油和高级脂肪酸，在碱性条件下水解为甘油和高级脂肪酸盐
    - 蛋白质：在酸、碱或酶的作用下最终水解生成氨基酸，能发生颜色反应，灼烧有特殊气味

1. 常见图表填一填

(1)常见烃的组成、结构与性质。

有机物	分子式	结构简式	主要性质
甲烷			①氧化反应： ②取代反应：
乙烯			①氧化反应： ②加成反应： ③加聚反应：
苯			①氧化反应： ②取代反应： ③加成反应：

(2)常见含氧有机化合物的组成、结构与性质。

有机物	分子式	结构简式	主要性质
乙醇			①置换反应： ②氧化反应： ③酯化(取代)反应：
乙酸			①酸性： ②酯化(取代)反应：
乙酸乙酯			

2. 易错考点判一判

(1)CH_4、CH_3Cl、CH_2Cl_2等都是烃。（　　）

(2)CH_4的结构式是 $\begin{array}{c} H \\ | \\ H—C—H \\ | \\ H \end{array}$，所以甲烷是平面结构。（　　）

(3)碳碳键均为单键的烃一定是烷烃。 (　　)

(4)$CH_3—\underset{|}{\overset{CH_3}{CH}}—CH_3$与$CH_3—CH_2—CH_3$结构不相似,不是同系物。 (　　)

(5)乙烯的结构简式可以表示为CH_2CH_2。 (　　)

(6)甲烷和氯气反应生成一氯甲烷与苯和硝酸反应生成硝基苯的反应类型相同。 (　　)

(7)苯不能使$KMnO_4$溶液褪色,因此苯不能发生氧化反应。 (　　)

3.疑惑问题看一看

(1)烷烃均为链烃,$CH_3CH_2CH_2CH_3$分子中碳原子在同一条直线上吗?

(2)己烷能否与溴水发生取代反应?溴水中加入少量己烷,充分振荡后静置,有何现象?

(3)符合C_nH_{2n+2}的一定是烷烃,符合C_nH_{2n}的一定是烯烃吗?

(4)用乙烷(CH_3CH_3)和Cl_2反应可以制取氯乙烷(CH_3CH_2Cl),用乙烯(C_2H_4)和HCl反应也能制取氯乙烷,两种方法哪种更好?

(5)苯能使溴水褪色吗?

专题一　典型烃的性质

【典例1】 甲烷是最简单的烷烃,乙烯是最简单的烯烃。下列物质中,不能用来鉴别二者的是 (　　)

A. 溴水　　B. 水

C. 溴的四氯化碳溶液　　D. 酸性高锰酸钾溶液

【专题点拨】

(1)甲烷可以燃烧(发生氧化反应),但不能使酸性 $KMnO_4$ 溶液、溴水或溴的四氯化碳溶液褪色。

(2)乙烯能发生加成反应($CH_2=CH_2+Br_2 \longrightarrow CH_2BrCH_2Br$),生成的 1,2-二溴乙烷是无色液体。利用乙烯能使溴水褪色而甲烷(或烷烃)不能使溴水褪色的原理,既可以区别乙烯和甲烷(或烷烃),也可以除去甲烷(或烷烃)中混有的乙烯气体,以提纯甲烷(或烷烃)。

(3)乙烯能发生氧化反应。

①由于乙烯可使酸性 $KMnO_4$ 溶液褪色,因此酸性 $KMnO_4$ 溶液可用于区别 CH_4(烷烃)和 C_2H_4(烯烃)。

②酸性 $KMnO_4$ 溶液可将 $CH_2=CH_2$ 最终氧化为 CO_2。因此,当 CH_4 中混有 $CH_2=CH_2$ 时,不能用通过酸性 $KMnO_4$ 溶液的方法除去乙烯。

(4)苯不能使酸性 $KMnO_4$ 溶液、溴水或溴的四氯化碳溶液发生化学变化而褪色,但苯能萃取溴水中的溴,使水层几乎呈现无色。

【针对训练 1】 判断下列说法是否正确:

(1)(2009·福建理综)乙烯和甲烷可用酸性高锰酸钾溶液鉴别。 (　　)

(2)(2009·山东理综)CCl_4 可由 CH_4 制得,可萃取碘水中的碘。 (　　)

(3)(2009·广东理综)苯和乙烯都能与 H_2 发生加成反应。 (　　)

(4)(2010·山东理综)乙烯和苯都能使溴水褪色,褪色的原因相同。(　　)

(5)(2012·福建理综)乙烯和甲烷可用溴的四氯化碳溶液鉴别。 (　　)

(6)(2011·山东理综)苯不能使溴的四氯化碳溶液褪色,说明苯分子中没有与乙烯分子中类似的碳碳双键。 (　　)

(7)(2009·福建理综)乙烯和苯都能与溴水反应。 (　　)

(8)(2013·福建理综)乙烯、聚氯乙烯和苯分子中均含有碳碳双键。(　　)

(9)乙烯与氯化氢发生加成反应可以制得较纯净的氯乙烷。 (　　)

专题二　同系物、同分异构体、同素异形体、同位素的比较

【典例 2】 下列各组物质中,具有相同的最简式,但既不是同系物,也不是同分异构体的是 (　　)

A. 苯和乙烯

B. 甲醛(HCHO)和甲酸甲酯($HCOOCH_3$)

C. 乙酸和甲酸甲酯

D. 乙烯和苯乙烯

【专题点拨】

	同系物	同分异构体	同素异形体	同位素
定义	结构相似，在分子组成上相差一个或若干个 CH_2 原子团的物质	分子式相同而结构式不同的化合物的互称	由同种元素组成的不同单质的互称	质子数相同而中子数不同的同一元素的不同原子的互称
分子式	不同	相同	元素符号表示相同，分子式可不同	—
结构	相似	不同	不同	—
研究对象	化合物	化合物	单质	原子

【针对训练 2】　下列烷烃在光照下与氯气反应，只生成一种一氯代烷的是　（　　）

A. $CH_3CH_2CH_2CH_3$

B. $H_3C—CH(CH_3)—CH_3$（CH 上连 CH_3）

C. $H_3C—C(CH_3)_2—CH_3$（中间 C 上下各连一个 CH_3）

D. $H_3C—CH(CH_3)—CH_2—CH_3$（CH 上连 CH_3）

专题三　官能团与有机反应的主要类型

【典例 3】　(2014 · 山东卷)苹果酸的结构简式为 $HOOC—CH(OH)—CH_2—COOH$（CH 上连 OH），下列说法正确的是　（　　）

A. 苹果酸中能发生酯化反应的官能团有 2 种

B. 1 mol 苹果酸可与 3 mol NaOH 发生中和反应

C. 1 mol 苹果酸与足量金属 Na 反应生成1 mol H_2

D. $HOOC—CH_2—\underset{|}{\overset{OH}{CH}}—COOH$与苹果酸互为同分异构体

【专题点拨】

1. 取代反应

定义:有机物分子里某些原子或原子团被其他原子或原子团代替的反应。

(1)能发生取代反应的官能团有醇羟基(—OH)、羧基(—COOH)、酯基(—COO—)、肽键(—CO—NH—)等。

(2)常见的取代反应。

①烷烃的卤代、苯的卤代。

②硝化反应:苯分子里的氢原子被$—NO_2$取代的反应。

③酯化反应:酸和醇起作用生成酯和水的反应。

④水解反应:包括酯、油脂、二糖、多糖、蛋白质等的水解。

2. 加成反应

定义:有机物分子中双键两端的碳原子与其他原子或原子团直接结合生成新的化合物的反应。

(1)能发生加成反应的物质:烯、苯等。

(2)加成反应的特点:反应发生在不饱和的键上,不饱和键中不稳定的共价键断裂,然后不饱和原子与其他原子或原子团以共价键结合。

3. 加聚反应

(1)加聚反应的定义:由相对分子质量小的化合物分子结合成相对分子质量较大的高分子化合物的反应。

(2)加聚反应的实质:加成反应。

(3)加聚反应的反应机理:碳碳双键断裂后,小分子彼此连接起来,形成高分子化合物。

4. 氧化反应

(1)燃烧。

(2)催化氧化(醇被氧化成醛)。

(3)被酸性$KMnO_4$氧化:如烯、醇等。

(4)被银氨溶液氧化:如葡萄糖等。

【针对训练3】 判断下列说法是否正确:

(1)(2010·山东理综)乙醇、乙酸、乙酸乙酯都能发生取代反应,乙酸乙酯中的少量乙酸可用饱和Na_2CO_3溶液除去。 (   )

(2)(2010·福建理综)乙酸乙酯、油脂与NaOH溶液反应都是取代反应,均

有醇生成。（　　）

(3)(2010·广东理综)米酒变酸的过程涉及了氧化反应。（　　）

(4)(2010·新课标全国卷)由乙酸和乙醇制乙酸乙酯与由苯甲酸乙酯水解制苯甲酸和乙醇的反应类型相同。（　　）

(5)(2012·山东理综)甲烷和Cl_2的反应与乙烯和Br_2的反应属于同一类型的反应。（　　）

(6)(2011·福建理综)在浓硫酸存在的条件下，苯与浓硝酸共热生成硝基苯的反应属于取代反应。（　　）

(7)(2011·广东理综)乙酸乙酯和食用植物油均可水解生成乙醇，都是取代反应。（　　）

(8)(2014·山东理综)$CH_3CH_3+Cl_2 \xrightarrow{光照} CH_3CH_2Cl+HCl$，$CH_2=CH_2+HCl \longrightarrow CH_3CH_2Cl$均为取代反应。（　　）

(9)乙烯使溴的四氯化碳溶液褪色的反应$CH_2=CH_2+Br_2 \longrightarrow CH_2Br-CH_2Br$是加成反应。（　　）

(10)苯使溴水褪色发生了取代反应。（　　）

(11)乙醇能使酸性高锰酸钾溶液褪色，乙烯能使酸性高锰酸钾溶液褪色，都是发生了氧化反应。（　　）

(12)甲烷和苯都不能使酸性高锰酸钾溶液褪色，所以甲烷和苯都不能发生氧化反应。（　　）

专题四　有机物的检验和鉴别

【典例4】 下列物质中，只用水就能鉴别的一组是（　　）

A. 苯、己烷、四氯化碳　　B. 苯、酒精、四氯化碳

C. 硝基苯、酒精、四氯化碳　　D. 硝基苯、酒精、醋酸

【专题点拨】

1. 根据溶解性

通常是向有机物中加水，观察其是否溶于水，如鉴别羧酸与四氯化碳(或烃、酯等)、醇与四氯化碳(或烃、酯等)。

2. 根据与水的密度差异

观察不溶于水的有机物在水中的浮沉情况可知其密度比水的密度是小还是大。常见密度比水大的有机物：四氯化碳、三氯甲烷、硝基苯等；密度比水小的有机物：烃(烷烃、烯烃、芳香烃)、酯等。

3.常见有机物的鉴别

物　质	试剂与方法	现象与结论
饱和烃与不饱和烃	加入溴水或酸性 $KMnO_4$ 溶液	褪色的是不饱和烃
醇	金属钠	金属钠沉在液体中,并有气泡产生
羧酸	$NaHCO_3$ 溶液	产生无色气泡
低级酯	闻气味	有果香味
葡萄糖	加入银氨溶液,水浴加热	产生光亮银镜
	加入新制的 $Cu(OH)_2$,加热	产生砖红色沉淀

【针对训练4】 (双选)下列实验操作能达到实验目的的是 (　　)

选项	实验操作	实验目的
A	加入新制的 $Cu(OH)_2$ 加热	确定尿液中含有葡萄糖
B	滴加稀溴水	确定苯中混有甲苯
C	加入金属钠	确定酒精中混有水
D	加入碳酸钠	确定酒精中混有醋酸

专题五　糖类、油脂、蛋白质的性质

【典例5】 (2014·广东高考)生活中处处有化学。下列说法正确的是 (　　)

A.制饭勺、饭盒、高压锅等的不锈钢是合金

B.做衣服的棉和麻均与淀粉互为同分异构体

C.煎炸食物的花生油和牛油都是可皂化的饱和酯类

D.磨豆浆的大豆富含蛋白质,豆浆煮沸后蛋白质变成了氨基酸

【专题点拨】

1.葡萄糖的特征反应

银镜反应;加热与新制的氢氧化铜反应。

2.淀粉的特征反应

淀粉遇碘变蓝。

3. 蛋白质的特征反应

具有苯环结构的蛋白质遇浓 HNO_3 显黄色；灼烧有烧焦的羽毛气味。

4. 蔗糖水解生成葡萄糖和果糖，淀粉、纤维素最终水解为葡萄糖。

5. 油脂在酸性条件下水解为甘油和高级脂肪酸，在碱性条件下水解为高级脂肪酸盐和甘油。

6. 蛋白质水解的最终产物为氨基酸。

【针对训练 5】 判断下列说法是否正确：

(1)(2010·浙江理综)光导纤维、棉花、油脂、ABS 树脂都是由高分子化合物组成的物质。 ( )

(2)(2010·山东理综)淀粉、油脂、蛋白质都能水解，但水解产物不同。 ( )

(3)(2010·北京理综)1 mol 葡萄糖可水解生成 2 mol 乳酸($C_3H_6O_3$)。 ( )

(4)(2011·山东理综)蛋白质和油脂都属于高分子化合物，一定条件下都能水解。 ( )

(5)(2010·福建理综)淀粉、蛋白质完全水解的产物互为同分异构体。 ( )

(6)(2010·广东理综)蛋白质水解的最终产物为多肽。 ( )

(7)(2009·福建理综)乙酸和油脂都能与氢氧化钠溶液反应。 ( )

(8)(2009·福建理综)糖类和蛋白质都是人体重要的营养物质。 ( )

(9)(2009·广东理综)葡萄糖和蔗糖中都含有 C、H、O 三种元素，但不是同系物。 ( )

(10)(2014·山东理综)由油脂得到甘油，由淀粉得到葡萄糖，均发生了水解反应。 ( )

(11)(2012·山东理综)苯、油脂均不能使酸性 $KMnO_4$ 溶液褪色。 ( )

(12)(2012·山东理综)葡萄糖、果糖的分子式均为 $C_6H_{12}O_6$，二者互为同分异构体。 ( )

过关检测

1. 甲烷中混有乙烯，欲除去乙烯得到纯净的甲烷，最好依次通过盛有( )试剂的洗气瓶。

A. 澄清石灰水，浓 H_2SO_4

B. 酸性 $KMnO_4$ 溶液，浓 H_2SO_4

C. 溴水,浓 H_2SO_4

D. 浓 H_2SO_4,酸性 $KMnO_4$ 溶液

2.(2013 · 山东卷)莽草酸可用于合成药物达菲,其结构简式为

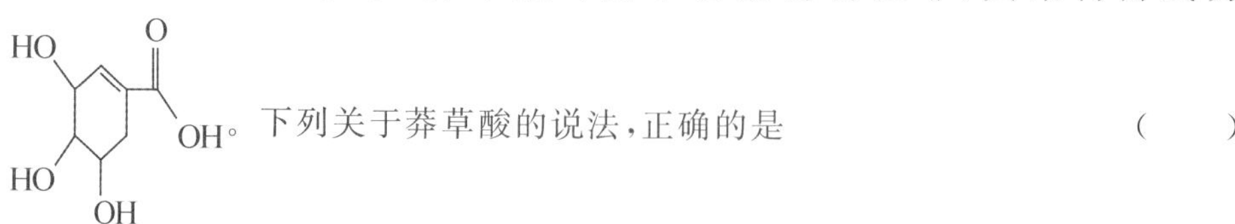

。下列关于莽草酸的说法,正确的是 (　　)

A. 分子式为 $C_7H_6O_5$

B. 分子中含有两种官能团

C. 可发生加成和取代反应

D. 在水溶液中羟基和羧基均能电离出氢离子

3. 下列有关有机物的说法中,错误的是 (　　)

A. 5 个碳原子的有机化合物最多可以形成 4 个碳碳键

B. 由氯乙烯可以制备聚氯乙烯,产物聚氯乙烯是混合物

C. 正丁烷的二氯取代物有 6 种同分异构体,则其八氯取代物也有 6 种同分异构体

D. C_2H_4 和 C_3H_4 以任意比混合,2 L 该混合气体与 10 L 氧气在 110 ℃时完全燃烧后恢复到原状态,混合气体的体积仍为 12 L

4. 下列物质中,不能使酸性 $KMnO_4$ 溶液褪色的物质是 (　　)

① 　②乙烯　③CH_3COOH　④CH_3CH_2OH　⑤CH_2═CH—COOH

⑥ 

A. ①⑥　　B. ①③④⑥　　C. ①④　　D. ①③⑥

5.(2011 · 新课标全国卷)分子式为 $C_5H_{11}Cl$ 的同分异构体共有 (　　)

A. 6 种　　B. 7 种　　C. 8 种　　D. 9 种

6. 下列与有机物结构、性质相关的叙述,错误的是 (　　)

A. 乙酸分子中含有羧基,可与 $NaHCO_3$ 溶液反应生成 CO_2

B. 蛋白质和油脂都属于高分子化合物,一定条件下都能水解

C. 甲烷和氯气反应生成一氯甲烷与苯和硝酸反应生成硝基苯的反应类型相同

D. 苯不能使溴的四氯化碳溶液褪色,说明苯分子中没有与乙烯分子中类似的碳碳双键

7.(2011·新课标全国卷)下列反应中,属于取代反应的是　(　　)

①$CH_3CH{=}CH_2+Br_2\xrightarrow{CCl_4}CH_3CHBrCH_2Br$

②$CH_3CH_2OH\xrightarrow[\triangle]{浓H_2SO_4}CH_2{=}CH_2+H_2O$

③$CH_3COOH+CH_3CH_2OH\xrightarrow[\triangle]{浓H_2SO_4}CH_3COOCH_2CH_3+H_2O$

④$C_6H_6+HNO_3\xrightarrow[\triangle]{浓H_2SO_4}C_6H_5NO_2+H_2O$

A. ①②　　B. ③④　　C. ①③　　D. ②④

8.(2014·福建高考)下列关于乙醇的说法,不正确的是　(　　)

A. 可用纤维素的水解产物制取

B. 可由乙烯通过加成反应制取

C. 与乙醛互为同分异构体

D. 通过取代反应可制取乙酸乙酯

9. 下列实验的有关叙述,正确的是　(　　)

A. 用浓硫酸与蛋白质的颜色反应鉴别部分蛋白质

B. 用食醋浸泡有水垢的水壶清除其中的水垢

C. 用乙醇和浓硫酸除去乙酸乙酯中的少量乙酸

D. 用乙醇从碘水中萃取碘

10.(2017·新课标Ⅰ)下列说法正确的是　(　　)

A. 植物油氢化过程中发生了加成反应

B. 淀粉和纤维素互为同分异构体

C. 环己烷与苯可用酸性 $KMnO_4$ 溶液鉴别

D. 水可以用来分离溴苯和苯的混合物

11. 某实验小组欲制取乙酸乙酯,设计了如下图所示的实验装置。请据图回答有关问题。

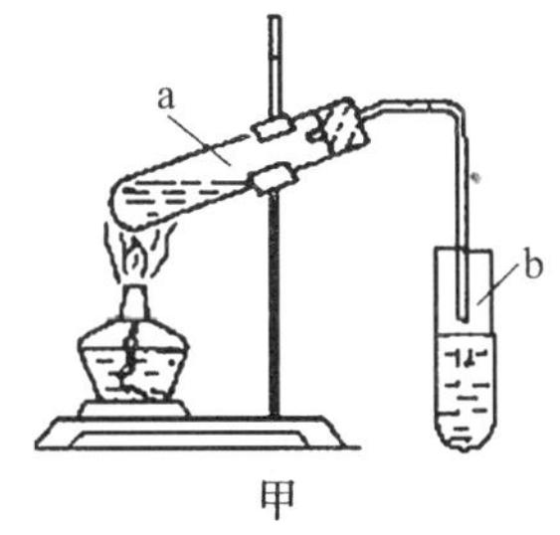

甲

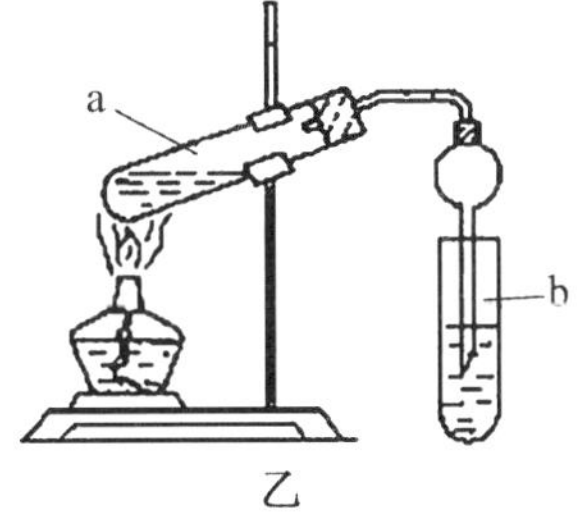

乙

(1)试管 a 中反应的化学方程式是________________。

(2)试管 b 中盛放的试剂是________。

(3)实验时混合浓硫酸、乙醇的方法是________________。

(4)甲装置中试管 b 中导管未插入液面下的原因是________________,乙装置中球形干燥管的作用是________________。

(5)从反应后的混合物中提取乙酸乙酯,宜采用的简便方法是________(填下列选项的标号)。

A. 蒸馏　　B. 渗析　　C. 分液　　D. 过滤　　E. 结晶

主要参考文献

一、专著类

[1]郑长龙.化学新课程教学法·初中化学[M].长春:东北师范大学出版社,2004.

[2]郑长龙.化学课程与教学论[M].长春:东北师范大学出版社,2005.

[3][美]霍华德·加德纳.受过学科训练的心智[M].张开冰译.北京:学苑出版社,2008.

[4][美]凯西·卡麦兹.建构扎根理论:质性研究实践指南[M].边国英译.重庆:重庆大学出版社,2009.

[5]林崇德.21世纪学生发展核心素养研究[M].北京:北京师范大学出版社,2016.

[6]王云生.课堂转型与学科核心素养培养——中学化学课堂教学改革探索[M].上海:上海教育出版社,2016.

[7]王磊.基于学生核心素养的化学学科能力研究[M].北京:北京师范大学出版社,2018.

[8]L R Jonesl, I V Mullis, S A Raizen, et al. The 1990 science report card NAEP assessment of fourth, eighth, and twelfth graders[M]. Washington,DC: National Center for Educational Statistics,1992.

[9]R W Bybee. Achieving scientific literacy: from purposes to practices [M]. portsmouth. NH,Heinemann Publishing,1997.

[10]E A Silver, A Cengiz, D A Stylianou. Students'performance on extended constructed-response tasks[M]. Results from the 7th mathematics assessment of the national assessment of educational progress. Reston, VA: National Council of Teachers of Mathematics,2000.

二、期刊类

[1]陈向明.扎根理论的思路和方法[J].教育研究与实验,1999(4):58-63.

[2]徐光宪.理论化学与下世纪“化学学科重组”前瞻[J].结构化学,2000,19(1):74-76.

[3]崔允漷.国家课程标准与框架的解读[J].全球教育展望,2001(8):8.

[4]保志明.例谈新课程元素复习课中的整合性教学设计[J].化学教育,2009(1):18-20.

[5]郑长龙.化学课堂教学板块及其设计与分析——祝贺《化学教育》刊庆30周年[J].化学教育,2010,31(5):15-19.

[6]龚伟,王祖浩,谢安琪.新课程高考“化学反应原理”试题特征的比较与研究[J].化学教育,2012(1):33-38.

[7]徐瑾劼.“Literacy”:PISA素养观背后的教育学立场[J].外国中小学教育,2012(1):17-23.

[8]保志明.让理科学习更理性(上)[J].教育研究与评论·中学教育教学,2012(12):4-6.

[9]保志明.“低效率”的事[J].教育研究与评论·中学教育教学,2013(4):89-90.

[10]张伟.质的研究——访谈法探析[J].南昌教育学院学报,2013,28(5):123.

[11]张丙香,毕华林.中学生化学反应三重表征的困难及原因分析[J].教育科学研究,2013(6).67-71.

[12]王后雄.高考化学试题选材的依据[J].中国考试,2014(1):38-39.

[13]孙建明,王后雄.基于学科思想方法整合的高考化学命题研究[J].课程·教材·教法,2014(3):67-72.

[14]刘新阳,裴新宁.为21世纪重建教育:欧盟“核心素养”框架的确立[J].全球教育展望,2014(4):89-102.

[15]王磊,姜言霞.高中化学课程目标的国际比较研究[J].比较教育研究,2014(6):90.

[16]刘前树,李广洲.科学过程的多元理解及其对中学化学教学的启示[J].化学教育,2014,35(7):1-4.

[17]任雪明.构建体现化学学科核心知识、素养和能力的化学课程体系[J].化学教学,2014(10):92-93.

[18]陈向明.扎根理论在中国教育研究中的运用探索[J].北京大学教育评

论,2015,13(1):2-15.

[19]经志俊.聚焦题型减轻备考负担　优化模式提高复习效率[J].化学教学,2015(1):33-37.

[20]钟启泉.核心素养的“核心”在哪里——核心素养研究的构图[J].中国教育,2015(4):7.

[21]林小驹,李跃,沈晓红.高中化学学科核心素养体系的构成和特点[J].教育导刊,2015(5):78-81.

[22]王磊,郭晓丽,王澜,等.元素化合物认识模型及其在复习教学中的应用——以高中《化学1》“金属元素及其化合物”单元复习为例[J].化学教育,2015,36(5):15-21.

[23]邵朝友,周文叶,崔允漷.基于核心素养的课程标准研制:国际经验与启示[J].全球教育展望,2015(8):17.

[24]吴新建,张贤金.试题情境“新”“特”背景材料的认知要求控制[J].化学教育,2015(9):47-49.

[25]王云生.基础教育阶段学科核心素养及其确定——以化学学科核心素养为例[J].福建基础教育研究,2016(2):7-9.

[26]贺新.基于核心素养的课程构建——人大附中化学教研组的课程建设[J].未来教育家,2016(4):18-19.

[27]王磊.化学学科能力及其表现研究[J].教育学报,2016(4):46-56.

[28]赖深虹.基于核心素养培养的高中化学教学研究[J].福建基础教育研究,2016(5):85-86.

[29]房宏.中学化学核心素养的构成体系与培养策略[J].中小学教师培训,2016(6):5-8.

[30]曾晓军.基于化学学科核心素养的生活化问题教学思考[J].教育教学论坛,2016(9):265-266.

[31]张贤金,吴新建.基于核心素养的高中化学课程改革如何“落地”[J].化学教与学,2016(9):7-8,45.

[32]王云生.探索课堂学习活动设计　落实核心素养培养要求[J].化学教学,2016(9):3-6.

[33]王磊.学科能力构成及其表现研究——基于学习理解、应用实践与迁移创新导向的多维整合模型[J].教育研究,2016(9):83-92.

[34]吴成军.基于生物学核心素养的高考命题研究[J].中国考试,2016(10):25-31.

[35]饶慧伶,胡志刚,陈璐.多元智能理论在我国中学化学中应用的回顾与

反思[J]. 化学教育，2016，37(11)：1-5.

[36]毛傲. 基于学生化学学科核心素养发展的实验课建构——以趣味“彩虹”探究性实验为例[J]. 实验教学与仪器，2016(12)：3-4.

[37]肖中荣. 谈化学核心素养之实验探究精神的塑造[J]. 中学化学教学参考，2016(17)：38-41.

[38]王云生. 学科核心素养的培养是学科教育的灵魂[J]. 基础教育课程，2016(19)：15-19.

[39]王和. 基于发展学科核心素养的高中化学实验教学实践与思考[J]. 西部素质教育，2016(20)：162.

[40]刘前树. 试论化学核心素养的结构[J]. 化学教育，2016，37(21)：4-8.

[41]石鹏. 基于模型与建模的化学学习过程设计[J]. 化学教育，2016，37(23)：37-40.

[42]徐宾. 化学学科核心素养的培养策略[J]. 中小学教师培训，2017(1)：61-63.

[43]朱章洋. 分层教学在高中化学教学中的应用[J]. 读与写(教育教学刊)，2017(2)：75-85.

[44]张克龙. 基于化学学科核心素养落实的课堂行动[J]. 现代中小学教育，2017(3)：43-46.

[45]张远增. 设计高中学业水平考试试卷的新模式[J]. 考试研究，2017(4)：12-21.

[46]李松林. 培育学科核心素养的三个教学问题[J]. 教育科学研究，2017(8)：5-7.

[47]王后雄. 基于“素养为本”的高中化学学业水平考试命题研究[J]. 中国考试，2018(1)：30-38.

[48]徐瑞英. 九年级化学复习课中有效教学的策略——以“身边的化学物质”为例[J]. 教育理论与实践，2012(14)：57-59.

[49]朱春苗. 分类 整合 优化——谈化学高考复习作业的合理编制[J]. 现代中小学教育，2012(2)：35-40.

[50]陈小梅. 高中化学情境教学模式初探[J]. 数理化解题研究，2015，2(28)：86.

[51]管钰琪. 翻转课堂国内应用实践与反思[J]. 电化教育研究，2015(6)：66-72.

[52]郭磊. 高中化学“问题解决”的课堂教学研究[J]. 中学化学教学参考，2015(4)：3.

[53]辛涛.学业质量标准的建立途径:基于认知诊断的学习进阶方法[J].教育学报,2015(5):72-79.

[54]邢红军.高中物理教学中的科学方法显化研究[J].物理教师(高中版),2010(3):21-23.

[55]陈锋.探究式教学模式在高三化学复习课中的应用[J].教育界:基础教育研究,2012(5):112.

[56]B. G. Glaser. Theoretical sensitivity: advances in the methodology of grounded theory[J]. Journal of Investigative Dermatology,1978,2(5):368-377.

三、其他类

[1]中华人民共和国教育部.普通高中化学课程标准(实验)[S].北京:人民教育出版社,2003.

[2]中华人民共和国教育部.普通高中化学课程标准(2017 年版)[S].北京:人民教育出版社,2018.

[3]杨向东.普通高中课程标准主要突破之二:学业质量标准与考试评价改革[EB/OL]. http://study. enaea. edu. cn/viewerPublic. do? courseId=277265,2018-3-18.

[4]袁振国,张绪培,崔允漷,等.核心素养如何转化为学生素质[N].光明日报,2015-12-08(15).

[5]新加坡教育部. 21 世纪素养和目标框架[EB/OL]. http://www. moe. gov. sg/education/21cc/.